U0621620

上海合作组织蓝皮书（2023）

比较视阈中的上海合作组织：方向和路径

Шанхайская Организация Сотрудничества в сравнительном освещении: направления и пути

The Shanghai Cooperation Organization in Comparative Perspective: Directions and Paths

中国上海合作组织研究中心

徐步 / 主编

邓浩　韩璐 / 执行主编

世界知识出版社

图书在版编目（CIP）数据

比较视阈中的上海合作组织 ：方向和路径 / 徐步主编 ; 邓浩, 韩璐执行主编. -- 北京 : 世界知识出版社, 2023.11
ISBN 978-7-5012-6669-2

Ⅰ. ①比… Ⅱ. ①徐… ②邓… ③韩… Ⅲ. ①上海合作组织—研究 Ⅳ. ①D814.1

中国国家版本馆CIP数据核字(2023)第165164号

书　　名　比较视阈中的上海合作组织：方向和路径
Bijiao Shiyu Zhongde Shanghai Hezuo Zuzhi: Fangxiang He Lujing

主　　编　徐　步
执行主编　邓　浩　　韩　璐

责任编辑　范景峰
责任出版　李　斌
责任校对　张　琨

出版发行　世界知识出版社
地址邮编　北京市东城区干面胡同51号（100010）
网　　址　www.ishizhi.cn
电　　话　010-65233645（市场部）
经　　销　新华书店
印　　刷　艺堂印刷（天津）有限公司
开本印张　787毫米×1092毫米　1/16　23¾印张
字　　数　413千字
版次印次　2023年11月第一版　2023年11月第一次印刷
标准书号　ISBN 978-7-5012-6669-2
定　　价　145.00元

编辑委员会

目 录

第五部分　上合组织与发展中国家地区合作组织之比较

第六部分　上海合作组织与发达国家地区合作组织之比较

第七部分　上合组织的发展方向与前景

СОДЕРЖАНИЕ

Глава 1. Шанхайская организация сотрудничества с точки зрения международных организаций

Глава 2. Шанхайская Организация Сотрудничества в поле зрения международного права

Глава 3. Шанхайская Организация Сотрудничества с точки зрения регионализма

Глава 4. Сравнение Шанхайской Организации Сотрудничества с региональными организациями сотрудничества Евразии

Глава 5. Сравнение Шанхайской Организации Сотрудничества и региональных организаций сотрудничества с развивающимися странами

Глава 6. Сравнение Шанхайской Организации Сотрудничества и региональных организаций сотрудничества с развитыми странами

Глава 7. Направление и перспективы развития Шанхайской Организации Сотрудничества

Contents

Chapter 1: The SCO in the Perspective of International Organizations

Chapter 2: The SCO in the Perspective of International Law

Chapter 3: The SCO in the Perspective of Regionalism

Chapter 4: The SCO in Comparison with Regional Cooperation Organizations in Eurasia

Chapter 5: The SCO in Comparison with Regional Cooperation Organizations of Developing Countries

Chapter 6: The SCO in Comparison with Regional Cooperation Organizations of Developed Countries

Chapter 7: The Direction and Prospects of the SCO

第一部分　国际组织视阈中的上海合作组织

Chapter 1: The SCO in the Perspective of International Organizations

博弈转换、关系网络与上海合作组织的制度创新*

韦进深　李　琼

【内容提要】在国际组织的发展过程中，成员国围绕合作议题的博弈认知和博弈策略选择对组织的制度选择具有重要影响。通过将心理因素和关系网络引入博弈分析，本文建立了一个解释上海合作组织制度选择的分析框架。在自我中心网络中，成员国博弈认知的变化能够使零和博弈转换为协作博弈，并通过制度选择来进行合作，在整体网络中，成员国博弈认知的变化能够使协作博弈转换为“有保证的博弈”，进而通过制度选择来实现合作。上海合作组织发端于解决“边界问题谈判”，从中苏边界问题谈判到“五国两方”的边界问题谈判，中国与俄罗斯、哈萨克斯坦、吉尔吉斯斯坦、塔吉克斯坦的互动构成了自我中心网络，各方博弈认知的变化使谈判从零和博弈转换为协作博弈，并最终通过签订具有强制性的边界协定解决了边界问题。随着上海合作组织的建立，上海合作组织整体网络形成，在该网络中，成员国通过安全、经贸、人文及扩员等领域的博弈认知变化，使成员国的协作博弈转换为有保证的博弈，进而影响了上合组织的制度选择。在发展过程中，遵循目标导向和问题导向的逻辑，上合组织在基础条约制度、权力分配机制和机构设置、决策程序和决议执行、扩员制度等方面不断进行制度创新，推动了上合组织的发展进程，增强了上合组

* 本文得到2023年度兰州大学“中央高校基本科研业务费专项资金”重点研究基地项目“中亚地区形势变化与‘一带一路’建设”（项目编号：2023jbkyjd003）的资助，同时感谢石河子大学中亚教育及人文交流研究中心的资助。

织的合作潜力，进而使上合组织的国际声誉和影响力得到提升。

【关键词】博弈转换；关系网络；上合组织；制度创新

【作者简介】韦进深，兰州大学中亚研究所、兰州大学政治与国际关系学院副教授；李琼，兰州大学政治与国际关系学院博士生。

一、问题的提出

区域合作是一个成员国利益协调和博弈的过程，不同的制度设计和实践不仅反映了成员国的利益诉求和策略选择，而且可以对合作的进程产生重要影响。国际政治经济学者通过将博弈论引入区域合作的分析，[①] 能够客观地展现成员国的获利动机和追求利益最大化的策略选择，也能够科学地分析成员国为达成合作而进行的政策沟通和协调，进而揭示区域合作形成的内在机制。

“理性人”假设是博弈论的重要前提，基于这一假设，博弈方的行为在本质上都是理性的，成本和收益是博弈方行为选择的重要考量，博弈方所有的行为根本目的是使其利益最大化，以及怎样采用最有效的手段来实现这些利益。由于功利最大化的行为往往导致严重的利益冲突，从而使博弈各参与方陷入“囚徒困境”，最终导致合作难以达成。

在国际政治的实践中，人们往往使用零和博弈来解释和分析冲突产生的原因和解决冲突的制度设计，这在军事安全领域最为显著。一些学者对于国际政治博弈分析中对心理因素的忽略提出了批评。戴维·辛格等人指出，“在紧张和焦虑的情况下，决策者可能不会按照被称为理性的效用标准行事”。[②] 罗伯特·杰维斯认为，国际无政府状态导致国家产生恐惧和不信

---

① Pierre Allan and Christian Schmidt (eds.), *Game Theory and International Relations: Preference Information and Empirical Evidence* (UK: Elgar, 1994); Andreas Hasenclever, Peter Mayer and Volker Ritterberger, *Theory of International Regimes* (New York: Cambridge University Press, 1997). 莉萨·马丁、贝思·西蒙斯编《国际制度》，黄仁伟、蔡鹏鸿等译，上海人民出版社，2006。

② Singer J. David, “Inter-Nation Influence: A Formal Model,” *American Political Science Association* 57, No. 2 (1963): 420-430.

任心理，国家之间的相互恐惧和不信任心理又导致了安全困境。因此，引入心理变量解释国际政治中的冲突与合作，具有重要的理论价值和现实意义。

国际政治的关系主义强调行为体并非单独进行决策，关系运作的过程对国家行为有着重要的作用。[①] 全球化的发展推动着资本、商品、信息和观念等在全球范围内的自由流动，加强了行为体之间的相互依赖，进而形成了关系网络，改变了国际关系的基本特征。

在关系网络的话语中，关系指的是“行动者互动产生的一种纽带联系”，强调行为体之间的联系性。关系网络的基本类型有自我中心网络（Ego-Network）与整体网络（Whole Network）。[②] 自我中心网络关注行为体关系变量的重要性，整体网络则关注作为行动“节点”的行为体在关系结构中处于何种位置。

上海合作组织（以下简称“上合组织”）发端于中国同俄罗斯、哈萨克斯坦、吉尔吉斯斯坦和塔吉克斯坦的边界谈判，最终建立了新型地区合作组织。在合作领域上则经历了从安全合作扩展至安全、经济和人文合作“三驾马车”的成长过程。2017年6月，印度和巴基斯坦正式成为上合组织成员，上合组织的影响力进一步扩大。上合组织取得的巨大成就引起了学术界的高度关注，其中，上合组织的制度设计和创新、组织的认同成为关注的焦点问题之一。

从传统被视为零和博弈的边界谈判起步，到建立军事信任，进而走向地区合作，并最终建立新型地区合作组织。上合组织制度创新的动因是什么，上合组织成员国围绕合作的博弈认知及策略互动过程如何影响了上合组织的制度创新？本文试图通过将认知因素和关系网络引入对上合组织制度发展的分析，提出博弈认知—关系网络的分析框架，对此加以解释。

---

① Patrick Thaddeus Jackson and Daniel H. Nexon, “Relations before States: Substance, Process and the Study of World Politics,” *European Journal of International Relations* 5, No. 3 (1999): pp.291-332.

② 曹德军、陈金丽:《国际政治的关系网络理论：一项新的分析框架》,《欧洲研究》2011年第4期，第77页。

二、博弈认知—关系网络：一个理论分析框架

（一）博弈类型与博弈策略

在国际政治中，合作被视为一种谈判和博弈的过程。邓肯·斯尼达尔、斯蒂芬·布拉姆斯和马克·基尔戈登认为，博弈论有助于对重大的安全问题（如威慑、危机管理以及军控）进行缜密思考和严格分析。博弈论遵循两个基本假定，即“理性人”和“共同知识”的假定。在博弈中，作为“理性人”的参与方拥有对博弈、博弈收益和规则的共同知识，参与方释放战略信号和行动都是理性选择的结果。博弈论包括以下几种要素：参与者、收益、博弈的基本规则、获取信息的条件、参与者的策略、总体环境和竞争行为的互动。①

零和博弈和非零和博弈是博弈论中最常见的基本分析模型。在零和博弈中，一方的收益必然意味着另一方的损失，博弈各方的收益和损失相加总和永远为“零”，故双方不存在合作的可能。零和博弈普遍存在于军事安全领域中，大多数的军事对抗和国际危机都可以用零和博弈的分析模型进行解释。对参与方来说，理性的策略是追求收益最大化或损失最小化。

在对非零和博弈如何影响国际合作的分析中，利萨·马丁提出了四种博弈类型来分析多边合作，即协作博弈、协调博弈、有保证的博弈和劝说博弈。其中协作博弈和劝说博弈是非合作博弈，协调博弈和有保证的博弈是合作博弈，利萨·马丁对不同博弈类型下合作的分析有助于我们理解国际制度的设计。

在协调博弈和有保证的博弈中，由于存在着合作的共同利益，对于参与方来说，合作是一种最优的选择。在有保证的博弈中，参与方都不存在主导的战略，一方的战略选择随着对方的战略选择变化而变化，由此产生双方都合作的纳什均衡（同时也是帕累托最优），或者双方都不合作的纳

---

① 詹姆斯·多尔蒂、小罗伯特·普法尔茨格拉夫：《争论中的国际关系理论》，阎学通等译，世界知识出版社，2013，第604页；倪世雄：《当代西方国际关系理论》，复旦大学出版社，2018，第290页；李少军：《国际关系学研究方法》，中国社会科学出版社，2016，第164—169页。

什均衡。在协调博弈中，参与方存在主导战略，当一方选择主导战略时，需要其他方做出让步，从而获得各方利益的最大化。协调博弈中存在两个纳什均衡，但不存在一个占主导地位的均衡，需要博弈各方通过协商确定选择哪一个“最优”。

在合作博弈中，效率、公平和公正是合作得以实现的重要前提，收益分配问题是合作博弈中的核心问题。解决这一问题的关键不是对非合作行动采取强制和惩罚，而是通过沟通协调使博弈参与方认识到遵守承诺、采取合作能够带来更大的收益。在制度安排上，博弈各方通过提出合作建议，组织、出台一系列解决共同面对问题的政策方案，从而推动合作的深化。

协作博弈和劝说博弈是两种具有代表性的非合作博弈。“囚徒困境”是典型的协作博弈，在该博弈中，参与方在进行战略决策时，具有强烈的背叛动机，因此在面对共同利益时，参与方并不一定会采取合作性的集体行动，个体理性和集体理性之间存在严重的悖反。在国际政治中，“安全困境”是协作博弈的突出表现形式，体现出在缺乏制度保障和充分信息的情况下，国家间进行合作的难点所在。因此，在协作博弈中，为了实现合作，需要建立一个强势的制度安排，对个体的潜在背叛行为加以约束，使其放弃各自的主导战略（背叛），从而实现合作。

劝说博弈中，参与方之间存在着实力不对称的情况。新制度经济学将此类博弈称为“盟主游戏”，在国际政治中则被称为“霸权合作”。在劝说博弈中，当强势一方采取合作战略时，弱势一方可以通过采取不合作战略实现收益最大化。在此情况下，强势一方需要“劝说”弱势方采取合作而非不合作的战略，否则强势方也将采取不合作战略，从而避免各方收益最小的结果。因此，在劝说博弈中，也存在一种战略上的纳什均衡，但是这种均衡状态下，强势方的收益要大于弱势方。“强势的一方利用自己的优势,使弱势的一方接受对它而言是次优的一种选择。”①

在国际政治中，美国基于霸权地位建立起来的一系列制度安排，均为

① 韩彩珍:《东北亚合作机制的微观解释——从博弈论的角度》,《东北亚论坛》2004年第1期，第15页。

劝说博弈的制度安排。在安全领域，美国建立了一系列军事同盟制度。在经济贸易领域，美国建立了符合自己霸权利益的世界经济贸易体系。在金融领域，美国建立了以美元为核心的国际金融体系。这种霸权合作得以实现的关键是美国承担了提供公共产品的义务，并允许其他成员国的"搭便车"行为。但需要注意的是，霸权合作得以实现的前提是各方的实力对比，一旦强势方实力衰落，所提供的公共产品出现降低或减少，就可能出现博弈参与方背叛的情况，从而威胁合作的稳定性。

（二）博弈认知与博弈类型的转换

博弈论有助于我们认识合作的实现条件，建立惩罚背叛行为的制度和推动博弈的转型是学者们关注的两个方面。美国学者罗伯特·阿克塞尔罗德认为走出"囚徒困境"可以通过两种方式实现：一是建立第三方机构对不合作者进行惩罚，降低背叛的收益来实现合作；二是通过重复博弈来实现。阿克塞尔罗德指出，在重复博弈条件下，单轮"囚徒困境"下背叛的占优策略将会被有条件合作的占优策略所取代，即有条件合作策略将成为重复性"囚徒困境"博弈者的占优策略。[①]"在一定的条件下，囚徒困境可转换为有保证的博弈（Assurance Games）。"

有学者对博弈论的抽象讨论中存在着假设与实际情况差距较大的问题提出了批评，尤其是对认知因素的缺失表示不满，[②]认为应当关注心理因素对博弈合作的影响。[③]谢林认为，在现实的国际生活中，很难断定发生的危机属于哪一种类型。有些时候，合作来自惧怕而产生的妥协；有些时候来自相互的信任；有些时候产生于心理的压力和对未来的考虑。奥兰·扬认为，是观念或认知的因素而非客观的利益决定了问题结构。不同的行为体会从不同的角度看待、阐释同一个问题，得出关于问题性质及其解决方法的不同结论；随着时间推移，随着问题本身的性质开始发生变化，

① 罗伯特·阿克塞尔罗德:《合作的进化》，吴坚忠译，上海人民出版社，2007，第3—18页。

② 布鲁斯·拉西特、哈维·斯塔尔:《世界政治》，王玉珍等译，华夏出版社，2001，第292—294页。

③ David, "Inter-Nation Influence: A Formal Model," pp. 420-430.

以及行为体的社会学习都可能引起其对同一问题产生不同的理解。[①]

张艳伟、许勤华认为，国际关系领域的博弈，既是关于成本与收益的理性权衡，也是对成本与收益预判的知觉过程。美国特朗普政府在“贸易战双输”的理性判断面前，发起了对华贸易制裁这一“任性”的决策，便是“心理变量影响理性博弈”这一机制的典型案例。[②] 从博弈类型看，贸易合作是个典型的协调博弈，但在特朗普政府的认知中，中美贸易问题被视为“彼之所得必为我之所失”的零和博弈，并因此对中国发起了大规模的贸易制裁，推动了贸易问题的激化。

（三）作为干涉变量的关系网络

除理性因素和心理因素外，博弈还受到环境因素的影响，其中关系网络[③] 是影响博弈的重要环境因素。社会关系网络理论认为，任何主体（人或组织）与其他主体的关系都会对主体的行为产生影响，社会结构是一种网络系统，社会网络通过提供信息并建立信任关系，从而达成合作的共识。[④] 国际政治的关系网络理论将国际社会视为一个立体式的“社会网络”，[⑤] 在国际政治的研究中，网络分析主要由两种路径，一是将“网络作为结构”来研究，即网络结构对网络成员的影响以及由此产生的网络效应。第二种关注于作为行为体的网络，将网络作为与市场和等级组织相对应的具体组织形式。作为行为体，这些网络同样对国际博弈结果有显著

---

① 奥兰·扬：《世界事务中的治理》，陈玉刚、薄燕译，上海人民出版社，2007，第56—57页。

② 张艳伟、许勤华：《国际关系理性博弈中的心理变量——兼论特朗普政府发起对华贸易制裁的知觉因素》，《山东社会科学》2022年第2期，第117—124页。

③ 社会网络分析作为一种分析方法最早发端于对经济和社会关系的研究，但并不仅限于方法论，它还是一种科学研究社会互动的新路径。本文将关系网络视为行为体互动协调的形式和旨在改变国际结果和国家政策的集体行动，并分析不同关系网络类型下国家博弈认知和博弈策略选择的变化。陈冲、刘丰：《国际关系的社会网络分析》，《国际政治科学》2009年第4期，第92—111页。

④ Nan Lin, Walter M. Ensel and John C. Vaughn, “Social Resources and Strength of Ties: Structural Factors in Occupational Status Attainment,” *American Sociologic Review* (1981): 46.

⑤ 安妮–玛丽·斯劳特：《世界新秩序》，任晓等译，复旦大学出版社，2010，第131页。

影响。[①]

遵循关系网络理论的假设，本文将关系网络视为影响博弈认知和博弈过程的环境因素，即关系网络不仅影响国家对博弈类型的认知和判断，而且影响博弈过程中的策略选择。不同的关系网络中，国家围绕同一议题的博弈认知和博弈策略选择是不一样的。在全球关系网络社会中，作为行动者的国家在冲突与合作的博弈过程中，不仅需要考虑博弈的成分与收益问题，而且需要考虑与其他博弈方的关系、己方在关系网络中的位置和博弈策略选择对关系网络的影响，这种心理活动不仅影响了行为者对博弈类型的认知和博弈策略的选择，而且也会对作为结果的制度设计和制度变迁产生重要影响。

在关系网络的话语中，关系指的是“行动者互动产生的一种纽带联系”，强调行为体之间的联系性。关系网络的基本类型有自我中心网络与整体网络。自我中心网络关注行为体关系变量的重要性，整体网络则关注作为行动“节点”的行为体在关系结构中所处的位置。在不同的关系网络中，国家的博弈认知会发生变化，进而影响国家的博弈策略选择，从而做出不同的制度选择。

以上合组织安全合作为例。在上合组织成立之前，成员国之间的关系网络是自我中心网络，以成员国为中心向外发散。这一网络主要测量成员国与其他国家之间的关系，关注的是成员国关系变量的重要性。上合组织成立后，成员国之间的关系网络是整体网络，关注的是网络结构及成员国在结构中的位置。在不同类型的关系网络中，成员国对相同议题领域中的博弈认知是不一样的。以安全议题为例，上合组织发端于边界问题谈判，其根本目的“在于解决苏联时期遗留的边境问题，在边界地区相互削减武装力量，在军事领域加强信任与合作”。关系网络是一种典型的自我中心网络，该网络下的边界问题谈判呈现出典型的零和博弈特征。为推动边界问题的解决，中国、俄罗斯、哈萨克斯坦、吉尔吉斯斯坦、塔吉克斯坦等

---

① Miles Kahler, “Networked Politics: Agency, Power and Governance,” *Cornell Studies in Political Economy* (2009): 3，陈冲、刘丰：《国际关系的社会网络分析》，《国际政治科学》2009年第4期，第96页。

国认识到应当通过谈判建立互信，加强军事合作，摈弃了零和博弈的思维，形成了中国和其他四国“五国两方”的边界谈判模式，并建立了“上海五国”机制。边界谈判的博弈类型从零和博弈转变为协作博弈。在合作共赢的认知下，成员国最终克服了“囚徒困境”，成功解决了边界问题。

军事安全领域的互信合作实践推动了成员国在合作议题领域的扩展，经贸合作、非传统安全、地区治理成为各方关注的重点领域。“上海五国”首脑会晤机制正式从一个双边合作机制向多边会晤机制转变，并最终建立了正式的国际组织——上合组织，上合组织的整体网络形成。在上合组织的初创阶段，制度建设成为组织的焦点问题，中国处于上合组织整体网络的核心位置，中国倡导的区域合作理念、原则和组织发展方案，得到了其他成员国的高度认同，推动了成员国在相关议题领域的博弈从协作博弈转向有保证的博弈，进而推动了上合组织在制度设计上的发展创新。

三、上合组织关系网络的发展演变及博弈转换

（一）自我中心网络的形成与边界谈判的博弈转型

在中苏（俄）关系上，边界问题曾长期困扰两国。由于苏联秉持零和博弈的认知，虽然从1964年开始，中苏先后举行过多轮边界谈判，但并未取得任何实质性的成果。20世纪80年代末，中苏边界谈判重新启动，随着苏联的解体，中苏边界问题变为“两方五国”的边界问题，边界谈判也从中苏双边谈判变成中、俄、哈、吉、塔共同参加的多边谈判，一个以在边境地区加强军事信任和裁减军事力量并最终解决边界问题的关系网络开始形成。

对于中俄哈吉塔来说，该网络是以自我为中心的关系网络，各方遵循理性博弈的逻辑，参加边界问题的谈判。从1992年到1996年，通过5年22论谈判，五国在上海签署了《关于在边境地区加强军事领域信任的协定》，并开创了“上海五国”元首会晤机制。1997年4月，五国在莫斯科签署了《关于在边境地区相互裁减军事力量的协定》，这两个协议沟通构建了边境地区安全合作的法律制度，为边界问题的最终解决奠定了坚实的信任

基础。[①]

长期以来，领土边界争议问题是国际政治的焦点问题，如果处理不当，不仅影响国家间关系和地区稳定，而且有可能引发国家间的冲突甚至战争。这与国家间长期秉持的零和博弈思维有着密切的联系。中俄哈吉塔成功解决边界问题的实践，对于国际社会处理领土边界问题，发展国家间关系，进行国际合作无疑具有重要的启示意义。

中苏边界问题谈判始于20世纪50年代末60年代初。1960年，中国外交部成立“中苏边界问题办公室”，着手准备中苏边界问题谈判。然而，在两国关系恶化的背景下，中苏边界问题谈判具有典型的零和博弈特征。受零和博弈思维的影响，苏联方面将任何让步视为“己所失即彼所得”，如在首轮谈判中双方工作组层面的协商曾达成了以主航道中心线为基础划定两国边界的共识，但“此共识未能得到苏联领导的认可”。[②] 在零和博弈状态下，自1964年到1978年，中苏举行了两轮关于边界问题的谈判，但因双方对于边界问题的认知分歧，谈判未取得任何进展。

戈尔巴乔夫上台后，希望改善与中国的关系，中苏两国对边界问题谈判的认知发生变化。对苏联来说，无论是进行改革解决内部面临的重大问题，还是缓解周边紧张局势，以及应对全球战略压力，都需要迫切改善与最大邻国的关系。对中国来说，1978年进行的改革开放需要和平稳定的周边环境。苏联对于边界问题的博弈认知变化，突出表现在1986年7月28日戈尔巴乔夫在符拉迪沃斯托克发表的讲话中。在这次讲话中，戈尔巴乔夫对解决中苏边界问题阐明了新的立场，即同意按照国家通行规则，以主航道中心线为基础划定两国边界，表示希望中苏边界能够成为和平友好的边界。苏方在边界问题上释放的合作信号得到了中方的积极回应。从博弈转换的视角看，中苏围绕边界问题进行的博弈从零和博弈转向了协作博弈。

---

① 马蔚云、崔建平：《推动中俄边界问题解决的诸因素》，《西伯利亚研究》2016年第1期，第47—53页；史谢虹：《中吉边界问题的解决及其影响》，《中国边疆史地研究》2014年第1期，第130—138页；何羽：《中哈、中吉、中塔边界问题圆满解决的历史过程及其启示》，《党史研究与教学》2012年第1期，第25—32页。

② 姜毅：《中俄边界问题的由来及其解决的重大意义》，《欧洲研究》2002年第6期，第101页。

协作博弈过程中，作为理性的参与方在进行战略决策时，在面对共同利益时，并不一定会采取合作性的集体行动，而是往往选择背叛，这种个体理性和集体理性之间的悖反，即著名的“囚徒困境”。通过建立强制性的制度安排能够解决个体利益和集体利益冲突的问题，并抑制成员的背叛动机，惩罚成员的背叛行为。1987年2月，中苏开始举行第三轮边界谈判，并就争议最大的东部边界问题基本达成一致。1991年5月16日，中苏签署了《中苏关于中苏国界东段的协定》，确定了东段大部分边界的走向。

苏联解体后，中苏边界西段的边界问题变为中国与俄罗斯、哈萨克斯坦、吉尔吉斯斯坦、塔吉克斯坦的边界问题。继承苏联遗产的俄罗斯、哈萨克斯坦、吉尔吉斯斯坦、塔吉克斯坦延续了同中国通过谈判协商解决边界问题的势头。1992年9月，俄哈吉塔四国签署协议，组成联合代表团同中国进行边界问题谈判，形成了中国和其他四国“五国两方”的边界谈判模式。需要说明的是，“五国两方”模式下的边界谈判主要解决中俄、中哈、中吉、中塔之间的边界问题，其他四国的边界问题并不在谈判的范围内。因此，五国形成的边界谈判关系网络是以中国为中心的自我中心网络。

1994年9月，中俄两国签署《关于中俄国界西段的协定》，1999年12月，中俄签订《中俄关于中俄国界线东段的叙述议定书》和《中俄关于中俄国界线西段的叙述议定书》《中俄关于对界河中个别岛屿及其附近水域进行共同经济利用的协定》等文件，两国东西两段边界的实际勘界工作顺利完成。2004年10月，中俄签订《中俄关于中俄国界东段的补充协定》，彻底解决了所有遗留的边界问题。1994年4月26日，中哈两国签署《中哈关于中哈国界的协定》；1997年9月24日，中哈两国签署《中哈关于中哈国界的补充协定》；1998年7月4日，中哈两国签署《中哈关于中哈国界的补充协定》，逐步解决了中哈边界问题。1999年8月13日，中塔签订《中塔关于中塔国界的协定》；2000年7月，中塔吉三国签署了《中塔吉关于三国国界交界点的协定》；2002年5月17日，中塔签订《中塔关于中塔国界的补充协定》解决了中塔边界问题。1996年7月4日，中吉两国签订《中吉关于中吉国界的协定》；1998年8月26日，中吉两国签订《中吉关于中吉国界的补充协定》；1999年8月25日，中吉哈签订《中吉哈关于三国国界交界点的协定》；2000年7月，中塔吉三国签署了《中塔吉关于三国国界交界点的协定》，解决了中吉边界问题。

在该网络下，中国和其他四国在解决双边边界问题上所持的原则立场和基本态度高度一致，承认并接受中苏关于边界问题的基本原则及其成果，并在此基础上就边界问题和在边境地区加强军事领域信任、裁减军事力量进行双边和多边外交谈判，成功摆脱“囚徒困境”，形成了以外交协定为主要形式的制度安排，树立了建立信任、采取合作策略，通过协商谈判解决边界纷争的“上海五国”模式，彻底颠覆了西方的冷战思维与零和博弈理论，摆脱了“囚徒困境”，为国际社会解决边界领土争端和海洋权益争议提供了有益借鉴。

（二）议题的扩展、博弈转换与上合组织整体网络的形成

1996年4月26日，中、哈、吉、俄、塔五国元首在上海共同签署了《关于在边境地区加强军事领域信任的协定》，并形成了“上海五国”元首会晤机制，随着五国边境地区加强军事合作和互信关系的形成，以及开始陆续进行解决边界问题的外交谈判，面对地区安全形势的新变化和各国加强经济合作的强烈愿望，作为单一议题合作机制的“上海五国”元首会晤机制的合作议题从边界谈判开始向地区安全、经贸合作等其他领域扩展。

1998年7月3日，五国领导人签署《阿拉木图联合声明》，明确提出“共同打击各种形式的民族分裂和宗教极端势力、恐怖活动、偷运武器及走私和贩毒等本地区公害；本着互利互惠、讲求实效的原则进一步密切五国间的经济关系；与国际社会共同努力制止南亚核军备竞赛，维护国际核不扩散机制等”。议题的扩展使以中国为一方，俄、哈、吉、塔为另一方的双边会晤机制转变为五国间的多边会晤机制，合作的侧重点也从军事领域扩大到政治、经济等领域。2001年6月14日，“上海五国”元首在上海举行第六次会晤，乌兹别克斯坦作为正式成员加入。6月15日，六国元首共同签署《上海合作组织成立宣言》，上合组织宣告正式成立。由此，包含六个成员的上合组织整体网络形成。“上合组织开创了地区内国家开展文明对话、共享发展成果的新模式，打造具有开创意义的伙伴关系网络，有助于推动国际关系的民主化和多极化进程，树立作为地区稳定维护者的新形

象。"[①] 整体关系网络视角下，上合组织关系网络呈现以下特征：

第一，整体网络和自我中心网络的统一。上合组织可被视为由中国、俄罗斯、哈萨克斯坦、吉尔吉斯斯坦、塔吉克斯坦等成员国及其关系构成的整体网络，根据合作的领域和内容，可分为上合组织安全关系网络、上合组织经贸合作关系网络、上合组织人文合作关系网络等。在整体网络内，行为体之间的关系水平影响行为体的决策认知与行动，进而影响整个关系结构。同时，上合组织也存在多个自我中心网络，既包括以各成员国为中心的自我中心网络，也包括以上合组织为中心的自我中心网络，从而使上合组织关系网络呈现一种复杂关系网络状态。

第二，上合组织关系网络具有传递性，并影响关系网络的扩展与收缩。上合组织关系网络的传递性体现在，如果有一个或多个成员加入区域合作机制中，则其他成员加入该区域合作机制的可能性就会增大。以上合组织成员国参与共建"一带一路"为例，一个成员国对接"一带一路"倡议与国家发展战略，会通过关系网络传递合作的信息，推动其他成员国参与共建"一带一路"，最终形成上合组织参与共建"一带一路"的关系网络，从而推动上合组织关系网络的扩展。反之，则会导致上合组织关系网络的收缩。

第三，上合组织关系网络具有嵌入性的特征。上合组织各个网络关系相互叠加、嵌套，成员国之间的多重关系相互交织、共同作用，形成"嵌入性"（Embeddness）状态。分析上合组织的合作进程，必须考察成员所处的关系网以及成员之间的具体互动。换句话说，上合组织成员国围绕某一具体议题领域进行博弈时，必须要考虑上合组织关系网络嵌入性的影响。上合组织关系网络嵌入性的特征，不仅影响成员的博弈认知，而且最终影响博弈的转换。

第四，上合组织关系网络具有结构性的特征。关系网络一旦形成，便产生结构，该结构由关系位置决定。上合组织关系网络中，成员国的位置与作用也各不相同，成员国在上合组织关系网络中"中间中心性"度数越

---

① 孙壮志：《上海合作组织二十年发展：成就与经验》，新华网，2021年6月15日，http://www.xinhuanet.com/world/2021-06/15/c_1211202024.htm，访问日期：2023年6月5日。

高，则该国家对其他点的控制能力越强；"接近中心性"度数越高，其权力越大。

从整体网络的视角出发，不仅能够观察上合组织成员国之间的关系，而且能够解释成员国之间的博弈认知和博弈转换，进而分析上合组织的制度选择。《上海合作组织成立宣言》清晰表明了成员国的博弈认知和合作意愿，宣言指出：各成员国"一致认为'上海五国'的建立和发展顺应了冷战结束后人类要求和平与发展的历史潮流，展示了不同文明背景、传统文化各异的国家通过互尊互信实现和睦共处、团结合作的巨大潜力……确信在21世纪政治多极化、经济和信息全球化进程迅速发展的背景下，将'上海五国'机制提升到更高的合作层次，有利于各成员国更有效地共同利用机遇和应对新的挑战与威胁"；关于上合组织的合作议题，《上海合作组织宪章》明确提出，上合组织的基本宗旨和任务是"加强成员国间的相互信任和睦邻友好……维护和加强地区和平、安全与稳定……共同打击一切形式的恐怖主义、分裂主义和极端主义，打击非法贩卖毒品、武器和其他跨国犯罪活动，以及非法移民；鼓励开展政治、经贸、国防、执法、环保、文化，科技、教育、能源、交通、金融信贷及其他共同感兴趣领域的有效区域合作……"①

上合组织合作议题的扩展和成员国合作意愿的加强推动了成员国的博弈从协作博弈向有保证的博弈的转换。在边界谈判的协作博弈中，成员国的合作意味着集体理性战胜了个体理性，虽然看似成员国选择了放弃了较高的回报（这种回报不一定成为现实），但促进了成员国之间的信任，整体收益大于成员国个体收益之和。上合组织成立后，成员国之间的合作从协作博弈转向有保证的博弈。在有保证的博弈中，如果参与方都选择合作，则参与方能够实现利益最大化。如果参与方都选择背叛，虽然也能够实现纳什均衡，但此结果对所有参与方来说，都不是最优结果。因此，如果国家都选择协调一致的合作政策，就能够实现利益最大化。如果一个国家的博弈认知发生变化，对他国的动机产生怀疑而采取背叛战略，合作就

① 《上海合作组织宪章》，上海合作组织秘书处网，2002年6月15日，http://chn.sectsco.org/load/43921/，访问日期：2023年6月5日。

难以实现。[①]

信息的透明度、国家的合作认知以及理性决策是有保证的博弈中国家达到利益最大化的关键。因此，相比于协作博弈需要建立强有力的正式制度作保障，并惩罚背叛行为，从而推动合作的实现。有保证的博弈中制度设计的重点是加强信息的透明性、增强成员国的信任、提高组织的专业化水平，增强组织的权威性。上合组织成立后，通过制度创新实践，不断提升成员国间的信任，推动组织发展行稳致远。

四、上合组织的制度创新及其影响

从发展阶段看，上合组织的制度创新大致可分为两个阶段，一是组织初创阶段，上合组织的制度设计遵循目标导向原则，通过建章立制，成员国不断完善上合组织的法律地位和机构设置，搭建起上合组织的整体框架。二是组织发展阶段，上合组织的制度设计遵循问题导向原则，面对地区形势新变化和成员国的诉求变化，组织成员国为应对各类风险挑战，丰富完善相关制度并加以应对。此外，当上合组织进入扩员发展的新阶段，成员国不断推进扩员的各项准备工作，完善了扩员制度，为组织扩员奠定了法律基础。上合组织成员国进行了一系列制度设计和制度实践活动，为推动上合组织的发展奠定了坚实的制度基础。上合组织的制度创新主要包括以下方面：

（一）上合组织的条约制度

上合组织的条约制度是组织建立和运行的法律基础。主要包括基础性条约（如《上海合作组织宪章》《上海合作组织与其他国际组织及国家相互关系临时方案》《上海合作组织观察员条例》《上海合作组织成员国长期睦邻友好合作条约》等）、属于条约或具有条约属性的声明、联合声明、联合公报、元首宣言、备忘录等。此外，条约制度还包括属于条约的发展

---

① 王正毅：《全球化与国际政治经济学：超越“范式之争”？》，《世界经济与政治》2010年第10期，第15—16页。

规划（如《上海合作组织成员国旅游合作发展纲要》）、战略（如《上海合作组织至2025年发展战略》）和属于条约附件的计划（如《上海合作组织成员国和阿富汗伊斯兰共和国打击恐怖主义、毒品走私和有组织犯罪行动计划》）和协定（如《上海合作组织成员国政府间合作打击犯罪协定》）等。

基础性条约在上海合作组织的制度体系中占据核心地位，是组织的宪法性制度安排。如《上海合作组织宪章》提出了组织的宗旨和任务，确立了成员国行为的基本原则，指明了组织的合作方向，而且为组织内的机构设置和各机构的权力和工作重点提供了法律基础。此外，《上海合作组织宪章》还确立了组织内通过决议程序和执行程序，并就成员国间的争议解决和组织的国际人格和对外交往做出明确规定。

上合组织条约制度是上合组织得以建立和运行的重要法律基础，是成员国开展合作的法律依据。从内容上看，上合组织条约制度的创新之处主要体现在：一是《上海合作组织成立宣言》提出将“上海五国”进程中形成的以“互信、互利、平等、协商、尊重多样文明、谋求共同发展”为基本内容的“上海精神”作为上海合作组织成员国之间相互关系的准则，体现了组织核心价值观的发展延续。二是明确提出“本组织不针对其他国家和国际组织”的原则，开创了结伴而不结盟的国际关系新模式，为成员国发展合作共赢的新型国际关系注入了强大动力。三是不断发展创新合作理念，并将其写入相关法律文件。如在具有条约属性的《青岛峰会宣言》中，明确提出“成员国重申恪守《上海合作组织宪章》的宗旨和任务，遵循《上海合作组织至 2025年发展战略》，继续加强政策沟通、设施联通、贸易畅通、资金融通、民心相通，发展安全、能源、农业等领域合作，推动建设相互尊重、公平正义、合作共赢的新型国际关系，确立构建人类命运共同体的共同理念”。[①]

（二）上合组织的权力分配机制与机构设置

国际组织内部的权力分配影响组织的决策效率和公平，对组织的运行

---

① 《上海合作组织成员国元首理事会青岛宣言》，上海合作组织秘书处网，2018年6月10日，http://chn.sectsco.org/load/443127/，访问日期：2023年6月5日。

至关重要。权力的分配主要包括成员国之间的权力关系和组织各层次的权力关系。按照关系网络理论，国家在关系网络中的权力与其所处的位置相关，核心位置带来核心权力。[①] 在上合组织整体关系网络中，中国与俄罗斯无疑位于网络的中心位置，因而是权力最大的国家。然而，基于合作的有保证的博弈特征，上合组织提出“所有成员国一律平等，在相互理解及尊重每一个成员国意见的基础上寻求共识”[②] 的原则，这一原则在上合组织制度创新上的实践包括两方面：一是权力集中在由各成员国国家元首参加的国家元首会议（元首理事会）；二是引入了“协商一致”而非投票表决的决议原则。

上合组织建立了完备的会议机制。其中，国家元首会议（元首理事会）是上合组织最高决策机构,《上海合作组织宪章》明确规定国家元首会议（元首理事会）是“本组织最高机构”，国家元首会议（元首理事会）“确定本组织活动的优先领域和基本方向，决定其内部结构和运作、与其他国家及国际组织相互协作的原则问题，同时研究最迫切的国际问题”。[③] 作为上合组织的常设机构，上合组织秘书处“承担本组织框架内开展活动的组织技术保障工作，并为组织年度预算方案提出建议”。从成员国与组织的关系看，上合组织呈现出“委托—代理”的关系，成员国对组织的授权十分有限，这表明成员国的意愿而非组织意愿决定上合组织的发展。

除国家元首会议（元首理事会）外，上合组织的其他会议机制还包括政府首脑（总理）会议、外交部长会议、各部门领导人会议和国家协调员理事会等。从职能看，政府首脑（总理）会议职能在于：贯彻和落实成员国元首理事会的精神和决议；研究本组织框架内发展多边合作的战略、前景和优先方向；解决在宪章确定的现实领域，特别是经济领域发展合作的原则问题，包括在本组织框架内缔结相关政府间多边条约和文件。[④] 外交部长会议的职能是“讨论组织当前活动问题,筹备国家元首会议和在组织

---

① 曹德军、陈金丽:《国际政治的关系网络理论：一项新的分析框架》，第77页。

② 《上海合作组织宪章》，上海合作组织秘书处网，2002年6月15日，http://chn.sectsco.org/load/43921/，访问日期：2023年6月5日。

③ 同上。

④ 同上。

框架内就国际问题进行磋商”。根据国家元首会议和国家政府首脑（总理）会议的决定，“成员国各部门领导人定期召开会议，研究本组织框架内发展相关领域相互协作的具体问题”。①

在常设机构上，上合组织设地区反恐怖机构执行委员会和秘书处两个常设机构。上合组织地区反恐怖机构执行委员会设在比什凯克市（吉尔吉斯斯坦）。该机构的基本任务和职能、经费及活动规则由成员国间签署的单独国际条约及通过的其他必要文件来规定。上合组织秘书处是上合组织常设行政机构，主要承担本组织框架内开展活动的组织技术保障工作，并为组织年度预算方案提出建议。

（三）上合组织的决议程序和决议执行

“协商一致”决议原则的引入也体现了上合组织成员国平等的权力关系特征和合作的有保证的博弈特征。根据《上海合作组织宪章》，上合组织的决议以不举行投票的协商方式产生，如在协商过程中无任一成员国反对（协商一致），决议被视为通过。

此外，《上海合作组织宪章》还规定：任何成员国都可就所通过决议的个别方面和（或）具体问题阐述其观点，这不妨碍整个决议的通过。成员国的观点应写入会议纪要。

如果部分成员国对其他成员国提出的某些合作项目不感兴趣，并不妨碍其他成员国实施这些合作项目，同时也不妨碍上述国家在将来再加入这些项目中来。

此外，上合组织各机构的决议由成员国根据本国法律程序执行。各成员国落实本宪章和本组织框架内其他现有条约及本组织各机构决议所规定义务的情况，由本组织各机构在其权力范围内进行监督。这些决议程序和决议执行的相关制度设计，保证了成员国是在平等的基础上参与上合组织框架内的合作。

① 《上海合作组织宪章》，上海合作组织秘书处网，2002年6月15日，http://chn.sectsco.org/load/43921/，访问日期：2023年6月10日。

（四）上合组织的扩员制度创新

上合组织在安全、经贸和人文等领域合作的成功实践使其影响力不断提升，越来越多的国家希望加入上合组织，扩员成为上合组织发展的重要议题。《上海合作组织成立宣言》强调，愿与其他国家及有关国际和地区组织开展各种形式的对话、交流与合作，在协商一致的基础上吸收认同该组织框架内合作宗旨和任务及相关原则，促进合作的国家为该组织新成员。[①]

《上海合作组织宪章》也提出，可向感兴趣的国家或国际组织提供对话伙伴或观察员地位。[②] 上合组织的上述文件关于扩员的阐述表明，上合组织从来不是一个封闭性的合作组织，而是一个开放性的国际组织。

从2004年开始，上合组织进入快速发展期，有越来越多的国家表达了希望发展与上合组织关系的诉求，上合组织也适时出台了关于扩员的相关制度安排，2004年6月，上合组织元首理事会塔什干峰会上通过了《上海合作组织观察员条例》，条例指出，“希望获得本组织观察员地位的国家或组织,需在尊重成员国主权、领土完整和平等，承认组织宗旨、原则及活动的基础上，通过本组织秘书长向本组织国家元首理事会提交由国家元首或组织负责人签署的申请”，[③] 并对获得观察员资格的程序和观察员的权力和义务做了明确规定。2004年，蒙古国成为上合组织的首个观察员国。2005年，巴基斯坦、伊朗、印度获得上合组织观察员地位。2008年8月，上合组织元首理事会杜尚别峰会通过了《上海合作组织对话伙伴条例》，对对话伙伴的法律地位以及资格申请方式和程序作出了规定。[④] 2009年，斯里兰卡和白俄罗斯成为上合组织对话伙伴国；2012年6月，阿富汗成为

---

① 《上海合作组织成立宣言》，上海合作组织秘书处网，2001年6月15日，http://chn.sectsco.org/load/43485/，访问日期：2023年6月15日。

② 《上海合作组织宪章》，上海合作组织秘书处网，2002年6月15日，http://chn.sectsco.org/load/43921/，访问日期：2023年6月15日。

③ 《上海合作组织观察员条例》，上海合作组织秘书处网，2004年6月15日，http://chn.sectsco.org/load/44496/，访问日期：2023年6月15日。

④ 《上海合作组织对话伙伴条例》，上海合作组织秘书处网，2008年8月28日，http://chn.sectsco.org/load/45690/，访问日期：2023年6月16日。

上合组织观察员国、土耳其成为上合组织对话伙伴国；2015年7月，白俄罗斯成为上合组织观察员国；2015年，阿塞拜疆、亚美尼亚、柬埔寨和尼泊尔成为上合组织对话伙伴国；2021年，埃及、卡塔尔、沙特阿拉伯成为上合组织对话伙伴国；2022年，上合组织撒马尔罕峰会批准了巴林、科威特、马尔代夫、缅甸和阿联酋成为对话伙伴的决议；2023年，阿联酋成为上合组织对话伙伴国。

在接收新成员的问题上，上合组织态度谨慎，直到2010年，上合组织元首理事会塔什干峰会通过了《上海合作组织接收新成员条例》和《上海合作组织程序规则》，对有关国家加入上合组织的标准、条件和机制做出了明确而严格的规定。申请国的标准和条件不仅包括要求地属欧亚地区、与组织成员国建立外交关系，并且具有上合组织观察员国或对话伙伴国地位，与成员国保持积极的经贸与人文交往。此外，上合组织对申请国的安全条件要求是，申请国所承担的国际安全义务不能与上合组织的安全规范和制度相冲突，不是冲突的参与方，未受联合国安理会制裁，能够自觉履行《联合国宪章》规定的义务，遵守公认的国际法准则等。①

2015年上合组织元首理事会乌法峰会“启动接收印度、巴基斯坦加入上合组织程序”，2017年上合组织元首理事会阿斯塔纳峰会宣布两国成为正式成员国。从启动程序到成为上合组织的正式成员国，印度和巴基斯坦在两年时间内，接受并签署了上合组织内的所有现行有效的国际条约，包括《上海合作组织宪章》《上海合作组织成员国长期睦邻友好合作条约》等重要法律文件，才完成了从观察员到正式成员的转变。2021年9月，上合组织元首理事会杜尚别峰会“启动接受伊朗加入上合组织程序”，2022年9月，上合组织元首理事会撒马尔罕峰会“启动接受白俄罗斯加入上合组织程序”。目前，上合组织已经拥有9个正式成员国（中国、俄罗斯、哈萨克斯坦、吉尔吉斯斯坦、塔吉克斯坦、乌兹别克斯坦、印度、巴基斯坦、伊朗），3个观察员国（蒙古、阿富汗、白俄罗斯）和14个对话伙伴国（阿塞拜疆、亚美尼亚、巴林、埃及、柬埔寨、卡塔尔、科威特、马尔

---

① 《上海合作组织接收新成员条例》，上海合作组织秘书处网，2010年6月11日，http://chn.sectsco.org/load/270519/，访问日期：2023年6月17日。

代夫、缅甸、尼泊尔、阿联酋、沙特阿拉伯、土耳其、斯里兰卡）。

在扩员制度上，上合组织设计了一个相对宽松的“准成员”和限制严格的“正式成员”的扩员制度，并在最近几年加快了扩员的进程。

五、结　论

上合组织在二十多年的发展历程中，合作领域不断拓展，成员规模不断扩大，国际声誉和影响力持续提升。可以说，“上合模式”和“上合经验”已经成为国际社会和学术界关注的重要问题。作为“上合模式”和“上合经验”的重要组成部分，上合组织的制度设计和制度创新对于上合组织成员国强化组织认同、推动合作的深化发挥了重要作用。

从博弈论的视角看，博弈类型对于合作的影响巨大。在不同的博弈类型中，参与方的合作意愿和策略选择不同，进而对合作的拓展和深化产生严重的影响。因此，推动博弈的转换，使零和博弈转换为非零和博弈，非合作博弈转换为合作博弈，对于摆脱影响合作的“囚徒困境”，促进合作的实现具有重要影响。

参与方的博弈认知对于博弈转换产生直接影响。以上合组织的前身“上海五国”机制为例，该机制的形成同中国与俄罗斯、哈萨克斯坦、吉尔吉斯斯坦、土库曼斯坦等国的边界问题谈判密切相关。在该网络中，基于零和博弈的认知，中国和苏联曾长期在边界问题上未能取得任何进展。基于协作博弈的认知，中国和其他国家不断加强信任，通过谈判协商克服了“囚徒困境”，成功解决了边界问题，并形成了相应的制度安排。

随着上合组织的成立，上合组织的整体关系网络形成。议题的拓展和互信的增强，成员国的博弈认知从协作博弈转向有保证的博弈，相比于协作博弈需要建立更加强有力的正式制度做保障，在整体关系网络中，有保证的博弈的制度设计的重点应是加强信息的透明性，增强成员国的信任，提高组织的专业化水平，增强组织的权威性。以此为目标，上合组织不断进行制度创新实践，努力为上合组织框架内成员国合作的深化奠定坚实的制度保障。

遵循目标导向和问题导向的逻辑，上合组织的制度创新实践体现在上合组织的条约制度、权力分配机制、决议程序和决议执行程序以及扩员制度等方面。这些制度创新实践推动着上合组织的发展进程，增强了上合组织的合作潜力，提升了上合组织的国际声誉和影响力。

目前，上合组织的扩员进程稳步推进，扩员一方面带来了新的合作机遇，但也对上合组织的发展带来新的挑战。加强组织认同、凝聚合作理念，不断进行制度创新和实践，是上合组织未来重要的发展方向。

Изменение формы игр, налаживание сети отношений и институциональные инновации Шанхайской Организации Сотрудничества

Вэй Цзиньшэнь, Ли Цюн

Аннотация: В процессе развития международных организаций игровое понимание и выбор игровой стратегии государств-член по вопросам сотрудничества оказывают значительное влияние на институциональный выбор организации. Внедряя психологические факторы и сеть отношений в анализ форм игр, авторы статьи создали аналитическую основу для понимания выбора системы ШОС. В эгоцентричных сетях изменения участников в восприятии игр могут превратить игры с нулевой суммой в совместные игры и тем самым сотрудничество осуществляется посредством выбора системы. В общей сети изменения в восприятии игр страны-члены могут превратить совместную игру в гарантированную игру, а затем реализовать сотрудничество через институциональный выбор. ШОС появилась в ходе пограничных переговоров, от китайско-советских переговоров по пограничным вопросам до двусторонних переговоров по пограничным вопросам между пятью странами, взаимодействие Китая с Россией, Казахстаном, Кыргызстаном и Таджикистаном представляет собой эгоцентричную сеть. Благодаря изменениям в восприятии игр стороны превратили переговоры из игры с нулевой суммой в скоординированную игру и в конечном счете разрешили пограничный вопрос путем подписания обязательного пограничного соглашения. Наряду с созданием ШОС сложилась общая сеть. В этой сети государства-члены меняют восприятие игр вокруг безопасности, экономики, торговли, гуманитарного обмена и расширения состава Организации, превратив скоординированную игру в гарантийную игру, что влияет на выбор системы Шанхайской Организации Сотрудничества. В процессе развития, следуя целеустремленности и проблемной ориентации, ШОС постоянно внедряет институциональные инновации в систему основных договоров, механизмы распределения полномочий и институциональной структуры, процедуры принятия решений и выполнения резолюций, и в систему расширения состава, что способствует развитию ШОС, укреплению потенциала сотрудничества ШОС и тем самым повышает международную репутацию и влияние ШОС.

Ключевые слова: Изменения формы игры, Сеть связей, ШОС, Институциональные инновации.

Автор: Вэй Цзиньшэнь, доцент института Центральной Азии и института политологии и международных отношений Ланьчжоуского университета; Ли Цюн, доктор философских наук института политологии и международных отношений Ланьчжоуского университета.

Game Perception Transformation, Relationship Networks and Institutional Innovation of the Shanghai Cooperation Organization

Wei Jinshen, Li Qiong

Abstract: In the development of an international organizations, the perception of the power game and the choice of strategies have a significant impact on the institutional choices of the organization. By incorporating psychological factors and relationship networks into game analysis, this article establishes an analytical framework to explain the institutional choices of the Shanghai Cooperation Organization (SCO). In a self-centered network, changes in member states' cognitive understanding of the game can transform a zero-sum game into a cooperative game, leading to a cooperation strategy through institutional choices. In a holistic network, changes in member states' cognitive understanding can transform a cooperative game into a guarantee game, and thereby achieve cooperation through institutional choices. The origin of the SCO lies in resolving "border negotiation issues," starting from negotiations between China and the Soviet Union to the "Five Central Asian Nations and China". The interactions between China and Russia, Kazakhstan, Kyrgyzstan, and Tajikistan form a self-centered network where changes in the cognitive understanding of all parties transform the negotiations from a zero-sum game into a coordination game, ultimately resolving the border issues by signing mandatory border agreements. With the establishment of the SCO, a holistic network is formed, where the changes in the game perceptions of member states around security, economy and trade, humanities and membership expansion have transformed the coordination game of member states into a guarantee game, which in turn affects the institutional choices of the SCO. Following the logic of goal-oriented and problem-oriented approaches, the SCO has made continuous institutional innovations in areas such as basic treaty systems, power allocation mechanisms, institutional structures, decision-making procedures, implementation of resolutions and enlargement rules. These innovations promote the development of the SCO, enhance its cooperative potential, and consequently elevate its international reputation and influence.

Keywords: Game transformation, relationship networks, SCO, institutional innovation

Authors: Wei Jinshen is Associate Professor at the Institute of Central Asian Studies and the School of Politics and International Relations, Lanzhou University; Li Qiong is a doctoral candidate at the School of Politics and International Relations, Lanzhou University.

上海合作组织打击网络恐怖主义的路径及其实践

肖 斌 刘 聪

【内容提要】伴随着数字技术的发展，网络恐怖主义已然成为威胁上海合作组织成员国安全的新问题。在解决新问题的过程中，上海合作组织成员国根据自身实际在打击网络恐怖主义的行动中取得了一定的成绩。为了推动上海合作组织成员国提高打击网络恐怖主义的效力，有必要结合相关理论对现有经验进行分析。通过比较全球安全治理实践中的规则主导型和关系主导型两种治理模式，可以看出，在具体的地区安全治理实践中，选择何种治理模式通常受到国家特性的影响。但这两种治理模式也会相互转换，即当外部威胁水平提高时，主权国家更倾向于选择规则主导型治理模式，提高应对外部威胁的能力及效力。从上海合作组织打击网络恐怖主义的实践来看，其成员国在合作初期通常选择的是关系主导型的治理模式，即从相互包容的合作理念、软性机制、联合行动、国际合作、组织规范化等方面进行网络恐怖主义治理。然而，从国际组织发展历史来看，上海合作组织处在一个从关系主导型到规则主导型的过渡周期中，这也是上海合作组织成员国提高应对网络恐怖主义能力的必然选择。对此，本文提出上海合作组织需要优先做好以下工作：在坚持“上海精神”的前提下，构建更加多元的“协商一致”原则；打击网络恐怖主义规范化建设需从社会经济领域入手，消除恐怖主义滋生的社会土壤；积极与联合国合作，提高成员国在打击恐怖主义网络攻击、在线传播恐怖主义内容、恐怖主义分子网络通信、恐怖主义网络融资等领域的能力；要共建打击网络恐怖主义的上合组织“数字安全盾”。

【关键词】上合组织；网络恐怖主义；关系主导型；规则主导型；治理路径

【作者简介】肖斌，中国社会科学院俄罗斯东欧中亚研究所研究员；刘聪，硕士研究生，中国社会科学院大学俄罗斯东欧中亚系研究助理。

引 言

自互联网技术诞生开始，移动互联网技术便快速走进人们的日常生活，根据国际电信联盟的数据，全球互联网使用人数已经从2005年的10亿上升到2023年的53亿，① 移动互联网重塑了日常生活，社交媒体已经融入社会的方方面面，信息与通信技术也塑造着更为广泛的国家生存环境。几乎所有的国家都在一定程度上受到数字技术的影响，数字经济也已经成为各国发展的重要推动因素。2020年发生的全球新冠病毒疫情进一步推动了移动互联网技术的普及，互联网流量增加了大约30%，② 个人、社会以及国家对数字技术的依赖持续增长，网络安全也日益受到重视。

对网络安全的定义，学界有多种解释。根据国际电信联盟《制定国家网络安全战略指南》的定义，"网络安全"是指用于保护政府、私营组织和公民等的网络基础设施中资产的可用性、完整性和保密性的工具，这些资产包括网络中的计算机设备、基础设施、软件、服务、电信系统以及信息。③ 网络安全俨然成为一个全球性问题，仅2016年，恶意网络活动就对

① 数据来源：国际电信和信息社会网，https://www.itu.int/en/ITU-D/Statistics/Pages/stat/default.aspx。

② "Global Cybersecurity Index 2020," International Telecommunication Union, accessed April 10, 2023, https://www.itu.int/en/ITU-D/Cybersecurity/Pages/global-cybersecurity-index.aspx.

③ "Guide to Developing a National Cybersecurity Strategy," International Telecommunication Union, accessed April 10, 2023, https://ncsguide.org/the-guide/.

美国经济造成高达560亿至1090亿美元的损失；[①] 2022年2—3月，SLIPPY SPIDER病毒利用公共Telegram频道泄露的数据曾对微软、英伟达、Okta和三星等科技公司实施了数据盗窃和勒索。[②] 总之，全球网络安全形势十分严峻，上海合作组织成员国也深受其害。

一、上合组织打击地区网络恐怖主义的现状

网络恐怖主义是网络安全的公害。网络恐怖主义不受传统国际法边界的限制，因其匿名性、便捷性及不易追踪溯源等特点成为民粹主义组织和极端分子实现政治目标的重要工具。尽管世界各国都受到不同程度的网络恐怖主义威胁，但对网络恐怖主义的概念仍存在争议。网络恐怖主义一词最早由科林·巴里（Collin Bary）提出，其认为网络恐怖主义是网络与恐怖主义的结合，是在网络空间中进行的恐怖袭击。[③] 多萝西·丹宁（Dorothy E. Denning）将网络恐怖主义定义为“对计算机、网络及其存储信息进行非法攻击或威胁进行攻击的行为，借以恐吓或胁迫政府及其民众，从而达至某种政治或社会目的”，多萝西·丹宁认为，为实现恐怖主义的政治或社会目标，网络恐怖主义攻击必须能对“现实世界”造成影响，如针对关键基础设施的攻击。[④] 马克·波利特（Mark M. Pollitt）则将网络恐怖主义定义为：“地方团体或秘密特工有预谋的、出于政治目的的对非战

① Christian Ruhl, Duncan Hollis, Wyatt Hoffman and Tim Maurer, “Cyberspace and Geopolitics: Assessing Global Cybersecurity Norm Processes at a Crossroads,” Carnegie Endowment for International Peace, February 26, 2020, accessed April 10, 2023, https://carnegieendowment.org/2020/02/26/cyberspace-and-geopolitics-assessing-global-cybersecurity-norm-processes-at-crossroads-pub-81110.

② “2023 GLOBAL THREAT REPORT,” Crowdstrike, accessed April 10, 2023, https://go.crowdstrike.com/2023-global-threat-report-thank-you.html.

③ Collin Barry, “Future of Cyberterrorism: The Physical and Virtual Worlds Converge,” *Crime and Justice International* 13, no.2 (1997): 15-18.

④ Dorothy E. Denning, “Cyberterrorism: Testimony before the Special Oversight Panel on Terrorism Committee on Armed Services, US House of Representatives,” *Focus on Terrorism* 9, no.1 (2000): 71-76.

斗目标的信息计算机系统、计算机程序和数据实施的暴力。”[①] 治理是前端和后端，打击是终端。网络恐怖主义预防为主，发生后才打击，然后还要通过治理来消除影响。因此，治理是核心。网络恐怖主义是随数字技术而产生的现象，与传统的恐怖主义有较大差异。综上所述，网络恐怖主义是特定团体或个人出于特定的政治目的并以网络为工具对目标国政治经济秩序进行的有蓄谋的破坏行动。

上合组织大部分成员国易受网络恐怖主义威胁。根据国际电信联盟2021年发布的全球网络安全指数（第4版），除中国、俄罗斯、印度和哈萨克斯坦外，其他国家网络安全指数均处于90以下，处于非常危险的状态。其中，伊朗网络安全指数81.06，排名第54；乌兹别克斯坦网络安全指数71.11，排名第70；巴基斯坦网络安全指数54.88，排名第79；吉尔吉斯斯坦网络安全指数49.84，排名第92；塔吉克斯坦网络安全指数17.1，排名第138。[②] 实际上，安全指数高的成员国也存在网络安全问题。例如，2017年4月，一群黑客入侵哈萨克斯坦国防部的网站，并在主页上打出“自由巴勒斯坦”的横幅；2018年8月，网络攻击分析与调查中心（CAICA）专家发现哈萨克斯坦具有重要战略意义的Documentolog.kz系统中具有严重漏洞；在2018年，CAICA的互联网资源监控系统Web Totem在哈萨克斯坦的多个网站上报告了约600起事件。[③] 上合组织成员国中网络安全水平较高的中国也遇到过同样的问题，2022年2月，中国互联网持续遭受境外网络攻击，境外组织不仅攻击控制中国境内的计算机，而且还通过中国的受控计算机对俄罗斯、乌克兰、白俄罗斯进行网络攻击。[④]

---

① Mark M. Pollitt, “Cyberterrorism — Fact or Fancy?” *Computer Fraud & Security* 1998, no.2 (1998): 8-10.

② “Global Cybersecurity Index 2020,” International Telecommunication Union (ITU), 2023, accessed April 11, 2023, https://www.itu.int/epublications/publication/D-STR-GCI.01-2021-HTM-E.

③ “‘Cyber Shield’ and Cyber Holes of Kazakhstan,” Central Asian Bureau for Analytical Reporting, accessed April 10, 2023, https://cabar.asia/en/cyber-shield-and-cyber-holes-of-kazakhstan?pdf=18334.

④《我国互联网遭受境外网络攻击》，中华人民共和国国家互联网信息办公室网，2022年03月11日，http://www.cac.gov.cn/2022-03/11/c_1648615063553513.htm，访问日期：2023年4月15日。

上合组织打击网络恐怖主义的难度非常大。中亚地区由于其多山的地理环境、社会矛盾、伊斯兰极端主义以及大国博弈等因素日益受到国际恐怖主义的青睐，“东突厥斯坦新闻信息中心”、“网络哈里发”、“联合网络哈里发”（UCC）、“圣战帮助站”、“基地网军”等网络恐怖主义组织在中亚的影响渐趋增长并向一些国家展开“数字圣战”。尽管过去三年中亚国内没有发生恐怖袭击事件，但是中亚国家的国内局势并不稳定。除土库曼斯坦外，其余中亚国家都发生了大规模的政治暴力事件。而在叙利亚的恐怖组织（沙姆解放组织）中，也活跃着相当数量的中亚人。与此同时，伴随着阿富汗塔利班政权的建立，巴基斯坦面临着来自“巴基斯坦塔利班”（TTP）、“俾路支解放军”（BLA）和“伊斯兰国”（ISIS）地区分支“呼罗珊省伊斯兰国”（IS-K）的恐怖组织威胁，这些恐怖组织不断向周边国家渗透和发展，并利用互联网大肆宣扬极端主义思想，这在一定程度上加剧了上合组织成员国打击网络恐怖主义的难度。

上合组织已建立了遏制网络恐怖主义的机制，并发挥了积极作用。成立于2002年6月的上合组织地区反恐怖机构执行委员会是常设机构，是在地区和全球层面打击恐怖主义、分裂主义和极端主义的支柱和协调中心。自该机构成立以来，上合组织在打击恐怖主义方面取得了显著成果。2013—2017年，上合组织成员国制止了600多起具有恐怖主义性质的犯罪活动，抓获2000多名国际恐怖组织成员。仅2016年至2017年共屏蔽了超10万个网站，这些网站共载有400多万条恐怖主义和极端主义的信息。[①] 2019年，上合组织地区反恐怖机构执行委员会协助成员国删除或限制访问2.3万条恐怖主义和极端主义信息。[②] 近年来，上合组织成员国在打击网络恐怖主义上已形成了比较成熟的协商机制，并取得了一定的合作效果。2023年，在上合组织协助下，俄罗斯沃罗涅日中央地区法

① Valeriya Sokol, Oleg Ratushnyak, “Shanghai Cooperation Organization: The Evolution of Counter-Terrorism at a Regional Level,” *The European Proceedings of Social & Behavioural Sciences* 76, no.1 (2019): 1-3763.

② Sadriddin Akramovich Rakhimov, “International Cooperation within the SCO in the Field of Information Security,” *International Journal of Social Science Research and Review* 6, no.3 (2023): 475-479.

院拘留了一名涉嫌通过社交媒体平台——“电报”转发传播恐怖主义思想视频的女性；[①] 俄罗斯萨哈林地区军事法院逮捕了一名在名为“同学”（Odnoklassniki）的社交媒体上发布和宣传恐怖主义照片的青年。[②] 这些协商机制为上合组织成员国共同打击地区网络恐怖主义发挥了积极作用。

二、上合组织打击网络恐怖主义的路径比较分析

在全球安全治理实践中，存在规则和关系两种不同的安全治理模式。规则主导型治理和关系主导型治理并不是非此即彼的二元对立关系，规则治理和关系治理位于一个连续谱的两端，具体的安全治理实践往往在这个连续谱上不断运动，或偏于规则，或偏于关系（见表1.1）。

表 1.1　安全治理模式比较：规则主导型与关系主导型

可比项	规则主导型治理	关系主导型治理
假设前提	完全理性	有限理性
治理主体	国际机制	主权国家
治理客体	具体问题领域	社会关系网络
行为体	主权国家	主权国家
治理价值	共同利益	共同利益
治理方式	简单（或特定）多数、协商一致	协商一致
治理效果	约束力较强的安全公共产品	约束较弱的安全公共产品

通过表1.1，我们可以看出规则主导型与关系主导型是有明显区别的两种安全治理模式。在具体的国际实践中，学界对规则主导型和关系主导型有不同解释：规则主导型治理是国际安全合作制度化水平较高的模式。

① “A court in Voronezh Arrested a Woman on Suspicion of Public Incitement for Terrorism,” 17 May, 2023, accessed May 20, 2023, https://ecrats.org/en/security_situation/situation/3954/.

② “An AUE Supporter Sentenced to a Real Prison Term for Calls for Terrorism on Sakhalin,” 19 May, 2023, accessed May 20, 2023, https://ecrats.org/en/security_situation/situation/3996/.

规则主导型是把安全治理建立在理性经济人的假定之上，其理论内核是假定被治理的行为体具有不变的属性和特征。[①] 在规则治理理论中，个体基于理性原则会追求个体利益的最大化，然而，由于集体行动的困境，个体的理性导致集体的非理性，寻求自我利益的个人不会采取行动实现共同利益。[②] 规则治理的目的是通过制定线性规则使理性经济人的行为达到"主观上为个人、客观上为大家"的效果。除此之外，规则治理是以结果为导向的治理模式，其功能就是导向预期行动结果。[③] 而关系主导型治理是一个参与协商过程，通过管理、协调和平衡社会中的复杂关系网络，社会成员能够在社会规范和相互信任的基础上建立和维持社会秩序。同时，信任是关系治理的关键要素和重要支柱，如何建立和维护行为体之间的信任是关系治理的一个根本性问题。[④]

在具体的安全治理实践中，选择何种治理模式主要受到国家特性的影响，但国家特性在国际政治中依然是莫衷一是的概念。为便于以下的讨论，我们依据系统论，把国家按其在世界经济体系中的位置划分为中心国家、边缘国家以及半边缘国家。中心地区国家形成了强大的国家机器，在全球世界经济中创建并维护以劳动分工为中心的世界体系，边缘地区和半边缘地区则由于国家机器较弱因而在世界经济中成为被支配者。[⑤] 中心地区国家由于更强大的国家机器、更高的发展水平和对外开放水平，更倾向于以规则驱动治理，如欧洲地区即属于中心地区，欧盟则是规则主导型治理的代表，欧盟国家选择以欧洲议会、欧洲委员会、欧洲法院、欧洲中央银行等超主权机构对地区内事务进行管理，这些机构的核心特征在于通过主权让渡的超主权机构规定了成员国需执行和遵守的义务和责任。而边缘地区的国家则由于长期遭受中心国家的殖民剥削和压迫，对要求主权让渡

---

① 秦亚青:《世界政治的关系理论》，上海人民出版社，2021，第413页。

② 〔美〕曼瑟·奥尔森:《集体行动的逻辑》，陈郁、郭宇峰、李崇新译，格致出版社，2018，第3页。

③ 秦亚青:《世界政治的关系理论》，上海人民出版社，2021，第414—415页。

④ 同上书，第420、423页。

⑤ 〔美〕伊曼纽尔·沃勒斯坦:《现代世界体系（第一卷）》，郭方、夏继果、顾宁等译，社会科学文献出版社，2013，第423页。

的规则主导型治理模式更加敏感和谨慎，因而边缘或半边缘地区更倾向于关系主导型治理模式（见图1.1）。

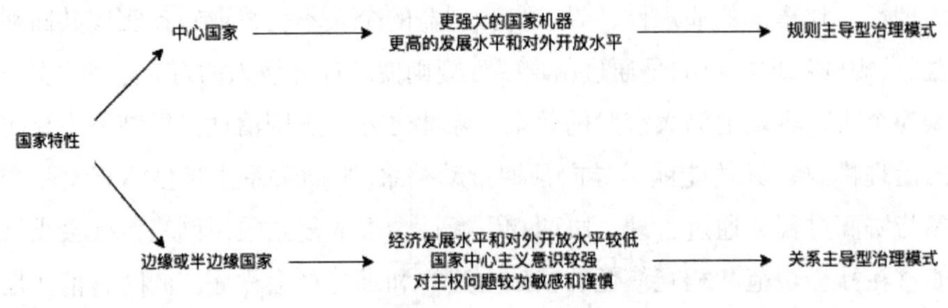

图1.1　国家特性与治理模式的选择

图1.1仅表现出了特定的静态关系。然而，在国际关系发展进程中，国家的选择会随着国家利益的要素变化而变化，这在地区安全合作中表现得非常典型。尽管影响国家安全合作的要素有很多，但外部威胁水平是比较有说服力的指标。为此，我们对国家选择安全治理模式的偏好进行了推演（见图1.2），即当国家所面临的外部威胁升高时，国家特性对其国际合作取向的影响较小，国家更偏好于规则主导型，希望通过建立更高制度化水平的国际机制应对外部威胁，而当外部威胁水平处于较低的状态时，国家特性便发生作用，边缘国家更偏好于选择关系主导型治理模式，通过建立较低水平的国际机制应对外部威胁。相对应的是，同样是在外部威胁较低时，中心国家则会更偏好于规则主导型，但这主要发生在中心国家数量相对集中的地区。

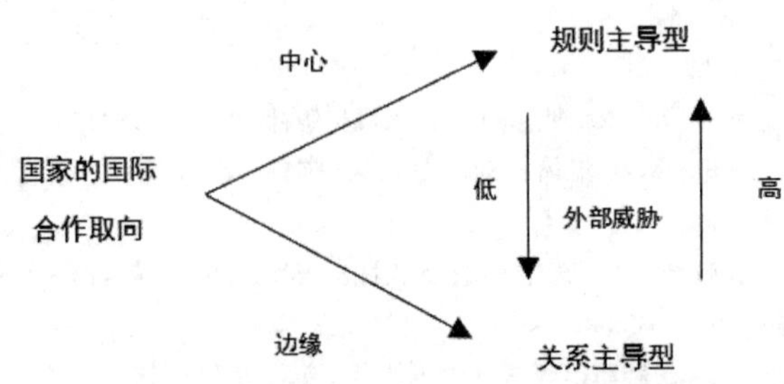

图1.2　国家特性与治理模式的演进

在上合组织成员国的安全合作当中，关系主导型治理模式是最常见的形式。上合组织成员国选择这种形式的直接原因，一是成员国的主权意识较强。上合组织大部分成员国经济实力较弱，国家中心主义意识强，在安全治理中难以建立实现主权让渡的超主权机构以确保义务和责任的遵守。二是“协商一致”的议事原则。在成立之初，上合组织就确立了“协商一致”的议事原则，这个议事原则最大限度地实现了国际关系的民主化，确保了实力较弱成员国的利益，但对成员国建立有约束力的多边合作机制形成了一定的阻碍，而且在短期内也无从解决。三是成员国所面临的网络恐怖主义威胁有差异。尽管网络恐怖主义具有外溢效应，但总的来说是有一定针对性的，对特定国家的威胁水平会更高一些，其中数字安全技术水平较低成员国是重灾区。因此，上合组织成员国在打击网络恐怖主义问题上还缺少足够的共同利益，需要完善相应的合作机制。例如，上合组织在打击洗钱和资助恐怖主义的金融合作中还有许多工作亟待完善。

三、关系主导型治理模式下上合组织打击网络恐怖主义的实践

自上合组织成立之初，上合组织便注重成员国之间的关系管理并建立起各种规范来保障关系网络的健康运转，逐渐形成了关系主导型的安全治理模式。这种高亲密度和高信任度的成员国间关系网络确保了打击网络恐怖主义行动的顺畅进行。但是，关系主导型治理模式也属于复杂系统，需要通过多个要素相互作用来实现，具体包括：

1. 由“上海精神”和“协商一致”原则构成的合作理念。作为上合组织价值规范的核心，“上海精神”是构建成员国关系的行为准则，并发展成为上合组织的价值规范。该价值规范具有双重功能：对内为成员国提供了合作基础，对外为推进互利共赢的合作提供了观念基础。[①]“上海精神”

① Alyson J. K. Bailes, Pál Dunay, Pan Guang and Mikhail Troitskiy, “The Shanghai Cooperation Organization,” Stockholm International Peace Research Institute, May 2017, accessed May 20, 2023, https://www.sipri.org/publications/2007/sipri-policy-papers/shanghai-cooperation-organization.

得到了越来越多国家的认可。伊朗于2022年撒马尔罕元首峰会上正式签署了加入上合组织义务的备忘录，同时，上合组织元首理事会决定启动接收白俄罗斯成为上合组织成员国的程序，并给予科威特、巴林、马尔代夫、阿联酋和缅甸等国家对话伙伴地位。上合组织大家庭的不断扩大，昭示着上合组织价值规范的强大生命力。

“协商一致”议事原则确保了上合组织初始阶段合作的可持续性。上合组织反恐合作都建立在“协商一致”的议事原则之上，在此基础上通过国际条约、宣言、联合声明等文件，包括《打击恐怖主义、分裂主义和极端主义的上海公约》《上海合作组织宪章》等文件。“协商一致”原则确保了上合组织作为一个地区性集团安全合作的可持续性，虽然“协商一致”原则在某种程度上会降低决策和行动的效率，但它尊重了上合组织成员国的主权，并在一定程度上保证了成员国间关系的良性发展。可以说，“协商一致”原则在上合组织发展的初始阶段意义重大。

2. 软性机制为上合组织成员国打击网络恐怖主义的协调平台。除了理念保障，上合组织还通过一系列的软性机制保障着地区安全治理。软性机制属于国际机制的一种，而国际机制就是一系列围绕行为体的预期所汇聚到一个既定国际关系领域而形成的决策程序。[①] 根据国际机制对成员国约束力的强弱，“软性机制”属于约束力较弱的机制，而“硬性机制”则属于对成员国约束力较强的机制。在国际合作中，“软性机制”是以协调沟通、交流信息为主，其中专家小组、不定期的专业研讨会是最常见的协调沟通形式。2013年，上合组织地区反恐怖机构执行委员会设立由各国主管网络安全部门的专家组成的打击网络恐怖主义的联合专家小组，该小组采取针对性措施防止计算机网络被用于或被威胁用于恐怖主义目的，并就社交网络中涉恐信息的传播问题等交换情报。[②] 2021年，印度作为上合组织成员国联合印度国家安全委员会秘书处（NSCS）与印度数据安全委员会（DSCI）举办了为期两天的主题为“在当代威胁环境中保护网络空间”的

---

① Stephen D. Krasner, *International Regimes* (Ithaca: Cornell University Press, 1983), p.2.

② Sadriddin Akramovich Rakhimov, “International Cooperation within the SCO in the Field of Information Security,” *International Journal of Social Science Research and Review* 6, no.3 (2023): 475-479.

网络安全研讨会，与会专家和代表们讨论了反恐政策和策略、网络恐怖主义、勒索软件等关键问题。[①] 2022年11月，第八届上合组织地区反恐怖机构执行委员会国际科学和实践会议分析了上合组织成员国和观察员国之间在打击恐怖主义和极端主义领域的合作与协调水平，并讨论了改进打击恐怖分子、极端主义以及其使用的现代工具的机制和方法。[②]

3. 通过联合行动促进成员国打击网络恐怖主义的协作能力。为增强上合组织成员国打击网络恐怖主义的协作能力，上合组织经常组织成员国举行打击恐怖主义的联合行动，确保上合组织安全治理的可持续发展。联合行动不仅包括举行军事演习、执法合作，还包括发布针对恐怖主义的联合声明、合作协议等。例如，2009年6月上合组织成员国签署了《上合组织成员国保障国际信息安全政府间合作协定》，该协议明确了16个网络安全合作领域，确立平等互利的合作准则；[③] 在2014年举行的上合组织峰会上，成员国元首签署《杜尚别宣言》，宣言明确提出，“成员国愿在尊重国家主权和不干涉别国内政的原则基础上，共同努力建立一个和平、安全、公正和开放的信息空间”，并“阻止利用国际互联网宣传恐怖主义、极端主义、分裂主义、激进主义、法西斯主义和沙文主义思想”的行为。[④] 这些联合行动确保了上合组织各成员国在打击网络恐怖主义行动中的政策与行动的协调，理顺了各成员国在打击网络恐怖主义行动中的关系，推动了地区安全的治理。

---

① “SCORATS Seminar on Cyber Security Organized by India Discusses Cyber Terrorism Ransomware,” December 10, 2021, accessed May 20, 2023, http://www.uniindia.com/~/sco-rats-seminar-on-cyber-security-organised-by-india-discusses-cyber-terrorism-ransomware/India/news/2588951.html.

② “8th International Scientific and Practical Conferenceof SCO RATS on the Topic: ‘Contemporary Security: Challenges and Solutions’ Held in Tashkent,” November 10, 2022, accessed May 21, 2023, https://ecrats.org/en/press/conferences/754/.

③ 《上海合作组织成员国保障国际信息安全政府间合作协定》，中华人民共和国条约数据库，2011年6月2日，http://treaty.mfa.gov.cn/web/detail1.jsp?objid=1531876097720，访问日期：2023年5月21日。

④ 《上海合作组织杜尚别宣言：阻止利用国际互联网宣传恐怖主义》，中国新闻网，2014年9月13日，https://www.chinanews.com.cn/gn/2014/09-13/6587562.shtml，访问日期：2023年4月15日。

打击网络恐怖主义的联合行动还表现在防务和司法合作方面。上合组织“和平使命”联合反恐演习始于2005年，每两年举行一次，该演习是上合组织为应对共同的非传统安全威胁而组织的演习。“和平使命—2021”演习于2021年9月在俄罗斯奥伦堡州东古兹靶场举行。同年，“帕比—反恐—2021”联合反恐演习在巴基斯坦帕比举行，联合反恐演习增强了联合反恐能力、展示了成员国共同打击“三股势力”的决心。在司法合作方面，上合组织于2015年、2017年、2019年在中国厦门举行网络反恐演习，演习科目包括协同分析情报、对网络恐怖主义进行法律和技术甄别等，司法领域的联合演习提高了上合组织成员国打击网络恐怖主义的协同效率。

4. 推动上合组织在打击网络恐怖主义方面的国际合作。打击网络恐怖主义还需要加强全球性国际组织与其他地区国际组织的交流合作，诸如联合国、独联体、国际刑警组织、非洲联盟、集安条约组织、东盟警察组织、欧盟等。积极与联合国双向互动，一是上合组织支持第60届联大60/45号决议、第62届联大62/17号决议《从国际安全角度看信息和电信领域的发展》，并提出共同落实该文件中提出的各项建议。[①] 2015年1月9日，上合组织成员国常驻联合国代表联名呼吁各国在联合国框架内尽早就规范各国在信息和网络空间的行为准则和规则达成共识。[②] 二是向国际社会传播上合组织成员国所倡导的数字规范。上合组织曾于2011年和2015年两次在联合国大会提交“国际信息安全行为准则”草案；[③] 2017年3月，中国在上述规范的基础上提出了《网络空间国际合作战略》，并呼吁共建网络空间命运共同体。[④] 上合组织还同其他区域性国际组织进行交流与合作，共同协调打击网络恐怖主义势力。例如，上合组织地区反恐怖机构执行委

---

① 邓浩、李天毅：《上海合作组织信息安全合作：进展、挑战与未来路径》，《中国信息安全》2021年第8期。

② 《上海合作组织向联合国提“信息安全国际行为准则”新草案》，中国青年网，2015年1月11日，http://news.youth.cn/gj/201501/t20150111_6400089.htm，访问日期：2023年5月21日。

③ Sarah McKune and Shazeda Ahmed, “The Contestation and Shaping of Cyber Norms through China’s Internet Sovereignty Agenda,” *International Journal of Communication*, 12 (2018), pp. 3835-3855.

④ 《网络空间国际合作战略》，中央网络安全和信息化委员会办公室网，2017年3月1日，http://www.cac.gov.cn/2017-03/01/c_1120552617.htm，访问日期：2023年5月22日。

员会与独联体成员国反恐中心就联合反恐演习达成合作。[①]

5. 组织的规范化是保障成员国获取合作红利的必要条件。通过规范化可以让成员国预期到自己在打击网络恐怖主义中所要承担的义务以及合作后的收益，更重要的是随着成员国、观察员国、对话伙伴的增多，组织的规范化对于开放发展的上合组织非常重要。成立22年来，上合组织成员国间打击网络恐怖主义的合作是逐步发展的过程。上合组织在成立之初就出台了《打击恐怖主义、分裂主义和极端主义上海公约》(2001年)。当认识到恐怖主义分子和组织可能利用通讯技术进行破坏时，上合组织发布了《上海合作组织成员国关于国际信息安全的声明》(2006年)。

上合组织成员国打击网络恐怖主义的规范化建设直接受到外部威胁的影响。回溯历史，2016年全球恐怖主义事件频发，反恐国际合作是联合国安理会在2016年至2017年审议的重点主题，并在"恐怖主义行为对国际和平与安全造成威胁"的项目下召开了20次会议。[②]恐怖主义的抬头让上合组织成员国也受到了恐怖主义的威胁。例如，2016年6月哈萨克斯坦阿克托别发生恐怖袭击事件，5月塔吉克斯坦挫败了恐怖组织计划实施的代号为"红色婚礼"的恐怖袭击阴谋，8月中国驻吉尔吉斯斯坦使馆遭遇恐怖袭击，俄罗斯在2016年阻止了40多起恐怖袭击事件。于是，上合组织阿斯塔纳峰会（2017年）不仅批准印度、巴基斯坦成为成员国，而且发表了《上海合作组织成员国元首关于共同打击国际恐怖主义的声明》。在壮大上合组织反恐力量的同时，也向国际社会和成员国表达了坚定打击国际恐怖主义、开展国际反恐合作的立场。为了加强打击利用互联网传播恐怖主义的行为，上合组织成员国元首理事会在2020年通过了《上海合作组织成员国元首理事会关于保障国际信息安全领域合作的声明》和《上海合作组织成员国元首理事会关于打击利用互联网等渠道传播恐怖主义分裂主义和极端主义思想的声明》，这些声明为规范打击网络恐怖主义确立了合作

① "A Working Meeting between the Executive Committee of SCO RATS and CIS ATC Has Been Held," April 24, 2023, accessed May 22, 2023, https://ecrats.org/en/press/news/3524/.

② 《恐怖主义行为对国际和平与安全造成的威胁》，联合国安全理事会，https://www.un.org/securitycouncil/sites/www.un.org.securitycouncil/files/16-17_01_item34_zh.pdf，访问日期：2023年5月22日。

原则。

上合组织成员国领导人积极推动打击网络恐怖主义的规范化建设。哈萨克斯坦总统托卡耶夫在2019年上合组织峰会上呼吁上合组织建立常设的打击网络恐怖主义特别中心帮助成员国应对日益增长的网络恐怖主义威胁。[①] 在上合组织成立20周年之际，成员国元首呼吁对上合组织地区反恐怖机构执行委员会进行改组并建立制度化常设机构以应对日益严峻的非传统安全威胁。[②]

综上，关系主导型是上合组织选择的、打击网络恐怖主义的路径，这种治理模式是建立在基于信任和亲密的关系网络基础之上的。然而，受外部威胁的影响，上合组织成员国打击网络恐怖主义的路径尚处于不断调整的状态，处于从关系主导型向规则主导型过渡的时期。当然，这种过渡不可能一蹴而就，上合组织必须对现有的合作机制进行必要的改善，而上合组织的不断扩员则会延长这个过渡期，这也表明上合组织打击网络恐怖主义的转型路径将是一个长周期。

四、对上合组织打击网络恐怖主义的思考

全球安全治理实践，无论是关系主导型还是规则主导型，只要符合地区国家特性，就对促进地区安全与稳定具有积极意义。不过，根据国际反恐合作实践，规则主导型的效力相较于关系主导型会更强。因此，从历史的长周期发展来看，上合组织打击网络恐怖主义的发展方向是规则主导型模式。为了促进地区稳定和繁荣，上合组织打击网络恐怖主义的规范化建设需要优先发展以下几个方面：

一是在坚持“上海精神”的前提下，构建更加多元的“协商一致”原则。打击网络恐怖主义是一项长期战略，也比较容易形成合作共识。而“协商一致”原则能够凝聚更大的共识，但也容易错过打击网络恐怖主义

---

① “Kazakhstan Proposes Establishing Cyberterrorism Center at SCO Summit,” June 16, 2019, accessed on May 20, 2023, ttps://caspiannews.com/news-detail/kazakhstan-proposes-establishing-cyberterrorism-center-at-sco-summit-2019-6-15-20/.

② *Ibid.*

的最佳时期。为此，对于比较重要的、急迫的打击网络恐怖主义的任务，有必要赋予上合组织地区反恐怖机构执行委员会有限的豁免权，即以简单多数或者特定多数的议事原则形成合作决议。同时也允许成员国拥有“建设性的弃权”，即对打击网络恐怖主义议案有不同意见的成员国，允许做出“建设性弃权”的决定但不妨碍其他支持该议案的成员国落实执行。

二是打击网络恐怖主义规范化建设需从社会经济领域入手消除恐怖主义滋生的社会土壤。通过上合组织、“一带一路”峰会、“中国—中亚峰会”三大机制协同推进数字经济技术合作，在上合组织地区共建公平包容的数字社会。让生活在上合组织地区的人民都有机会从数字技术进步中享受到数字红利，并成为促进社会经济增长的新动力。同时，要促进上合组织成员国人民的相互信任，提高数字化交流的便捷性、可靠性和安全性。

三是积极与联合国合作，提高成员国在打击网络恐怖主义动态攻击、在线传播恐怖主义内容、恐怖主义分子网络通信、恐怖主义网络融资等领域的能力。鉴于网络恐怖主义的高隐蔽性、高传播速度、高危害性等特点，上合组织需要积极与其他国际组织合作。联合国是当今世界最为重要的国际组织，也是打击恐怖主义最为关键的力量。此外，上合组织还要与独联体、集安条约组织、东南亚国家联盟、欧盟等国际组织签订联合打击网络恐怖主义的协定，共享信息，交流经验，打通司法执法合作渠道。

四是要构建上合组织打击网络恐怖主义的“数字安全盾”。首先，要协助成员国提升对关键基础设施的网络系统安全漏洞进行识别与弥补的能力；其次，在区块链、人工智能和云计算领域要做到数据的可信、可用、可管、可溯源，提高数据全场景、全链路、全生命周期的安全；最后，发挥好上合组织大学的功能，定期为成员国数字安全专家提供培训、交流的机会，并定期举办成员国数字安全专家联合响应网络安全事件的演练。

Путь и практика ШОС в борьбе с кибертерроризмом

Сяо Бинь, Лю Цун

Аннотация: Наряду с развитием цифровых технологий кибертерроризм стал новой проблемой, угрожающей безопасности государств-членов ШОС. В решении новых проблем государства-члены ШОС добились определенных успехов в борьбе с кибертерроризмом. В целях повышения эффективности противодействия кибертерроризму в государствах-членах ШОС необходимо изучать имеющийся опыт, основанный на соответствующих доктринах. Сравнивая модели управления и отношений, мы видим, что в практике модель управления региональной безопасностью выбирается обычно в соответствии с национальными особенностями. Но две этих модели управления часто меняются друг с другом: когда уровень внешних угроз нарастает, суверенные государства предпочитают модель управления, основанную на правилах, которая может повышать способность и эффективность борьбы с внешними угрозами. С точки зрения практики ШОС по борьбе с кибертерроризмом, государства-члены на ранних этапах сотрудничества обычно выбирают модель отношений, то есть управление кибертерроризмом осуществляется, исходя из концепции инклюзивного сотрудничества, мягких механизмов, совместных действий, международного сотрудничества, стандартизации организации и т. д. Однако, судя по истории развития международных организаций, ШОС находится в переходном цикле от отношений к правилам, что является неизбежным выбором для государств-членов ШОС в целях укрепления способности на борьбу с кибертерроризмом. В этой связи в статье предлагается, что ШОС следует в приоритетном порядке выполнять следующую работу: Придерживаясь «шанхайского духа», реализовать более плюралистический принцип консенсуса; Важно стандартизировать управление кибертерроризмом сначала в социально-экономической сфере и устранять социальную почву, порождающую терроризм; Активно сотрудничать с Организацией Объединенных Наций в целях укрепления потенциала государств-членов в таких областях, как противодействие кибератакам, распространению террористического контента в режиме онлайн, борьба с террористами в режиме онлайн и в финансировании террористических сетей. Необходимо совместно создать цифровой щит безопасности ШОС для управления кибертерроризмом.

Ключевые слова: ШОС, Кибертерроризм, На основе отношений, На основе правила, Путь к управлению.

Автор: Сяо Бинь, старший научный сотрудник Института России, Восточной Европы, Центральной Азии Китайской академии общественных наук; Лю Цун, магистр, научный исследователь факультета России, Восточной Европы, Центральной Азии Китайской академии общественных наук.

Path and Practice of the Shanghai Cooperation Organization in Combating Cyber Terrorism

Xiao Bin, Liu Cong

Abstract: With the development of digital technology, cyber terrorism has become a new threat to the security of the member states of the Shanghai Cooperation Organization (SCO). In addressing this new challenge, SCO member states have achieved some outcomes in fightingagainst cyber terrorism based on their own practical experiences. In order to enhance the effectiveness of combating cyber terrorism among SCO member states, it is necessary to analyze the existing experiences with the help of relevant theories. By comparing two governance models in global security practices, rule-based and relation-based governance, it is evident that the choice of governance model in specific regional security practices is often influenced by the characteristics of the countries involved. However, these governance models are also interchangeable. When the external threat level rises, sovereign states tend to adopt a rule-based governance model to enhance their ability and effectiveness in countering external threats. From the SCO's practice of Combating cyber terrorism, member states initially tend to adopt a relation-based governance model at the initial stage of cooperation, which involves Combating cyber terrorism through concepts of mutual tolerance, soft mechanisms, joint actions, international cooperation, and organizational standardization. Nevertheless, based on the historical development of international organizations, the SCO is currently in a transitional period from a relation-based governance model to a rule-based one, which is an inevitable choice for member states to enhance their capability in combating cyber terrorism. Therefore, this article proposes that the SCO should prioritize the following tasks: constructing a more diverse "consensus through consultation" principle while adhering to the "Shanghai Spirit"; countering cyber terrorism by focusing on socio-economic fields to eliminate the social conditions breeding terrorism; actively cooperating with the United Nations to improve member states' abilities in combating dynamic cyber-attacks, online dissemination of terrorist content, online communications of terrorists, terrorist financing in cyberspace; and jointly building an SCO "digital security shield" to countering cyber terrorism.

Keywords: SCO, cyber terrorism, relation-based governance, rule-based governance, governance path

Author: Xiao Bin is a Senior Research Fellow at the Institute of Russian, Eastern European and Central Asian Studies, Chinese Academy of Social Sciences; Liu Cong is a graduate student at the Department of Russian, Eastern European and Central Asian Studies, University of the Chinese Academy of Social Sciences.

第二部分　国际法视阈中的上海合作组织

Chapter 2: The SCO in the Perspective of International Law

上海合作组织的国际法地位*

殷　敏　　雷津淞　　雷槟菡

【内容提要】国际法地位对于国际组织意义重大，它不仅赋予了一个国际组织在国际法中的行为能力，也赋予了该国际组织在国际法上的权利和义务。上海合作组织自2001年成立以来，已历经二十余年的稳健发展，其组织架构与职权分配逐步趋于完善，国际法律地位得到确认。但相较于联合国和欧盟，上海合作组织也表现出权利能力较弱、内部职权分配与责任划分尚存模糊之处等问题。随着上海合作组织成员国规模的持续扩大，以及成员国在政治经济领域合作的深入，其国际法地位空前提升。上海合作组织有必要更进一步完善和健全其组织架构，争取在国际事务中发挥更重要的作用。

【关键词】上海合作组织；国际法地位；法律人格

【作者简介】殷敏，上海政法学院上合基地教授、法学博士后；雷津淞，上海政法学院2022级国际法学院涉外律师研究生；雷槟菡，上海政法学院2022级国际法学院国际法学硕士研究生。

一、引　言

上海合作组织（Shanghai Cooperation Organization）由“上海五国”发展而来，成立于2001年，是由中国、俄罗斯、哈萨克斯坦、吉尔吉斯斯

*　本文是国家社科基金重大项目“构建更加紧密的上海合作组织命运共同体的法治保障研究”（项目编号：22ZDA129）的阶段性成果。

坦、塔吉克斯坦和乌兹别克斯坦六个国家共同成立的区域性国际组织。上合组织的宗旨是加强各成员国之间的相互信任与睦邻友好；鼓励各成员国在政治、经贸、科技、文化、教育、能源、交通、环保及其他领域的有效合作，共同致力于维护地区持续稳定发展。自成立以来，上合组织在打击恐怖主义、分裂主义和极端主义等安全威胁，促进经济一体化和提高成员国人民福祉等方面取得了显著成果。随着成员国数量的不断增加，上合组织的影响力和国际地位日益上升，成为世界上具有重要影响力的区域性国际组织之一。

在国际法地位方面，关于上合组织的研究相对较少，早期学者对上合组织国际法地位的论述也不够全面，已经不能适应上合组织的迅速发展。上合组织已从原先上海五国加强边界安全与军事信任、促进成员国之间的友好合作，发展到当前涉及领域众多且多元化的合作方式，这使得其在国际法律地位方面呈现出一定的复杂性。深入研究上合组织的国际法律地位具有重要的理论和现实意义。

二、上合组织国际法地位的法律内涵

国际法地位也称国际法律地位，是指一个主体在国际法上所具有的权利、义务和能力。国际法律地位决定了一个实体在国际法律体系中的地位和作用，以及其在国际法律关系中的行为和交往。法律地位是法律人格的属性之一。[①] 国际组织的法律地位涉及国际组织在国内法与国际法上的法律人格问题。[②] 包括法律人格的取得和确认，组织权力的来源和基础，法律人格属性带来的法律后果等问题。国际法律人格，是指能够参与国际法律关系并直接承担国际法所规定的权利义务的能力和资格。[③] 国际组织

① 〔英〕戴维·M. 沃克：《牛津法律大辞典》，邓正来等译，光明日报出版社，1989，第855页。

② 饶戈平：《走出国际组织法的迷思——试论何谓国际组织法》，《北京大学学报》2016年第6期。

③ 梁西：《国际组织法》，武汉大学出版社，2011，第8页。

在取得拟制人格之后享有国际法上的权利，承担国际法上的义务。[①] 但是，具有国际法律地位的主体并不意味着在所有方面都具有完全的权利和义务。国际组织不是国家，而是一个有特殊目的的国际机构，与国家相比不享有完全的法律地位，其国际法律地位也可能会受到国际法规定的限制或例外。作为一个重要的地区国际组织，通过建立以条约、协定与宣言为基础的法律体系，上合组织在国际法体系中确立了自身地位。

（一）国际法律地位的重要性

1. 国际法律地位赋予国际组织在国际法上的行为能力

国际组织通过签订国际条约和协议，能够以更加权威的方式引导和推动各国在多元领域的合作和对话。国际组织的行为能力不仅有助于形成一个更为公正、平等的全球法治环境，也有助于维护和增进国际组织自身的公信力和影响力。这种在国际法上的行为能力，使得国际组织可以更有效地实施其他国际法律行为，例如对国际条约的监督执行、调解国际争端等。这样的能力赋予，无疑有助于国际组织更好地履行其职能，实现其设立时所设定的目标和任务。这也使得国际组织成为全球治理体系中不可或缺的一部分，为维护国际秩序和全球稳定发挥了重要作用。

2. 国际法律地位确立了国际组织在国际法上的权利和义务

国际法律地位的确立，为国际组织在国际法体系中拥有一席之地建立了坚实的基础。这种地位确立了国际组织在国际法律上的权利和义务，这不仅有助于守护国际组织的权益，维护其在国际法律体系中的地位，更为重要的是，它为国际组织在履行其职责时的行为规范提供了基础。确立国际组织的法律地位，意味着国际组织在行使其权利和履行其义务时，必须严格遵守国际法的规定。这包括在制定和实施政策时遵循公平、公正和透明的原则，确保其行为符合国际公认的法治标准。同时，这也为维护国际公正，防止滥用权力，提供了必要的约束和监督。

国际组织的国际法律地位还意味着，如果国际组织或其成员国违反国际法，可以追究其国际法律责任。这种责任追究机制，有助于维护国际法

① 何顺善:《论国际组织的法律人格》,《求索》2008年第3期。

的尊严和权威，防止国际组织或其成员国任意妄为，为国际社会提供了实质性的保护。这种法律地位的确立，无疑增强了国际组织在全球治理中的功能和地位，使其能够更好地推动和维护国际秩序，推动国际间的合作和对话，维护和促进全球的公共利益，使其成为全球治理体系中不可或缺的一部分。

3. 国际组织的国际法地位有助于其在组织内外进行合作与协调

通过确认国际组织的国际法人格，我们可以清晰地理解和确定国际组织的法律地位，从而使其在国际法律体系中的权利和义务得以明确。国际组织的法律地位使其能够在国际层面上更为有效地参与国际事务，积极参与全球治理，与有关国家和组织开展协作。此外，国际组织的法律地位也赋予其以独立主体的身份享有国际法所规定的权利与义务的权益，使其能够更好地保护自身权益，维护自身在国际舞台的地位。它们可以在法律框架下对全球性问题提出解决方案，从而推动全球公正和平等的发展。国际组织的权利范围的明确，使得各方可以清楚地了解其行为的边界，更有效地与其进行交流和合作。这有助于减少不必要的摩擦和误解，提高全球治理的效率，使得国际组织能够更好地发挥其在解决全球性问题中的作用。

4. 国际组织的国际法律地位有助于其维护和稳定国际秩序

作为全球治理的重要主体，国际组织在国际法律体系中的地位使得它们可以在多个层面上维护和推动全球秩序与稳定。国际组织在履行其职能的过程中所发生的行为不仅仅局限于维护成员国的共同利益，还包括协调复杂的国际关系。面对各国在政治、经济、社会等多元领域中的分歧和冲突，国际组织能够运用其专业知识和权威地位，推动各方达成共识，促进问题的解决，从而维护和增进全球的和平与繁荣。同时，国际组织也有权调解国际争端。在面对跨国性复杂问题时，国际组织可以作为中立的第三方，进行公正无私的调解，以实现和平解决争端的目标，防止争端升级成为全面冲突。此外，国际组织还担负着制定国际法规的重任。通过制定和完善国际法规，国际组织可以促进全球问题得到公正、有效的解决，不仅有助于形成一个公正、公平、透明的国际法治环境，也有助于推动国际社会的公平与正义。

（二）上合组织的国际组织性质

从目的论的角度来看，国际组织是因特定目的而形成的。[①] 这意味着要理解国际组织的国际法律地位，就需要关注其成立的目的。国际组织通常由多个国家或其他国际主体共同成立，以解决某个或多个具体问题，推进特定领域的合作以实现共同利益。这些目的决定了国际组织的性质、功能和行动范围。国际组织的存在和作用是实现特定目标。这些目标为国际组织提供了行动指南，帮助其聚焦于关键问题和合作领域。国际组织的成功与否取决于其在多大程度上实现了其成立之初所设定的目的。上合组织是一个以地区安全与发展合作为主要目标的国际组织。20世纪90年代初，东欧剧变，苏联解体，中国与俄罗斯、哈萨克斯坦等国通过会晤签署了《关于在边境地区加强军事领域信任的协定》和《关于在边境地区相互裁减军事力量的协定》，以维护边界安全，并由“上海五国”会晤机制发展成为上合组织，旨在保证和促进地区的安全与发展。

1. 上合组织是区域性政府间国际组织

上合组织是一个具有明显区域性特征的国际组织，其成员国包括中国、哈萨克斯坦、吉尔吉斯斯坦、俄罗斯、塔吉克斯坦、乌兹别克斯坦、印度和巴基斯坦，都在地理上相邻或接近且大多位于亚洲大陆的中心地区。这些国家通过政府间合作的方式共同参与了上合组织的各项活动。

上合组织的决策机制主要基于成员国政府间的协商一致原则。各成员国通过外交渠道，就组织内的问题和计划进行磋商，通过协商一致的方式进行决策。上合组织发展的三大支柱领域是安全、经济和人文。

2. 上合组织介于协定性组织与论坛性组织之间

国际组织包括且不限于协定性组织和论坛性组织。[②] 前者特指具有完善的机构和实际运行能力的组织，后者指的是国家间定期会议的论坛，用以协调成员国为特定目的制定相关规则的组织形式。每个国际组织都是在

① Tim Clark, “The Teleological Turn in the Law of International Organisations,” *International & Comparative Law Quarterly,* Vol.70 (2021), pp. 533-567.

② 饶戈平:《论全球化进程中的国际组织》,《中国法学》2001年第6期。

特定的区域内就特定的问题而产生的国际论坛。[①] 上合组织的运行规则是以元首理事会为核心和基础，并连同部长级会议及协商一致制度，但这并不意味着上合组织是完全的国家间论坛性组织。上合组织的两个常设机构一个是秘书处，一个是地区反恐怖机构执行委员会，前者负责处理上合组织的日常行政事务；后者承担打击恐怖主义、分裂主义和极端主义的职责。必要的机构可以在一定程度上保证国际法的适用与实施。[②] 但这并不是说有了必要的机构，上合组织就丧失了国际论坛的性质。上合组织仍然保留着会晤机制，以各种会议的形式开展政治经济文化活动。总之，就区域安全来看，上合组织是协定性组织；就经济发展来看，上合组织仍然是一个论坛性组织。上合组织的性质介于协定性组织与论坛性组织二者之间。

3. 上合组织的工作机制

《上海合作组织宪章》(以下简称《宪章》)是上合组织的基础性文件，是上合组织作为国际组织的"根本法"。《宪章》于2002年6月7日在俄罗斯圣彼得堡签署，并于2003年9月19日生效。《宪章》是一份具有国际法约束力的多边条约，对签署国具有法律约束力。它是成员国之间共同遵循的基本法律文件，规范了上合组织的工作内容和成员国之间的合作关系，为组织内部的合作和协调提供了指导。其规定了上合组织的主要目标、原则、机构设置、职能以及成员国之间的权利和义务等内容，确立了上合组织的国际法律人格和上合组织的国际法律地位。

根据《宪章》第5条至第11条的内容，上合组织的工作方式主要采取各种会议的形式进行，上合组织设置秘书处和上合组织地区反恐怖机构执行委员会作为其常设机构处理日常事务。对于成员国之间的决议，成员国以非投票的协商方式(协商一致)来通过。官方发布的各种文件，包括且不限于各种宣言以及决议，都表明成员国对于该领域的哪些方向，采取何种方式进行合作，具体的合作方式仍需要成员国之间达成协议。合作领域的宣言以及协定更倾向于合作意向书而非实质上的多边条约。

---

① 饶戈平:《试论国际组织与国际组织法的关系》,《中外法学》1999年第1期。

② 徐奇:《试析全球安全利益保护的新维度——以国际组织法视角》,《西北工业大学学报》2014年第3期。

（三）上合组织的法律秩序

通常来说，每个国际组织都有自己的法律秩序，包括内部法律秩序和外部法律秩序。前者特指国际组织的内部法，规定国际组织的一般法律原则、基本结构、规章制度等。外部法律秩序规定了国际组织与其他国际法主体交往过程中发生的法律关系。[①]

《宪章》第15条规定了上合组织的法人权利，包括其对成员国以及对外交流的相关权利。对内，成员国应根据协定，按照不同的比例缴纳一定的活动经费。上合组织常设机构的工作人员在行使和实现上合组织职能和宗旨时，享有必需的特权和豁免权。根据上合组织的一般性原则，在尊重国家主权的基础上，当成员国之间发生争议时，应采取协商和磋商的方式加以解决。事实上,《宪章》并没有明确规定成员国在违反《宪章》规定和不履行其所应当承担的义务时应受到的惩罚，只是规定就成员国多次或经常违反上合组织框架内所签署的国际条约，应中止其成员国资格或予以开除。

上合组织作为一个政府间国际组织，目前的功能是作为一个为成员国提供合作机会和友好交流的平台。上合组织并没有像超国家组织那样对成员国不当行为采取强制性惩罚措施，而是采取更加温和的方式解决问题。

虽然根据会议工作条例，上合组织的外交部长理事会主席对外代表组织，但是在对外交流过程中，更多的是秘书处代表上合组织与其他国际组织展开合作。上合组织多是以谅解备忘录的形式与其他国际组织开展多领域、多形式的合作，其签署的协议对成员国同样具有约束力。《联合国同上合组织的合作》文件将上合组织成员国全部列明，表明其对成员国的约束力。上合组织在与其他国家的交流与合作以《上合组织观察员条例》和《上合组织对话伙伴条例》作为法律基础，将组织外国家纳入上合组织的工作框架当中，并给予其相应的法律地位并进行合作与交流。

根据当前官方公布的文件，上合组织对外签订的条约对于其成员国均

---

① 饶戈平:《本体、对象与范围——国际组织法学科基本问题制之探究》,《国际法研究》2016年第1期。

具有约束力。上合组织与其他国际组织的合作方式大多参照的是上合组织成员国之间的合作方式，明确合作范围和合作方式，对于具体的合作内容仍然是采取协商讨论的方式并制订共同的计划加以实施。

三、上合组织与其他国际组织国际法地位的比较

联合国与欧盟作为两个领域重合但又不完全相同的典型国际组织，其已经过多年的发展，目前组织结构与自身的功能均已趋近完善。通过将上合组织与这两个组织相比较，可以更直观地发现上合组织的组织结构以及其运行机制有待完善之处。

（一）成立的目的

联合国、欧盟和上合组织都是政府间国际组织，尽管它们的宗旨、历史和发展轨迹有所不同，但共同的目标是通过国际合作促进成员国之间的和平、稳定和繁荣。联合国是在第二次世界大战结束后成立的全球性组织，致力于维护国际法律、国际安全、经济发展、社会进步、人权和民主，并促进持久的世界和平。而欧盟起源于欧洲煤钢共同体，最初是为了经济一体化而成立，目前已发展成为一个强有力的政治和经济组织，致力于加强成员国之间的一体化，以保障欧洲的和平、稳定和繁荣。与联合国和欧盟类似，上合组织也致力于通过成员国间的政治安全、经济和文化合作来维护本地区的和平与稳定。

上合组织和联合国、欧盟的起源和发展轨迹既相似又有所不同。像联合国一样，上合组织最初以维护和平与稳定为目标，而经过多年的发展，它也逐渐扩展到经济和文化领域。与此同时，虽然欧盟起源于一个经济组织，但它也已发展成为一个包括政治和军事在内的综合性组织。值得注意的是，虽然这三个组织都在推动经济一体化和政治合作，但它们的工作范围和重点有所不同。联合国作为全球性组织，其工作范围涵盖全球多个领域；欧盟以欧洲为重点，尽管某些成员国对其部分政策有所保留，但其政治、军事和经济一体化已经取得了显著进展；而上合组织，作为一个仍在发展中的组织，其主要关注点在于维护区域安全和促进成员国之间的经济

合作。

（二）组织结构

联合国、欧盟和上合组织都是具有广泛成员的政府间国际组织，其组织结构和工作方式反映了各自的使命和价值。

联合国组织体系复杂，涵盖六大主要机构：联合国大会、安全理事会、经济和社会理事会、托管理事会、国际法院和秘书处，各机构在不同领域履行特定职责。此外，联合国还设有多样化的附属机构与专门机构，专注于经济、社会、文化、教育、科技、环境、人权等领域的问题，为全球性挑战提供了有力解决方案。联合国这种较为完善的组织结构有助于其在全球各地、各领域和各层面展开工作，这既是联合国的优势，也是其在全球问题上发挥关键作用的基础。

欧盟是一个具有超国家属性的区域性国际组织。[①] 成员国将部分主权转让给欧盟，使其有更大的权力去实现组织目标。同时，欧盟以"机构间权力平衡原则"为指导，立法、行政、司法等职权的划分更加明确。[②] 欧盟设有独立的法律体系，包括欧洲联盟法、欧洲法院和欧洲人权法院等。欧洲联盟法具有优先于成员国法律的地位，成员国需在国内法律体系中实施和遵守欧盟法。此外，欧盟设有三个主要决策机构，在欧盟层面制定和执行政策，对成员国产生一定约束，体现了欧盟在法律领域的超国家属性。

相较于联合国和欧盟的完善组织结构，上合组织的组织架构较为简单，常设机构仅有秘书处和地区反恐怖机构执行委员会，其他的机构多在固定时间召开各种会议。

（三）组织的权利能力

联合国、欧盟和上合组织都是政府间国际组织，它们的法律制定和执行体现了各自的组织目标和原则。

---

① 付志刚：《联邦、邦联、超国家组织——从国际组织法律化角度探析欧盟性质》，《商场现代化》2006年第18期。

② 施鹏鹏：《〈欧盟宪法条约〉框架下的欧盟机构改革》，《西南政法大学学报》2005年第1期。

联合国在国际法律的制定和维护中发挥着重要作用。根据联合国宪章，联合国大会和国际法院等主要机构在国际法律的制定与发展过程中发挥着关键作用。联合国大会通过制定或采纳各种条约、公约、决议等，为国际社会提供了一套普遍适用的法律规范。在维护国际法方面，联合国安全理事会作为维护国际和平与安全的主要机构，保证各国遵守国际法，当出现国家间争端时，通过采取各种措施，维护国际法的权威。此外，联合国还通过国际法院等司法机构解决国家间的法律纠纷。

欧盟在经济和政治领域实施了一系列一体化政策。其共同市场和欧元区政策使货物、服务、资本和劳动力得以在欧盟成员国之间自由流动，而欧盟法律框架则要求成员国保证人员流动、货物流通不受歧视。此外，欧盟在政治领域，如共同外交与安全政策和欧洲安全与防务政策等方面也取得了一定程度的一体化。这些政策限制了成员国的国家主权，使欧盟在超国家层面获得了相应的权力。对于不履行义务的成员国，欧盟有权进行制裁。

相比之下，上合组织在国际法律地位方面的权利和义务较小，主要集中在地区合作和安全领域。上合组织的权力由其《宪章》赋予，成员国就区域稳定签署了一系列条约，明确了各自的权利义务。然而，在政治经济合作方面，成员国更多地采取协商合作的方式，面对成员国不履行条约义务的情况，上合组织并未设有司法部门和执法部门进行制裁。

四、上合组织国际法地位的发展势态

两轮扩员后，上合组织的国际法律地位进一步提升，但也面临着一系列挑战，应进一步优化组织内部机制，推动安全、经济和人文等领域的可持续发展，巩固国际法律地位，扩大国际影响力。

（一）上合组织的扩展与国际法地位的增强

自2001年成立以来，上合组织成员国已从最初的六个国家扩展至现在的九个国家，并吸引了更多的观察员和对话伙伴。这种扩展使得上合组织在地缘政治格局中的影响力得到了大幅提升。

随着印度、巴基斯坦和伊朗的加入，上合组织在国际反恐领域的作用得以进一步提升。上合组织的扩大还有助于深化区域经济合作。作为丰富自然资源和庞大市场的拥有者，成员国之间的经济互补性为上合组织提供了卓越的经济合作机会，上合组织在全球经济治理中的影响力也得到了逐步提升。此外，上合组织还吸引着更多的观察员国和对话伙伴国的不断加入，这些国家与上合组织成员国一道在各个领域开展着广泛的合作，共同推动着上合组织与其他国际组织和地区集团开展合作，有助于上合组织在国际社会中建立更广泛的合作伙伴网络，并借以提高其在国际舞台上的影响力。

与此同时，上合组织成员国在组织框架下积极参与了国际法律规范的塑造和完善，共同推动了国际法的进步，逐渐提升了上合组织在全球法律体系中的地位和影响力，从而使其在国际法规的构建和修订过程中获得了更大的话语权。这一过程有助于更为有效地维护其成员国的共同利益。上合组织成员国还通过积极参与国际法律制度的改革，推动国际法律体系朝向更加符合时代发展的需求方向发展，为全球治理提供了重要的法律支撑。此外，上合组织成员国在多个领域构建了合作法律框架，这些框架为成员国间的合作提供了重要的法律依据，进一步加强了成员国间的政策协调和合作。上合组织内部设立了秘书处、地区反恐怖机构执行委员会、外交部长会议等部门，各自分工明确，相互协作，共同推动着国际法的发展。

（二）上合组织国际法地位的挑战与机遇并存

上合组织所涵盖的区域，包括中亚、南亚和东亚等多个地域，其地缘政治格局错综复杂，涉及众多国家和地区的利益。而且，这些区域是全球大国如美国、俄罗斯、中国等寻求自身利益和影响力的博弈焦点，这必然导致地缘政治紧张和冲突。大国博弈可能会影响上合组织成员国之间的合作与发展。另外，上合组织涵盖的地区具有多元的民族和文化背景，包括多种宗教信仰，如伊斯兰教、佛教、印度教等。这种多元性在一些情况下可能导致社会冲突和紧张局势，例如，中亚地区的极端主义和恐怖主义活动，南亚地区的宗教冲突等。这些问题可能会对成员国的内部稳定和地区合作产生负面影响。

各层级的国际法律文件以及各国的行为都是各国国家利益的体现。[①]为应对这些挑战，上合组织需要加强成员国间的对话与沟通，以增进彼此的了解和信任。各国应在上合组织中协商好利益分配，通过定期举行高层会议、专家研讨会和工作组会议等形式，推动各国就共同关心的问题展开讨论，形成共识。同时，上合组织应以成员国的实际需求为导向，继续推动在贸易、投资、基础设施建设、能源、人文交流等领域的务实合作。提高国际组织的法律化程度将是国际组织发展的一种趋势。[②]为进一步优化内部机制和治理结构，上合组织应提高组织运作的效率和透明度，明确各部门的职责分工，加强信息共享，以及改进决策程序等。上合组织应建立更多的专门委员会和工作组，提高自身的法律化程度。为平衡各方利益，上合组织应探讨在现有制度下引入多元化的方式来应对成员国的不当行为。这可能包括对成员国提供激励措施，以促使其积极履行责任。此外，上合组织应与其他国际组织和地区组织建立合作机制，共同应对地缘政治挑战，扩大国际影响力。

五、结　论

上合组织在国际法律体系中的地位为其在全球舞台上的活动提供了坚实的基础，这有助于其为地区的和平与稳定提供保障，促进成员国在政治、经济、文化等多领域的合作与发展，实现共同繁荣，并提升组织的国际声誉。上合组织在国际法体系中的地位也有助于推动国际法的发展和完善，支持与维护国际法律体系的权威性和有效性。

---

① 孔庆江、王艺琳：《国际法与国内法的关系——国际组织法律文件的视角》，《武大国际法评论》2018年第1期。

② 王展鹏：《欧盟条约宪法化与国际组织法律化》，《欧洲》2002年第5期。

Статус Шанхайской Организации Сотрудничества в международном праве

Инь Минь, Лэй Цзиньсун, Лэй Бинхань

Аннотация: Статус международного права имеет большое значение для международных организаций. Он не только наделяет международные организации способностью действовать в рамках международного права, но и устанавливает права и обязанности международных организаций в рамках международного права. С момента создания ШОС в 2001 году она прошла более 20 лет устойчивого развития. Постепенно совершенствовалась ее организационная структура и система распределения полномочий. Международно-правовой статус ШОС получил четкое подтверждение. Однако по сравнению с Организацией Объединенных Наций и Европейским союзом были замечены проблемы ШОС, такие, как более слабый потенциал власти и нечеткость в разделении внутренних полномочий и ответственности. Благодаря постоянному расширению своего состава ШОС и углубленному сотрудничеству между государствами-членами в политической и экономической областях ее международно-правовой статус беспрецедентно улучшился. В дальнейшем ШОС необходимо усовершенствовать и оздоровить свою организационную структуру и стремиться играть более важную роль в международных делах.

Ключевые слова: Шанхайская организация сотрудничества, Международный правовой статус, Юридическое лицо по международному праву

Автор: Инь Минь, профессор Шанхайского института политики и права, центра международной юридической подготовки и сотрудничества стран ШОС, доктор юридических наук; Лэй Цзиньсун, магистр факультета международного права Шанхайского института политики и права; Лэй Бинхань, магистр Шанхайского института политики и права, факультета международного права.

Status of the Shanghai Cooperation Organization in the International Law System

Yin Min, Lei Jinsong, Lei Binhan

Abstract: The status of an organization in the international law System is of great significance to an international organization, which enablesits ability to act as a party but also authorizes its rights and obligations in the international law system. Since its establishment in 2001, the Shanghai Cooperation Organization (SCO) has undergone more than 20 years of steady development, its organizational structure and distribution of competence have gradually improved, and its international legal status has been confirmed. However, compared with the United Nations and the European Union, the SCO has also shown weak power capacity and ambiguity in the internal distribution of competencies and responsibilities. With the continuous expansion of the SCO's membership and the deepening cooperation among its member states in the political and economic fields, its international legal status has been raised to a higher level than ever before. It is necessary for the SCO to develop and update its organizational structure and play a more important role in dealing with international affairs.

Keywords: Shanghai Cooperation Organization, international law status, legal personality

Authors: Yin Min is Professor of China National Institute for SCO International Exchange and Judicial Cooperation, Shanghai University of Political Science and Law; Lei Jinsong is a graduate student at the School of International Law, Shanghai University of Political Science and Law; Lei Binhan, is a graduate student at the School of International Law, Shanghai University of Political Science and Law.

论上海合作组织商事纠纷多元化解决机制的构建*

冯　硕　　王炳南

【内容提要】随着上海合作组织成员国间商事领域交往的日益频繁，商事纠纷不断涌现，但上海合作组织内部还未建立起真正意义上的商事纠纷解决机制，对成员国间进一步开展商事交流造成了一定阻碍。世界百年未有之大变局下，西方国家主导建立的纠纷解决体系弊端日益显现，加之商事纠纷多元化解决理念在世界范围内的兴起，上海合作组织也有必要及时构建自身的商事纠纷解决体系。但同时也应看到，上海合作组织商事纠纷多元化解决体系的构建，也面临着西方规则压制、成员国法治水平差异较大以及所涉纠纷敏感复杂等现实困难。因此，上海合作组织应当以人类命运共同体思想为指引、以法治化为导向、以数字化为契机积极探讨多元化纠纷解决机制建立的新路径。

【关键词】上海合作组织；多元化纠纷解决；涉外法治；人类命运共同体

【作者简介】冯硕，上海政法学院国际法学院讲师、法学博士，上海市法学会“一带一路”法律研究会副秘书长；王炳南，上海政法学院国际法学院硕士研究生。

* 本文是国家社科基金重大项目“构建更加紧密的上海合作组织命运共同体的法治保障研究”（项目批准号：22ZDA129）的阶段性成果。

一、引　言

上海合作组织成立22年来，始终秉持“上海精神”，保持正确前进方向，践行真正的多边主义，为地区和平与发展作出了重要贡献。[①]上合组织成员国合作也从最初的地区安全领域扩展到更深层次的经贸合作领域，成员国间贸易水平得到很大提升，但商事纠纷也呈频发态势。如何有效处理区域内商事纠纷，逐渐成为上合组织经贸合作中亟须解决的关键问题。

当今社会民商事交往逐渐增多，传统的单一诉讼手段已无法应对规模庞大的民商事纠纷，诉讼机制的内在缺陷也导致其难以适应当今时代对高效、全面解决纠纷的客观需求。相较倚靠诉讼的一元化纠纷解决机制，多元化纠纷解决机制强调纠纷解决手段的丰富性和途径的多样性，为不同类型和需求的案件提供多样化的解决措施。[②]当前，国内外商事纠纷解决的探索已有丰富成果，形成了以调解、仲裁、诉讼为重心的商事纠纷解决“三驾马车”。在此背景下，上合组织作为重要新型区域合作组织，尚未建立起真正意义上的商事纠纷解决机制，在未来的法制化建设进程中，上合组织应积极探索早日建立起一套完备的多元化商事纠纷解决机制。

二、上合组织商事纠纷多元化解决的基础

随着上合组织的稳步发展和影响力的日益增强，成员国间商事领域的合作亦在逐步深化，随着商事纠纷的日益增多，上合组织现有的纠纷解决手段已不足以应对日益复杂的现实情况。构建上合组织商事纠纷多元化解决机制，首先应检视当前构建这一机制的基础。

---

① 韩璐：《上海合作组织国际合作的发展历程与前景展望》，《欧亚经济》2023年第1期。

② 付俊伟：《论“一带一路”建设中多元化纠纷解决机制的建构——以人民法院调解为中心》，《兰州学刊》2019年第3期。

（一）西方主导的纠纷解决机制日益失灵

现行国际民商事纠纷解决的机制基本由英美等西方国家构建，该领域的话语权长期被规则制定者牢牢把控，现有体系的规则制定也明显向制定者自身倾斜。如WTO规定，美、欧、日三方可分别向上诉机构指派一名上诉机构成员，而其余160余国需通过选举产生其余的四名上诉机构成员。且上诉机构不设置回避制度，这导致发达国家在WTO争端的解决中拥有绝对优势。[①] 同时，当前商事纠纷解决体系偏重以英美法为基础的程序方式，也可能给诸多非普通法系的发展中国家造成不利局面。但面对诸多不公，数量众多的发展中国家也只能被动接受英美等国制定的“游戏规则”，难以自主选择多元的纠纷解决途径，特别是当纠纷对象来自西方发达国家时，纠纷解决机制的公平和正义性难以得到保证。

随着以中国为代表的新兴国家经济实力的崛起，全球经济重心开始东移，国际力量对比呈“东升西降”态势，力量对比的变化要求有与之相适应的国际关系及国际秩序来维护并促进世界的稳定与发展。[②] 作为国际法“主导者”和国际秩序“掌控者”的英美等国当下纷纷逆全球化进程选择脱钩，通过退出现有条约体系的方式维护本国利益，使得由其构建的纠纷解决机制失去了支柱，其余各国更难以对该机制保持信心。尤其以美国为首的发达经济体不仅通过退出条约的手段破坏现有体系，还通过阵营化结盟的方式另起炉灶，以谋求国际经贸体系的重塑，[③] 而此种重塑势必依旧以挤压发展中国家利益的方式来维护和稳固发达国家的利益。

国际力量的“东升西降”亦体现在国际仲裁领域。2021年《国际仲裁调查报告》显示，新加坡和中国香港名列最受欢迎的仲裁中心的第一和第三名，北京、上海也超越斯德哥尔摩等欧洲仲裁中心跻身最受欢迎的仲裁中心之列。[④] 因此，上合组织也应把握机会，在西方国家式微、现有纠纷

---

① 王贵国：《“一带一路”争端解决制度研究》，《中国法学》2017年第6期。

② 徐步：《构建新型国际关系的理论内涵及时代意义》，《国际问题研究》2021年第3期。

③ 刘晓红：《论“一带一路”建设中的软法治理》，《东方法学》2022年第5期。

④ 冯硕：《大变局时代的国际仲裁——2021年〈国际仲裁调查报告〉述评》，《商事仲裁与调解》2021年第4期。

解决机制饱受质疑、亚太地区仲裁影响力提升的情况下，适时抓住良机，构建上合组织内部的多元化商事纠纷解决机制。

（二）上合组织成员国经贸活动日趋频繁

上合之“合”，始于安全需要，兴于经贸、人文合作。[①]自成立以来，上合组织成员国间的合作内容从初期高度政治性相关的区域安全、反恐合作等，扩展到如今的贸易合作与双边投资领域，商事交往不断密切，合作深度逐步增强。2001年上合组织成立伊始，中国与其他五个成员国间的贸易额仅为121亿美元，2007年这一数字已经达到了675亿美元，而2019年则到达了2590亿美元，成员国间成为彼此的主要贸易伙伴。[②]尤其是随着“一带一路”倡议的推进和实施，哈萨克斯坦、乌兹别克斯坦、塔吉克斯坦等上合组织成员国纷纷将本国的发展战略与之对接，在促进本国经济发展的同时，也间接为上合组织区域经济合作的加强创造了条件，[③]上合组织成员国之间的经贸活动进一步加速，商事交往愈加频繁。根据“中国一带一路网”的数据，尽管仍受世界经济危机、全球经济不振的不利影响，与2013年度“一带一路”倡议提出之初相比，2019年度我国与上合组织成员国之间的双边贸易总额与双边投资总额整体仍呈上升态势。特别是与俄罗斯、印度等国的双边经贸活动显著增多，双边贸易和双边投资活动总额占比较高（见表2.1）。[④]

---

① 张翼：《合则利 合则惠 合则兴——写在上海合作组织成员国元首理事会第十八次会议即将召开之际》，《光明日报》2018年6月8日，第1版。

② Chen Yurong, “Shanghai Cooperation Organization: A Banner of Multilateral Cooperation,” *China International Studies*, no.21 (2010): 98-108.

③ 韩璐：《上海合作组织与“一带一路”的协同发展》，《国际问题研究》2019年第2期。

④ 中国“一带一路”网统计数据全面更新至2021年，为避免2020年及之后新冠疫情带来的影响，此处选取2019年度数据作为样本。

表2.1　2013/2019年度中国与上合组织成员国双边贸易及双边投资总额

单位：万美元

	双边贸易总额		双边投资总额	
	2013年	2019年	2013年	2019年
俄罗斯	8,925,900	11,094,019	758,161	1,280,397
印度	6,540,266	9,281,118	4,406	2,563
巴基斯坦	1,421,644	1,797,305	183	3
哈萨克斯坦	2,859,596	2,200,277	555	1,116
吉尔吉斯斯坦	513,770	634,656	0	0
塔吉克斯坦	195,812	167,469	0	0
乌兹别克斯坦	455,145	721,287	155	0
总额	20,912,133	25,896,131	763,460	1,284,079

数据来源：中国一带一路网，2022年9月1日，https://www.yidaiyilu.gov.cn/dataChart，访问日期：2023年4月7日。

从我国对外投资角度，根据商务部数据，2015年至2022年我国企业对"一带一路"共建国家投资总额呈稳步增长态势。特别是近3年增量较大，进一步反映出当前我国商事主体对外投资的高度意愿和进行涉外商事交往的信心（见图2.1）。同时，2021年《国际仲裁调查报告》认为，最受欢迎的仲裁地席位的东升西降，特别是新加坡和中国香港受欢迎度排名的提高，反映出在"一带一路"倡议下，亚太地区经济活跃度的显著提高。可见，近年来无论上合组织成员国间的商事交往，还是我国的涉外商事活动都十分活跃，各国间经贸领域交流越发频繁。

在上合组织成员国间经贸交往迈上新台阶的基础上，商事领域纠纷增多也成为必然结果。是否建立有效的争端解决机制往往是衡量一个国际组织法制是否健全的重要标准，若不存在有效争端解决机制的保障，争端发生后可能造成严重的贸易摩擦，影响当事国经贸合作的信心。[①] 当前，上合组织还未能建立起一套完整而规范的体系，这将在一定程度上影响成员国间经贸合作的进一步发展。

---

① 孟琪：《WTO争端解决机制作为"上海合作组织"经贸争端解决机制的可行性研究》，《上海对外经贸大学学报》2019年第3期。

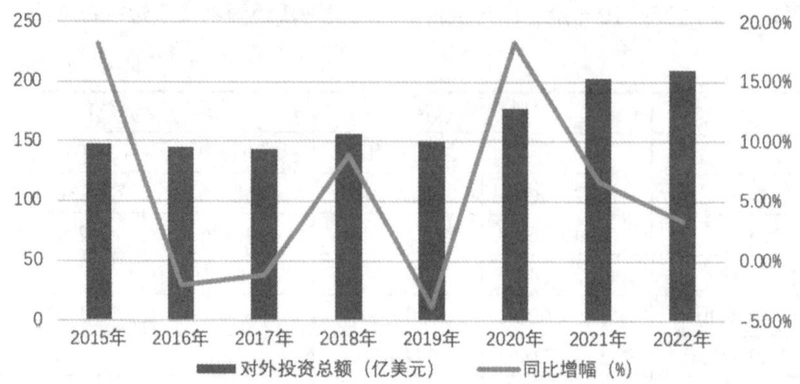

图2.1　2015—2022年度我国企业对"一带一路"共建国家直接投资总额及变化趋势

数据来源：走出去公共服务平台，中华人民共和国商务部网，2023年2月13日，http://fec.mofcom.gov.cn/article/fwydyl/tjsj/?3，访问日期：2023年4月7日。

（三）商事纠纷多元化解决理念的兴起

长期以来，传统一元化纠纷解决机制强调以诉讼作为唯一的纠纷解决途径。但随着经济发展与商事交往的日益频繁，商事纠纷的急剧增多和诉讼模式的固有缺陷使得一元化纠纷解决机制的弊端逐渐凸显。因此，商事纠纷多元化解决理念逐渐兴起。20世纪后半叶，替代性纠纷解决方式（Alternative Dispute Resolution, ADR）开始在世界范围内兴起，强调在诉讼之外寻求更加合理和经济的纠纷解决方式，即通过调解、仲裁等非诉讼手段解决纠纷。① ADR因其经济、便捷、平和等优势，加上高度尊重当事人意见的特点，逐渐在商事领域获得了当事人的青睐，为当事人提供了更加有效的纠纷解决方法。随着ADR的逐渐发展，其各方面的积极价值不断显现，已从最初的诉讼替代物发展成为纠纷解决的优先选择或主渠道。②

在此背景下，越来越多的国家开始积极发展ADR，同时积极促进诉讼手段和非诉讼手段纠纷解决机制的交流与融合，在商事领域形成新的多元化纠纷解决机制。据统计，上合组织成员国全部为《承认及执行外国仲裁

---

① Amy J. Cohen, "The Rise and Fall and Rise Again of Informal Justice and the Death of ADR," *Connecticut Law Review* 54, no. 1 (March 2022): 197-242.

② 范愉：《当代世界多元化纠纷解决机制的发展与启示》，《中国应用法学》2017年第3期。

裁决公约》(以下简称《纽约公约》)的缔约国；[①] 中国、哈萨克斯坦和印度签署了《联合国关于调解所产生的国际和解协议公约》(以下简称《新加坡公约》)，但公约仅在哈萨克斯坦一国生效；[②] 而《海牙民商事案件外国判决的承认和执行公约》[③] 和《海牙选择法院协议公约》[④] 在上合组织成员国内分别仅有俄罗斯签署，且均未生效（见图2.2）。总体而言，上合组织成员国参与多元化纠纷解决机制的意愿较强，相关公约的签署为上合组织内部构建多元化纠纷解决机制打下了良好的基础。

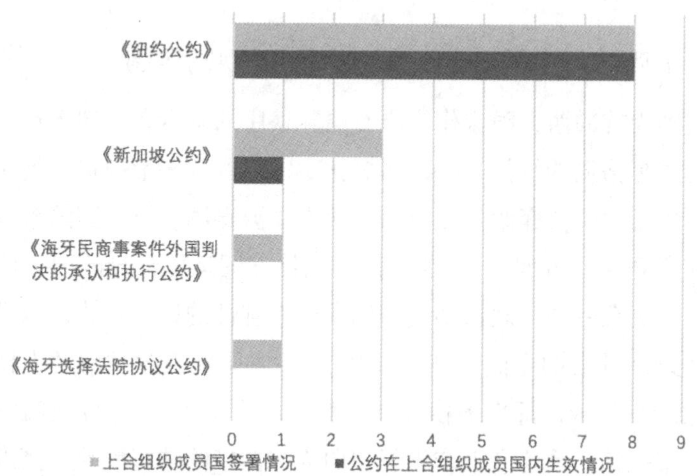

图2.2 《纽约公约》《新加坡公约》《海牙民商事案件外国判决的承认和执行公约》和《海牙选择法院协议公约》在上合组织成员国内的签署和生效情况

---

① 《状况〈承认及执行外国仲裁裁决公约〉(1958年，纽约)》，联合国国际贸易法委员会，https://uncitral.un.org/zh/texts/arbitration/conventions/foreign_arbitral_awards/status2，访问日期：2023年8月29日。

② 《状况:〈联合国关于调解所产生的国际和解协议公约〉》，联合国国际贸易法委员会，https://uncitral.un.org/zh/texts/mediation/conventions/international_settlement_agreements/status，访问日期：2023年8月29日。

③ "41: Convention of 2 July 2019 on the Recognition and Enforcement of Foreign Judgments in Civil or Commercial Matters," May 16, 2023, accessed on August 29, 2023, Hague Conference on Private International Law, https://www.hcch.net/en/instruments/conventions/status-table/?cid=137.

④ "HCCH CONVENTIONS: SIGNATURES, RATIFICATIONS, APPROVALS AND ACCESSIONS," Hague Conference on Private International Law, August 22, 2023, accessed on August 29, 2023, https://assets.hcch.net/docs/ccf77ba4-af95-4e9c-84a3-e94dc8a3c4ec.pdf.

三、上合组织商事纠纷多元化解决的阻碍

在内外部因素急切呼唤上合组织构建商事纠纷多元化解决机制的同时，也应认识到作为游离于西方话语体系之外的地区性组织，上合组织构建多元化纠纷解决体系，面临着西方规则压制、成员国法治水平差异较大以及所涉纠纷敏感复杂等现实困难。

（一）西方所主导的纠纷解决机制的规则压制

以美国为首的西方国家作为既有国际秩序的制定者，基于对旧多边秩序和固有国际格局的维护，持续污名化中国以及“一带一路”倡议和上合组织。特别是中美博弈激烈化以来，西方主流媒体涉及中国的报道以负面居多，客观和正面者偏少。[①] 西方国家始终试图运用自身的国际话语权优势，依据其决策者的主观认知对中国发起系统性的话语攻势，以求其对华叙事成为国际社会的主流认知。[②] 同时，西方国家也时常借助人权等话题对上合组织成员国内部事务横加指责甚至出手干预，[③] 并以狭隘的冷战思维将“一带一路”倡议和上合组织扭曲为类似华约的军事政治高度一体化组织，鼓吹“中国威胁论”，进一步加剧阵营化对立。

回归经贸领域，尽管当前西方主导的纠纷解决机制日渐式微，亚太国家在商事纠纷解决领域的地位有所提升。但以英美为首的西方国家在纠纷解决体系中仍享有最高话语权，当今世界的商事纠纷解决体系仍被其牢牢掌控。出于对自身所构建体系的维护以及不愿放弃既得利益的心理，西方各国不愿看到广大发展中国家脱离其既有掌控，更不愿看到上合组织构建新的纠纷解决机制而与其分庭抗礼。

上合组织如何在西方国家的制度压迫下，坚持从自身实际出发，秉持平等互利、合作共赢的发展理念，坚持共商共建共享原则，同时借助“一

① 孙利军、高金萍：《国际传播中的污名化现象研究——兼论讲好中国共产党故事的话语策略》，《当代传播》2021年第6期。

② 岳圣淞：《政治修辞、安全化与美国对华政策的调整》，《世界经济与政治》2021年第7期。

③ 陈亚州：《上海合作组织的认同成效与困境》，《世界经济与政治》2021年第2期。

带一路”等其他机制共同协作，构建多元化商事纠纷解决机制，成为上合组织当前的重要议题。

（二）上合组织成员国法治水平参差不齐

回顾上合组织的发展历程，成员国最初的合作领域主要集中在政治、安全方面。随着合作的不断深入，成员国间经贸和投资领域的交流才逐渐兴起，但完善的经贸条约体系尚未形成。同时，相关国际法主要聚焦于政府间合作，对于非政府间的商事交往所涉甚浅。而商事活动的增多需要健全的法律保障，涉外商事交往的发展更需要相关国家均具有较为成熟且完善的配套法律制度。只有所涉各国均具备一定水平的涉外商事纠纷解决机制，从法律层面给予商事交往主体以充分的“安全感”，才能不断优化营商环境。

由于历史与民族的特性，上合组织中部分国家的法治发展水平仍稍显不足，地区法治水平发展的不均衡在一定程度上影响了区域合作。[①] 成员国之间法治水平的差异，也进一步影响了上合组织多元化商事纠纷解决体系的构建。一国涉外法治水平与国内法治水平息息相关，一个组织体的法律体系构建的水平与组织体内部成员的法治水平亦存在着必然的联系。

在法治水平差异较大的国家间开展合作，难以要求高水平国家降低自身标准，也难以期待水平较低的国家突然进步。二者间难以形成平衡状态，由此便成为上合组织构建商事纠纷多元化解决机制的一大障碍。因此，如何通过法治领域的合作来提高成员国的法治水平、弥补各国之间的法治水平发展差异，也成为上合组织多元化商事纠纷解决体系建构过程中亟须解决的问题。这不仅关系到多元化商事纠纷解决体系的构建，更关系到上合组织成员国之间在其他领域的发展合作和各成员国人民的切身福祉。

---

① 刘晓红、冯硕:《论国际法视阈下上海合作组织命运共同体的构建》,《上海政法学院学报》2020年第3期。

（三）上合组织成员国商事纠纷复杂敏感

基于俄罗斯、哈萨克斯坦等部分上合组织成员国长期作为能源供给大国的身份，以及中国、印度、巴基斯坦等成员国对石油、天然气等能源需求的不断增加，上合组织成员国间能源领域的交往较为密切。在此背景下，上合组织成员国之间的许多纠纷也聚焦于能源领域。

能源问题事关国家安全，是关系到国家经济社会发展的全局性、战略性问题，对国家繁荣发展、人民生活改善、社会长治久安至关重要。一般而言，各国从事能源贸易和投资的主体都非普通的私营主体，更可能是国有企业或政治集团，最终控制权可追溯至国家层面。在全球能源格局、体系发生深刻变革的当下，能源纠纷绝不是简单的商事纠纷，更涉及当事国的国家利益和国家安全，背后还可能隐藏着各国间的政治博弈。考虑到复杂敏感的背景因素，上合组织成员国之间的很多纠纷都难以简单地通过裁决来定纷止争，更多地还需要通过和解或调解等非诉讼手段来解决纠纷，而非简单地片面依赖裁决来判定孰是孰非。

当前上合组织成员国间能源投资领域的保护多通过签署双边协议的形式，但部分双边协议签署时间过早、立法水平较低，已难以应对复杂多变的当今形势，且各自为营的双边协议在应对多边合作争议时频显窘况。① 因此，上合组织内敏感复杂的纠纷类型急切呼唤切实可行的多元化商事纠纷解决机制。

四、上合组织商事纠纷多元化解决的途径

尽管存在诸多阻碍上合组织多元化商事纠纷解决体系构建的因素，在百年未有之大变局的时代背景下，新的机遇也与挑战并存，上合组织应当牢牢把握机遇，在新的时代背景下积极寻求商事纠纷解决的路径。

---

① 林一：《论上海合作组织内多边投资争端解决机制的独立建构》，《商事仲裁与调解》2020年第4期。

（一）以人类命运共同体思想为指引解决纠纷

推动构建人类命运共同体是党的十八大以来我国处理对外工作并参与全球治理的核心指导思想。十余年来，我国在对外交往过程中始终秉持“人类命运共同体”理念，以“共商共建共享”的全球治理观为引领，呼吁各国人民同心协力，建设持久和平、普遍安全、共同繁荣、开放包容、清洁美丽的世界。[①] 习近平外交思想更是强调，我们必须以维护世界和平、促进共同发展为宗旨坚持推动构建人类命运共同体。因此，在上合组织成员国间商事纠纷日渐增多，矛盾、摩擦不断显现的今日，我们首先应当站在构建人类命运共同体的视角来寻求纠纷解决之道，使之更符合各成员国的切身利益。[②]

1. 以和为贵：注重纠纷的实质性化解

秉持“和平合作、开放包容、互学互鉴、互利共赢”的丝路精神，中国在对外交往和经贸合作过程中，始终坚持以和为贵的宗旨，把本国利益置于人类命运共同体和上合组织成员国整体利益框架下，促进各伙伴国加强合作、共克时艰、共谋发展。以互利共赢为原则，成员国间的商事纠纷更需要通过和平手段进行实质性化解，拿出为当事方所能接受的解决方案，以实现纠纷当事方的共赢和多赢。而非简单地通过司法裁决判定孰是孰非，以此避免纠纷进一步升级甚至导致贸易摩擦，进而影响当事国的经贸合作。

2. 尊重主权：兼顾成员国的共同利益

尊重主权是我国和平共处五项原则的重要组成部分，同时也是国际法的一项重要原则。上合组织多元化商事纠纷解决机制，绝不存在由某一国或几国所支配，更不可能仅依部分成员国的意志而建构。上合组织构建多元化商事纠纷解决机制，必然在互相尊重主权的前提下，兼顾成员国的共同利益，携手共进、和平发展。

---

① 习近平：《决胜全面建成小康社会，夺取新时代中国特色社会主义伟大胜利——在中国共产党第十九次全国代表大会上的报告》，人民出版社，2017，第58—59页。

② 陶凯元等：《以习近平法治思想为指引统筹推进国内法治与涉外法治建设》，《中国应用法学》2023年第1期。

3. 文明包容：尊重不同国家的理念和诉求

上合组织聚集了横跨欧亚地区的具有不同经济力量、政治体制、文明传统的大国和小国，相互之间的传统与观念存在较大差异，纠纷各方可能存在迥异的文明理念与政治诉求。加之成员国间商事纠纷敏感复杂，上合组织构建纠纷解决机制时必须强调手段的多元化，不能简单采用单一标准裁决。更应当倡导和解、调解等手段，高度尊重当事各方诉求，以包容的态度和方式，将各种现实因素纳入纠纷解决的考量体系，力争使纠纷各方的合理诉求得到尊重和支持。

（二）以法治化为导向构建多元化纠纷解决机制

多元化纠纷解决机制的构建以促进上合组织内商事纠纷的和平高效解决为基本目的，必须以法治化为导向从国际国内两个方面着手，在法治轨道上建设上合组织内部的多元化纠纷解决机制。

1. 完善相关条约体系及协定

从条约体系签署的角度审视，上合组织成员国均已缔结《纽约公约》，为上合组织成员国商事仲裁机制的构建提供了基础性的法律保障。但成员国缔结《新加坡公约》《海牙民商事案件外国判决的承认和执行公约》和《海牙选择法院协议公约》的情况不甚理想，当事方选择调解途径，以及自由选择法院进行诉讼，并支持判决跨法域执行的基础仍较为薄弱。上合组织在构建商事纠纷解决机制的过程中，仍需推动相关国家对既有条约体系的接纳与内化，从诉讼与非诉讼的多元化角度为当事方提供纠纷解决途径。

同时，部分成员国间已签署双边或多边民商事纠纷解决协定，但部分协定签订的时间较为久远，相关规定不够明晰和完备。因此，在未缔结双边或多边协定的国家之间，应推动其通过缔结协定的方式对商事纠纷解决加以规制，强调法律规范的从无到有。同时借鉴最新的商事纠纷解决机制发展的成果，力争缔结具有较高法治水平的民商事双边或多边纠纷解决协定。而在已缔结协定的国家之间，则需推动其在原有基础上进一步更新和细化，融入最新法治理念和法治成果，进一步畅通商事纠纷解决的渠道。

2. 加强各国间仲裁机构、调解机构和法院的合作

多元化纠纷解决机制强调通过诉讼、调解和仲裁的多种手段，灵活地解决纠纷。

就上合组织成员国间纠纷解决机制而言，其具有涉外因素，对成员国间的仲裁机构、调解机构和法院合作提出了更高要求。借助《纽约公约》和《新加坡公约》可搭建仲裁裁决和调解协议的全球化流通体系，《海牙选择法院协议公约》和《海牙民商事案件外国判决的承认和执行公约》（中国尚未加入）推动了当事方自由选择法院和判决的全球化流通。在相关公约的基础上，应加快上合组织成员国间仲裁机构、调解机构和法院的进一步合作。同时，可依托上合组织这一成熟的区域化组织，建立独立的专门机构负责成员国间的商事纠纷解决。如在《上海合作组织宪章》所确立的磋商机制的基础上，设立专门的商事纠纷调解院，构建争端解决的预防、管控和解决机制。[①]

3. 实现与WTO和国际投资争端解决中心的适度融合

在全球化进程中，国际社会解决投资和贸易纠纷的经验更为丰富，已经形成了较为成熟的纠纷解决机制。虽然存在主体、法域的差别，但投资和贸易纠纷与商事纠纷有着密切的联系，相关纠纷解决机制可以进行综合利用。国际投资争端解决中心（ICSID）作为世界范围内专门以解决缔约国和另一缔约国国民之间直接投资争端为目的的多边机制，虽然其存在不能有效回应投资争端中投资者财产自由和东道国公共利益之间对立冲突的问题，但仍在投资者与东道国争端解决方面产生了巨大影响。而WTO成员贸易总额已覆盖全球贸易总量的95%以上，其较为全面的争端解决机制日益成为通行的国际贸易争端解决机制。虽然二者都存在相应的内在问题，不能完全适应上合组织的现实需要，但其仍具有相当的制度价值，为上合组织提供了解决商事纠纷的参考路径。

事实上，一项国际法机制从提出设想、初步构建到制度的逐步完善需要较长的时间和实践支持。在新机制建立和完善之前的时期，可以借助现

---

① 王陈生、王树春：《构建上海合作组织内部争端解决机制探析》，《新疆大学学报（哲学社会科学版）》2020年第3期。

有机制进行过渡。上合组织可借助相对完善的WTO和ICSID争端解决机制，通过对现有机制的适度借鉴和融合，在新的多元化纠纷解决机制构建并完善之前，实现纠纷解决机制的平稳过渡。

（三）以数字化为契机提升多元化纠纷解决效率

随着网络技术的发展和大数据运用范围的扩大，互联网及其承载的应用和数据等组成的网络空间越来越成为人们学习、工作和生活的新空间，深刻影响着人类历史发展的进程。在全球化背景下，各国之间经济贸易交流愈发频繁和紧密，跨国经济贸易也愈发依赖互联网这一媒介。

在国际商事纠纷解决机制的发展中，信息技术的应用也将为其提供驱动力。如远程视频庭审和数字化出庭等软件和基础设施建设及其构成的在线庭审模式可以大幅节约纠纷解决的时间成本，智能语音与图像识别、电子卷宗等技术手段则可以减少与纠纷解决无关的纯粹书面记录和保存工作所耗费的时间。同时，引入人工智能法律系统、司法大数据与云计算等技术手段，可以在整体层面上提高纠纷解决的效率，降低人为因素造成的低级失误，也进一步提高了当事方选择纠纷解决方式的便利性。[①]

科技是一把双刃剑，数字技术提升多元化纠纷解决机制效率的同时，也会带来一些问题。随着网络化、数字化进程的加剧，各国逐渐意识到，数据跨境流动关系到信息网络安全、个人隐私保护等诸多问题，进而影响到国家安全。因此，各国有必要通过立法、行政等手段，将数据跨境流动作为监管的重中之重，以充分维护本国的利益。

但线上纠纷解决过程中需要兼顾数据合规，这将令诉讼纠纷解决方式遭受更多的公权力干预，可能会削弱其在保密、自治等方面的优势。[②] 在上合组织构建商事纠纷多元化解决机制过程中，还需平衡各国数据监管政策，综合考量，统筹协调。在充分保护各国数据安全和国家安全的同时，最大限度地兼顾纠纷解决机制的效率和对当事方信息的保护，力争构建安全高效的多元化商事纠纷解决机制。

---

① 孙跃：《论智慧时代疑难案件的裁判：机遇、挑战与应对》，《法律适用》2020年14期。

② 刘晓红：《论我国民商事纠纷多元化解决机制的现代化》，《东方法学》2023年第2期。

五、结　语

当前，在西方主导的纠纷解决体制失灵、上合组织成员经贸活动日趋频繁、商事纠纷多元化解决理念兴起的背景下，推动构建上合组织多元化商事纠纷解决机制恰逢其时。在这一背景下，尽管存在西方主导的纠纷解决机制的规则压制、成员国法治水平参差不齐以及所涉纠纷敏感复杂等困难因素，上合组织成员国以至国际社会仍在热切期待新的多元化商事纠纷解决机制的构建。

面对世界百年未有之大变局，上合组织成员国更应当以法治化为导向，抓紧完善相关条约和协议规定，借助互联网与大数据的媒介，加强各国法院、仲裁机构和调解机构间的合作，同时通过与WTO、ICSID的争端解决机制的适度融合，早日构建上合组织多元化商事纠纷解决机制。

О создании диверсифицированного механизма урегулирования коммерческих споров в Шанхайской Организации Сотрудничества

Фэн Шо, Ван Биннань

Аннотация: Наряду с растущим взаимодействием в коммерческой сфере между государствами-членами ШОС часто возникают коммерческие споры, однако механизма разрешения коммерческих споров в подлинном смысле слова в рамках ШОС еще не существует. Это вполне препятствует дальнейшему коммерческому обмену между государствами-членами. В условиях колоссальных исторических перемен в мире, невиданных за столетие, появляется все больше недостатков в системе разрешения споров, доминированной западными странами. С распространением в мире концепции диверсифицированного разрешения коммерческих споров настало время в рамках ШОС создавать систему разрешения коммерческих споров. Однако будет трудно создавать систему диверсифицированного разрешения коммерческих споров ШОС по причинам давления западных правил, больших различий в законодательстве государств-членов, а также чувствительности и сложности рассматриваемых споров. Поэтому ШОС должна в духе концепции сообщества единой судьбы человечества, в правовой ориентации, с помощью цифровизации создать механизм диверсифицированного урегулирования споров в рамках Организации.

Ключевые слова: Шанхайская Организация Сотрудничества, плюралистическое разрешение споров, верховенство права, связанное с иностранными государствами, Сообщество единой судьбы человечества.

Автор: Фэн Шо, преподаватель Шанхайского института политики и права, кандидат юридических наук, заместитель генсека Шанхайского юридического общества по исследованию права «Один пояс, один путь»; Ван Биннань, магистр факультета международного права Шанхайского института политики и права.

On the Construction of the Diversified Settlement Mechanism for Commercial Disputes in the Shanghai Cooperation Organization

Feng Shuo, Wang Bingnan

Abstract: With the increasingly frequent interactions in the commercial field among the SCO member states, commercial disputes have been emerging, but no commercial dispute settlement mechanism in the true sense has been established within the SCO, which has caused certain obstacles to further commercial exchanges among the member states. The shortcomings of the dispute settlement system established under the leadership of Western countries have become increasingly apparent under the unprecedented changes in the past hundred years. With the rise of the concept of diversified settlement of commercial disputes in the world, it is timely for the Shanghai Cooperation Organization to build a commercial dispute resolution system. The construction of the SCO's system of diversified commercial dispute settlement is also hampered by the suppression of Western rules, the large differences in the level of rule of law among its members and the sensitivity and complexity of the disputes involved. Therefore, the SCO should take the idea of the community with a shared future for mankind as a guide, the rule of law as its compass, and digitalization as an opportunity to build a diversified dispute settlement mechanism within the organization.

Keywords: Shanghai Cooperation Organization, diversified dispute settlement, foreign-related rule of law, Community with a Shared Future for Mankind

Authors: Feng Shuo is An Assistant Professor of Shanghai University of Political Science and Law, the Deputy Secretary General of the "Belt and Road"

Legal Research Society of Shanghai Law Society; Wang Bingnan is a graduate student at the Shanghai University of Political Science and Law.

第三部分　地区主义视阈中的上海合作组织

Chapter 3: The SCO in the Perspective of Regionalism

上海合作组织：地区主义与地区间主义的协调与平衡

顾　炜

【内容提要】上海合作组织在共同利益需要的基础上，推动各国开展制度合作，塑造了地区国家的价值认同，使上海合作组织地区建设取得了积极成效。在开展内部建设的同时，秉持开放性特质的上海合作组织积极开展与域外国家和地区组织的合作，注重发展和实践地区间主义。在重视自身内部建设的基础上，上海合作组织稳健推进差序式扩员，打造自身的平台功能，实现了地区主义与地区间主义的协调与平衡发展。坚持协调平衡发展的路径，将使上海合作组织具有更为广阔的前景。

【关键词】上海合作组织；地区主义；地区间主义；协调发展

【作者简介】顾炜，上海社会科学院国际问题研究所副研究员，欧亚研究室执行主任。

在二十余年的发展历程中，上海合作组织不断塑造着成员国对地区合作的认可和对上合组织命运共同体的认同，这使得上合组织成为地区主义理论的重要实践案例之一。随着上合组织对外活动的增加和扩员进程的推进，越来越多的域外国家参与到上合组织的活动，使上合组织又增加了地区间主义理论的实践。上合组织逐步探索出了一条地区主义与地区间主义协调与平衡发展的路径。

一、作为地区主义的上合组织

地区主义是国际关系理论中的一个重要概念，[①] 即在特定的地区范围内，不同行为者分享核心的基本价值的变化过程。[②] 大多数学者都认可地区主义对“地区”这一分析层次的强调，认为地区主义是增强地区性，塑造和发展地区的过程。上合组织尽管成立之初并没有将发展地区主义作为核心目标，但在实践过程中逐步推动地区合作，不仅践行了地区主义理论，也增强了地区认同。

第一，共同需要推动地区合作。苏联解体后，中国、俄罗斯、哈萨克斯坦、吉尔吉斯斯坦、塔吉克斯坦五国在开展边界谈判的基础上建立了“上海五国”机制。2001年，乌兹别克斯坦加入后，上合组织成立，成员国在打击“三股势力”、维护地区安全方面开展了卓有成效的合作。在安全合作的基础上，各国为促进经济发展与共同繁荣，又在经贸、人文、能源、交通等多个领域拓展合作，不断丰富合作内涵，取得了合作实效。从基本发展历程看，共同的利益需要推动了上合组织的建立和发展，各成员国也在上合组织框架下开展地区合作，奠定了地区和平稳定的坚实基础。

第二，制度合作塑造地区身份。从“上海五国”机制到上合组织，是上合组织发展的首次机制化提升。上合组织设立秘书处和地区反恐怖机构执行委员会作为常设机构，也逐步建立起了元首理事会、政府首脑（总理）理事会、外长和其他部长级会晤机制，进一步完善了组织架构。2013年上合组织成立睦邻友好合作委员会。2020年11月，在比什凯克市建立了上合组织文化一体化中心。2021年9月，上合组织决定建立成员国工业部长会议机制、能源部长会议机制。2022年9月，上合组织决定建立创新创业、减贫、传统医学特别工作组。通过各层级、各领域制度建设的推进，各成员国广泛开展了制度合作。这一过程有利于增强各国的制度认同，提升组

① Louise Fawcett and Andrew Hurrell (eds)., *Regionalism in World Politics: Regional Organization and International Order* (Oxford, UK: Oxford University Press, 1995).

② Gordon Mace and Jean-Philippe Thérien, *Foreign Policy and Regionalism in the Americas* (Boulder: Lynne Rienner Publishers, 1996), p.2.

织的凝聚力。[①] 各国也将由此更加认可上合组织成员国的身份。

第三，价值认同增强地区凝聚力。上合组织最初聚焦于地区安全合作，各项合作侧重于非传统安全领域，倡导共同、综合、可持续的安全观。在开展地区合作的同时，上合组织奉行相互尊重原则，逐步形成了广被成员国接受的“上海精神”。“上海精神”强调互信、互利、平等、协商、尊重多样文明、谋求共同发展，坚持政治互信、坚持互利合作、坚持平等相待、坚持开放包容、坚持公平正义，成功探索出了一条新型国际组织成长壮大之路。[②] 这种价值认同使各国愿意开展地区互动，认同地区发展的重要价值，与地区主义理论对地区的强调相契合。

尽管上合组织并未将构建地区一体化作为发展目标，但上合组织在发展过程中探索出了一条符合地区主义理论的上合路径。2022年9月，《上合组织元首理事会撒马尔罕宣言》中，多次使用“上合组织地区”的提法，显见成员国对“上合组织地区”有了更多共识。共同需要、制度合作和价值认同一起发挥作用，推动上合组织发展地区主义，也促进了各国与整个地区的发展和稳定。

二、作为地区间主义的上合组织

与地区主义重点关注地区建设不同，地区间主义主要关注地区之间的互动进程。地区间主义关注的互动主要包括两种类型，其一是本地区与地区外国家的互动，其二是本地区与其他地区之间的互动。上合组织明确强调，对同其他国家、国际和地区组织开展合作持开放立场是上合组织的重要原则。[③] 这种开放性使上合组织具有较为丰富的地区间主义实践经验。

---

① 陈小鼎、李珊：《制度认同：扩员后上海合作组织的发展动力》，《当代亚太》2022年第3期，第91—120页。

② 《习近平在上海合作组织成员国元首理事会第二十二次会议上的讲话（全文）》，中华人民共和国外交部网，2022年9月16日，https://www.fmprc.gov.cn/web/zyxw/202209/t20220916_10767102.shtml，访问日期：2023年4月19日。

③ 《上海合作组织二十周年杜尚别宣言》，中华人民共和国外交部网，2021年9月18日，https://www.mfa.gov.cn/web/ziliao_674904/1179_674909/202109/t20210918_9869329.shtml，访问日期：2023年4月10日。

第一，初创时期的“内部”地区间主义。与其他地区组织不同，上合组织在草创阶段就具有跨地区的地理特点。俄哈吉塔四个国家都是苏联解体后新诞生的欧亚地区的组成部分，但中国并不是欧亚地区的天然成员，与各国之间的互动明显不及四国之间的紧密。因此，在“上海五国”机制“内部”存在某种类似“地区间主义”，即中国与欧亚地区国家开展互动，具体表现在边界谈判形式上。1992年9月，俄哈吉塔四国签署协议，以联合代表团的方式与中国进行边界谈判，由此形成了“五国两方”的边界谈判形式。这种形式取得了积极效果，在逐步达成双边协定的基础上，1996年五国元首在上海签署《中哈吉俄塔关于在边境地区加强军事领域信任的协定》，宣告了“上海五国”机制的诞生。可以说，在上合组织的草创阶段，这种“内部”的地区间主义在多个层面促进了地区机制的发展。中方与哈吉俄塔的边界谈判最终在多边层面创设了“上海五国”机制，不仅积累了地区间主义的经验，也推动了上合组织的建立。

第二，发展时期的地区间主义探索。上合组织自成立之初就注重与域外的地区组织和全球性组织开展合作，探索发展地区间主义。2002年，上合组织制定了《上海合作组织与其他国际组织及国家相互关系临时方案》。2004年，上合组织成为联合国大会的观察员，并在元首峰会上吸收蒙古国为观察员国，建立了上合组织与域外国家和国际组织开展合作的方式。2005年，巴基斯坦、印度和伊朗成为观察员，开启了上合组织与南亚和中东国家的地区间互动。2008年，上合组织就对外交往基本立场等达成共识，通过了《上海合作组织对话伙伴条例》等文件。2009年，斯里兰卡和白俄罗斯成为上合组织的对话伙伴。对话伙伴国成为域外国家与上合组织开展互动的新方式。2010年，上合组织与联合国秘书处签署谅解备忘录，在联合国框架下与教科文组织、世界旅游组织等全球性组织建立伙伴关系，从而获得了更为广阔的发展地区间主义的平台。在地区层面，上合组织于2005年与独联体执行委员会、2006年与欧亚经济共同体、2007年与集安条约组织、2014年与亚信会议分别签署谅解备忘录。由于上合组织与上述地区组织存在成员国交叉，所以这类合作严格来说是跨地区主义合作，属于地区间主义的一种类型。2005年，上合组织与东盟签署合作备忘录，两大地区组织之间的合作是最为典型的地区间主义。

第三，扩员时期的地区间主义拓展。2010年，上合组织批准了接收新成员条例和程序规则，为扩员奠定了程序和法律基础。2015年，上合组织乌法峰会启动了扩员程序。2017年，阿斯塔纳峰会上上合组织完成了接收印度和巴基斯坦加入的程序，给予了两国上合组织成员国的地位。由此，成立16年后，上合组织首次增加了成员国，其安全合作“从地区跨越到地区间”，[①] 覆盖中亚和南亚。作为南亚地区最有影响的两个国家，印巴的加入“有助于上合组织与其他地区经济组织开展合作，体现所奉行的开放原则”。[②] 印巴两国也是南亚区域合作联盟的成员国，其加入便利了上合组织与南盟国家合作的开展。中国、印度和俄罗斯不仅是上合组织的成员，也都是金砖国家的成员，这为上合组织与金砖国家开展互动提供了重要基础。2020年，俄罗斯作为上合组织和金砖国家的轮值主席国，曾考虑将两大组织的峰会同时举办，这也为上合组织拓展地区间主义提供了新方案。

就自身特质而言，开放性促使上合组织必然要发展地区间主义。从最初的“内部”地区间合作，到与更多的区外国家和地区组织开展互动，再到扩员进程加速拓展地区间主义，都显示了上合组织对发展地区间主义的重视。

三、上合组织在地区主义与地区间主义之间的协调与平衡

从理论和实践两方面看，地区主义与地区间主义在侧重点和目标等方面存在差别，在资源有限的情况下，两种理论路径之间的矛盾有可能增多。因此，需要协调地区主义与地区间主义。

（一）协调地区主义与地区间主义的必要性

从比较视野看，地区主义与地区间主义的差异主要表现在两个方面。

其一，二者的发展目标和主要思路存在明显差别。地区主义以塑造

① 肖斌：《上海合作组织》，社会科学文献出版社，2019，第58页。

② 孙壮志：《印巴加入后上海合作组织经贸合作的新契机》，《欧亚经济》2017年第5期，第4页。

“地区”为核心目标，加强域内国家之间的多领域合作，将各国的认同和主要活动转向地区层次。地区主义旨在推动地区一体化进程，即便发展程度存在差异，但其目标和路径是内聚性的，着力内部互动，增加内部黏性。地区间主义则缺乏明确的具体目标，其核心思路具有明显的外化性和发散性，着力增强地区与外部世界的互动，特别是与其他地区之间的互动。

其二，二者的主体互动方式和依托路径存在差别。地区主义主要是国家通过构建地区机制或地区组织开展互动，在域内国家彼此互动的基础上增强地区机制的影响力，从而增加地区性、塑造地区。地区间主义主要是地区机制或地区组织与域外开展互动，地区组织是更为明确和主导性的互动主体。地区内国家可以利用地区组织搭建的平台与域外开展互动，但不是地区间互动的主体。

从上述差异出发，地区主义与地区间主义的关系问题就成为重要的理论与现实问题。从对内与对外的不同向度来看，两者相伴而生，“可视为一枚硬币的两面，构成了完整的地区理论”。[①] 但看到“统一”一面的同时，不能忽视“对立”一面的存在，即地区主义与地区间主义相互影响，特别是在资源有限、关注度易转移、互动模式多元等因素的影响下，地区主义与地区间主义之间的矛盾性会被明显放大，从而影响地区的统一和稳定，甚至消解“地区”。

理论上，两者之间的相互影响主要涉及三种方式：

第一，在资源有限的情况下，地区间主义可能影响地区主义发展所需的资源份额。世界上大多数地区都是发展中地区，内部资源相对有限，所以各国才希望利用“集体”的地区力量，通过发展地区主义、开展地区建设来实现国家利益。地区间主义的本意是发展地区的对外合作，但势必会分走一部分资源，影响内部建设获得的资源份额。反过来看，如果不能保持内部的稳定根基，地区间主义将很难长久持续，因为地区主义的虚弱有可能导致地区的行动效率明显降低，从而难以参与地区间互动。

第二，地区间主义有可能转移国家的关注度，影响地区主义路径的选

① 王志、屈佳荣：《比较地区间主义：演化、路径与中国视角》，《东北亚论坛》2022年第5期，第78—80页。

择。地区间主义为地区发展对外合作提供了机制和平台，其他地区国家或地区组织可以通过合作为地区发展提供更多的资源，但也会对原有的地区机制和地区组织构成竞争。如果原有组织的竞争力有限，那么地区国家的关注度可能转移，甚至选择新的地区主义路径，即通过地区间主义将对某一地区制度的认同转移到其他地区制度或地区组织上。由此，地区主义将被地区间主义削弱，导致地区发展的稳定性受到负面影响。

第三，地区间主义互动模式的多元性可能影响地区的统一。地区间主义包括多种互动模式，最常见的模式是地区组织与地区组织之间的互动。但互动带来的收益差异，可能使国家转移注意力，绕开原有的地区组织，着力发展本国与域外组织的合作，甚至是退化为本国与域外国家的双边合作。这些多元的合作模式，部分已经不属于地区间主义，但在地区间主义的框架下，使国家放弃了原有的地区组织，从而影响地区主义的发展，甚至使“地区”瓦解。

从以上分析可以看到，地区主义的发展容易受到地区间主义的影响。如果地区主义发展程度较高，其统一的行动能力可以为地区间主义提供良好的制度支撑，地区国家可以通过地区组织开展地区间合作，实现收益的叠加。但如果地区主义较为弱势，或者在尚不成熟时就过多强调地区间主义，那么地区国家有可能抛弃地区主义路径，甚至瓦解原有的地区组织。从全球治理的角度看，以地区为单位的治理结构与以国家为单位的全球治理体系需要实现共存共处，[①] 在地区主义基础上发展地区间主义，可以实现二者的有机统一和平衡发展，有助于实现协调共处并完善全球治理体系。因此，地区主义与地区间主义的协调与平衡发展具有十分重要的意义。上合组织在平衡地区主义与地区间主义方面进行了有益探索。

（二）平衡地区主义与地区间主义的上合组织路径

上合组织在地区主义与地区间主义的平衡方面主要采取了如下路径。

第一，重视自身建设和内部合作，夯实地区主义发展根基。

---

① Lorenzo Fioramonti (ed.), *Regionalism in a Changing World: Comparative Perspectives in the New Global Order* (London and New York: Routledge, 2019).

完成首次扩员进程后，上合组织面临着内外双重挑战和机遇。一方面，组织内部差异增加。印度和巴基斯坦与原有成员国在语言、宗教、文化等诸多方面都存在区别，甚至印巴两国之间还存在领土争端。因此，弥合分歧，增加共识，减少差异性的负面影响是上合组织发展所需要优先解决的问题。另一方面，南亚国家的加入使上合组织获得与南亚地区增加合作的重要机遇，但组织重心的过度或过快偏移，将带来原有成员国的不满，引发内部矛盾。所以，上合组织将工作重点放在内部建设上。

首先，原有的合作进程继续推进，邀请新成员参加。上合组织在诸多领域已经建立起具体的合作机制，并不排斥新成员，而是邀请新成员国共同参加，使其尽快融入上合组织大家庭。其次，议程设置尊重所有成员国的权利，增加制度认同。每次上合组织峰会期间，各国都会结合自身需要提出制度建设方案。例如，2020年巴基斯坦倡议建立减贫专门工作组，2021年哈萨克斯坦提出设立上合组织信息安全中心，2022年乌兹别克斯坦提议建立中亚交通运输互联互通地区中心等。各国的积极参与为上合组织的内部合作提供了重要动力。最后，推动新成员提供公共产品，增强内部凝聚力。例如，2020年10月印度举办了首届上合组织创业论坛，吸引各国参加。

通过以上方式和具体实践，上合组织有效消化了扩员带来的差异性挑战，增强了各成员国对上合组织的制度认同和精神认同，最大限度上减少了所谓“新老”成员之间的差别。合作促进共同繁荣成为上合组织内部互动的基石，推动着上合组织从粗放型向集约型方向迈进。[①] 扩员以来，上合组织各成员国积极分享公共产品，强调共同安全，共同参与构建上合组织命运共同体，共同开展多领域地区合作，继续塑造地区认同，合力推动地区主义发展。

第二，稳步推进差序式扩员，以地区主义推进地区间主义。

上合组织始终是一个开放包容的地区组织，从未将自己打造成封闭集团，所以，扩充成员是上合组织谋求自身发展的重要路径。狭义的扩员

① Rashid Alimov, “SCO Facing a New Challenge,” November 4, 2022, accessed on May 10, 2023, https://valdaiclub.com/a/highlights/sco-facing-a-new-challenge/.

指增加成员国数目，需要原有成员国共同协商，并履行相应的规则和程序。由于扩员的标准较高、程序复杂且周期较长，为避免打击相关国家参与上合组织的积极性，也为了拓展影响，上合组织采取了广义扩员的制度设计。广义的扩员，不仅包括成员国的增加，还包括柔性扩员或者说软扩员，即获得上合组织观察员和对话伙伴身份。

首先，严格扩员与柔性扩员同时推进，增强上合组织的影响力。在经过多年的法律和程序准备后，上合组织启动扩员程序。2017年印度和巴基斯坦加入后，上合组织也没有快速推进严格扩员，而是采取并行策略，成员国、观察员国、对话伙伴国组成了差序扩员方式，按梯队开展组织建设和发展对外合作。2021年9月，上合组织杜尚别峰会通过关于启动接收伊朗伊斯兰共和国成为上合组织成员国程序的决议。伊朗的加入有助于加强欧亚地区国家与中东地区的联系。[①] 在推动伊朗加入程序的同时，2022年9月上合组织批准给予巴林、马尔代夫、科威特、阿联酋对话伙伴地位的决议，继续扩大在南亚和中东的影响。不同身份合作伙伴的增加，为上合组织扩大覆盖面和影响力提供了通路，既加强了自身的地区主义的建设，也有利于开展地区间主义的互动。

其次，遵循成熟原则，扩员进程有序推进。尽管上合组织有扩大发展的需要，相关国家也有积极参与的意愿，但上合组织的扩员进程并不急于求成，而是在有序推进。根据合作发展水平的差别，上合组织给予各国对话伙伴地位或观察员国地位。印度和巴基斯坦成为正式成员国之前，都是上合组织的观察员国。伊朗2005年与印巴两国一起获得了观察员国地位，但成为正式成员国比印巴两国晚了6年。白俄罗斯2009年成为对话伙伴，2015年成为观察员国，即将成为正式成员国。而阿塞拜疆、亚美尼亚等国，2022年9月得以从对话伙伴提升为观察员国，为这些国家后续进一步深度参与上合组织的活动提供了通路。各国地位的变化，源自这些国家与上合组织多领域合作的发展水平，也取决于它们是否达到对上合组织规范和原则的认可。只有“成熟”的国家才能成为上合组织的对话伙伴或观察

---

① Umud Shokri, “Iran and the Shanghai Cooperation Organization,” November 16, 2022, accessed on May 18, 2023, https://carnegieendowment.org/sada/88427.

员，最终才能实现成为正式成员的目标。

最后，扩员对象不集中于某个地区，而是重点布局。印巴两国加入后，上合组织并没有将继续扩员的重点放在南亚地区，而是关注范围更广的地区。伊朗是中东地区的重要国家，白俄罗斯位于欧亚地区的东欧部分，两国不仅具有代表性，也同上合组织具有良好的合作基础。伊朗和白俄罗斯加入上合组织，既是密切合作的共同需要，也是上合组织加强自身建设的重要步骤，有助于上合组织扩大在中东、欧亚等地区的影响。

第三，加强自身的平台功能，发挥地区间主义的积极影响。

2015年中国与俄罗斯达成关于丝绸之路经济带建设和欧亚经济联盟建设对接合作的联合声明后，地区制度之间开展合作受到各国重视。但“一带一路”倡议需要依托现有的合作机制，上合组织可以成为“重要平台和主要抓手”。[①] 由于其成员既涉及部分欧亚经济联盟国家，也包括中国和“一带一路”合作伙伴国家，上合组织不仅可以促进“一带一路”倡议的实施，也可以作为“带盟对接建设”的依托，促进地区制度间合作，推动地区间主义的发展。上合组织也继续加强与其他地区组织的合作。2021年9月，《上海合作组织秘书处和欧亚经济委员会谅解备忘录》签署，加强了上合组织与欧亚经济联盟的合作，具体合作领域涉及经济、金融、交通、对外贸易、数字化、海关政策等。2022年9月，上合组织在撒马尔罕峰会宣言中表示，上合组织与亚信会议就促进地区安全稳定以及其他共同关心的问题进一步深化合作十分重要，成员国支持亚信会议机制化建设。[②] 平台功能的发挥，有助于降低地区间主义的发展对地区主义建设的干扰，且对地区建设提出了更高要求，有利于推动地区主义的发展。

四、上合组织区域合作路径的发展方向与前景

地区主义与地区间主义从内外两方面推动地区建设和本组织与组织外

① 曾向红:《上海合作组织：实践与理论》，中国社会科学出版社，2021，第13页。

② 《上海合作组织成员国元首理事会撒马尔罕宣言》，中华人民共和国外交部网，2022年9月17日，https://www.fmprc.gov.cn/web/zyxw/202209/t20220917_10767328.shtml，访问日期：2023年4月19日。

部的互动，地区主义发展是基础，地区间主义可以为地区带来更大发展空间。从当前发展趋势看，上合组织已经探索出一条地区主义与地区间主义协调平衡发展的路径。今后一段时间，上合组织可以在如下方向上继续做一些更积极的工作，加强广域地区的建设。

首先，继续加强制度建设，提升各国对上合组织的制度认同。上合组织的优势集中体现在制度设计上，该组织充分尊重各国的主权和参与权，以及采取差序式扩员的制度设计能使更多的国家可以采取灵活的方式参与上合组织的活动。上合组织的地区主义在某种意义上可谓是“主权式”地区主义，给各国的自主性和选择权提供了充分的尊重。其次，积极发展与各类地区组织和地区机制的关系，强化上合组织作为地区间机制互动平台的功能，推动地区间主义的发展。在全球化遭遇困境，地区化被各国愈加重视的态势下，上合组织可以升级与东盟、欧亚经济联盟、海合会等地区组织的关系，可以探索设立地区间合作协调处，专门负责上合组织与其他地区组织发展合作的事宜。最后，弘扬“上海精神”，构建更紧密的上合组织命运共同体。促进上合组织行稳致远的重点是提升各国对“上海精神”的认同，推动构建命运与共的上合组织大家庭。

通过制度建设、成员扩充、加强合作等方式，上合组织不断夯实了地区主义发展的根基，使上合组织成为亚欧大陆上最具影响力的地区组织之一。通过加强对外合作，吸引更多域外国家和地区组织参与上合组织平台的互动，上合组织得以在更大规模上发展地区间主义，并实现了地区主义与地区间主义的协调发展。未来，上合组织若能继续坚持平衡协调发展的路径，上合组织的区域合作必将迎来更为宏远的发展前景。

Шанхайская Организация Сотрудничества: координация и баланс между регионализмом и интеррегионализмом

Гу Вэй

Аннотация: ШОС активно продвигает институциональное сотрудничество, формирует идентичность ценностей региональных государств и достигла позитивных результатов в развитии региона. Параллельно с внутренним развитием ШОС придерживается принципа открытости, активно сотрудничает с внерегиональными странами и организациями, придавая большое значение развитию и практике интеррегионализма. Уделяя внимание внутренней конструкции, ШОС уверенно продвигает поэтапное расширение состава, создает собственные платформы и стремится к скоординированному развитию между регионализмом и интеррегионализмом. Постоянное придерживание пути координированного и сбалансированного развития позволит ШОС иметь более широкие перспективы.

Ключевые слова: Шанхайская Организация Сотрудничества, регионализм, интеррегионализм, координированное развитие

Автор: Гу Вэй, ведущий научный сотрудник и исполнительный директор отдела Евразии Института международных исследований Шанхайской академии общественных наук.

Shanghai Cooperation Organization: Coordination and Balance of Regionalism and Interregionalism

Gu Wei

Abstract: The Shanghai Cooperation Organization (SCO) has promoted institutional cooperation among member states on the basis of common needs, shaping the value identity of regional countries and achieving positive results in the construction of the SCO region. While focusing on internal development, the SCO, with its openness, is actively cooperating with countries and regional organizations outside the region, attached importance to the development and practice of interregionalism. Building upon its emphasis on internal development, the SCO steadily has promoted expansion in a differentiated order, creating its own functions as a platform, and achieving a coordinated and balanced development between regionalism and interregionalism. By adhering to the path of coordinated and balanced development, the SCO is poised to have broader prospects.

Keywords: Shanghai Cooperation Organization (SCO), regionalism, interregionalism, coordinated development

Authors: Gu Wei, Associate Professor and Executive Director of the Eurasian Research Office of the Institute of International Relations, Shanghai Academy of Social Sciences.

上海合作组织的理论演进：从新地区主义到比较地区主义

王 志 郭艺林

【内容提要】作为以中国城市命名的上海合作组织，是中国地区外交的重要实践，为从中国视角倡导多元地区主义理论提供了契机。冷战结束以来，地区主义从新地区主义发展到比较地区主义。新地区主义阶段，上合组织实践具有鲜明特点，核心在于依托与西方不同的地区主义理念，如“新安全观”“上海精神”等，走出一条差异于西方的地区一体化路径。比较地区主义阶段，出于理论自觉意识，学术界有关上合组织的研究有了新的使命。基于关系理论，学术界应在重视“上合模式”的理论建构，促进地区主义发展的同时，积极助力多元化国际关系理论的产生。

【关键词】上合组织；新地区主义；比较地区主义；关系理论

【作者简介】王志，西安外国语大学中亚·环里海研究中心、国际关系学院教授；郭艺林，西安外国语大学国际关系学院国际关系与区域研究专业研究生

地区主义历经旧地区主义、新地区主义和比较地区主义三个理论发展阶段。基于地区主义，上海合作组织兴起于新地区主义时期，后者成为解读上合组织的重要理论视角。21世纪第二个十年，逆全球化和地缘政治博弈加剧，比较地区主义兴起，为研究上合组织提供了新的思路。如果说新地区主义侧重于研究上合组织的实践特征，比较地区主义则注重从非西方地区一体化角度探讨上合组织的理论特色。需要注意的是，比较地区主义出现并不意味着新地区主义已经失效，而是为地区主义研究提供了新的

路径。

一、地区主义理论：新地区主义与比较地区主义

地区主义是指三个或以上国家建立和维持正式地区制度和组织的过程。现代意义上的地区主义起源于欧洲，构建出联邦主义、功能主义、新功能主义和政府间主义等理论流派。它们以解释欧洲一体化起源及发展为目标，被称为旧地区主义。[①] 旧地区主义认为，鉴于欧洲一体化的成功，世界上其他地区需要模仿欧洲。然而，冷战时期，世界上其他地区一体化进展不顺，大多停留在口头上，学者们开始怀疑旧地区主义的解释力和适用性。[②] 而且，第二次世界大战后地区国家间合作与一体化因冷战爆发而停滞，20世纪80年代末至90年代初，世界上兴起新一轮的地区一体化浪潮，出现新地区主义。

何谓"新地区主义"，并未有统一界定。之所以添加"新"字，一个重要原因是将其与旧地区主义分开。因此，新地区主义并非理论流派，而是一个相当松散的思想体系。[③] 当然，大多学者认同它具有一些典型特征。首先，新地区主义关注非西方世界的地区一体化。旧地区主义立足于欧洲一体化，对非西方世界缺乏解释力。冷战结束后，世界开启了新一轮的地区一体化浪潮，出现诸多新的地区一体化组织，如北美自由贸易区、南美共同市场等，冷战时期处于冻结状态的地区一体化组织也开始焕发新机，如东南亚国家联盟、西非国家经济共同体和加勒比共同体等。新地区主义反对采用旧地区主义解释新一轮地区一体化，却也分隔欧洲和世界上其他地区。倡导"欧洲中心论"的学者认为，欧洲是世界一体化成功的榜样，

---

① Fredrik Söderbaum, "Old, New and Comparative Regionalism: The History and Scholarly Development of the Field," in *The Oxford Handbook of Comparative Regionalism*, eds. Tanja A. Börzel and Thomas Risse (Oxford: Oxford University Press, 2016), pp.20-22.

② Joseph S. Nye, "Comparing Common Markets: A Revised Neo-Functionalist Model," *International Organization* 24, no.2 (1970): 796-835.

③ Fredrik Söderbaum and Timothy M. Shaw, *Theories of New Regionalism* (New York and Hampshire: Palgrave Macmillan, 2003), pp.3-5.

其他地区开展一体化需要学习欧洲。主张“区域特殊性”的学者认为，世界上不同地区具有独特性，不能用欧洲的理论来解释它们。[①]

其次，新地区主义注重自下而上的一体化，重视非国家行为体对国际关系的影响。地区主义与地区化是相对应的概念。地区主义是自上而下的地区一体化，地区化是指地理相邻或文化相近的国家和社会之间在经济、政治或者文化之间互动，突出跨国公司、利益集团或者非政府组织的作用，是自下而上的地区一体化。[②] 当然，上述讨论仅仅关注到非国家行为体对国际关系的积极影响。实质上，非国家行为体对国际关系也有消极影响，是国际关系中非传统安全观兴起的重要原因。正如有学者评论到，地区化催生了地区国家互动，为非国家行为体跨国界联系提供了机会，催生了新地区主义的安全理论。[③]

最后，新地区主义打破了国际关系理论中理性主义的主导地位，重视反思主义对理性主义的挑战，质疑客观与主观、事实与价值的分离，认为规范与价值在正式与非正式的地区形成中发挥着重要作用。社会建构主义兴起，质疑地区概念，不再将其视为客观存在，而是社会建构的产物。有学者更为激进，认为地区是话语实践。[④] 按照旧地区主义，欧洲一体化是地区主义的样板，其他地区需要模仿欧洲。然而，地区主义路径并非单数，而是复数，存在实现地区一体化的多维路径。例如，与传统认为东盟是失败的地区一体化的观点相比，阿米塔·阿查亚基于社会建构主义，指出东盟塑造出了“东盟方式”，构建了东南亚地区秩序。[⑤]

① Fredrik Söderbaum, *Rethinking Regionalism* (London and New York: Palgrave Macmillan, 2016), pp.62-66.

② Tanja A. Börzel and Thomas Risse, “Framework of the Handbook and Conceptual Clarifications,” in *The Oxford Handbook of Comparative Regionalism*, eds. Tanja A. Börzel and Thomas Risse (Oxford: Oxford University Press, 2016), pp.8-9.

③ Robert E. Kelly, “Security Theory in the New Regionalism,” *International Studies Review* 9, no. 2 (2007): 197-229.

④ Luk Van Langenhove, *Building Regions: The Regionalization of the World Order* (Surrey: Ashgate, 2011), pp.65-66.

⑤ 阿米塔·阿查亚:《构建安全共同体：东盟与地区秩序》，王正毅、冯怀信译，上海人民出版社，2004。

2008年，世界性金融危机爆发，全球化受阻，地缘政治博弈激烈，学者们开始重视地区主义的比较研究。比较地区主义与全球化发展密切相关。传统观点认为，全球化将塑造同质化世界，按照全球化倡导者托马斯·弗里德曼的观点，世界是平的。[①] 全球化理论，特别是经济全球化，依托西方国家的现代化经验，采取新自由主义理论，提倡市场化和自由化，强调世界发展仅有一种模式。地区主义，作为地区国家合作与一体化的理念，目的在于"锁住"上述发展模式，构建出同质化的世界。[②] 然而，全球化的收益分配不均，逆全球化的出现，世界上不同地区间的差异越来越大，地区在世界政治中的重要性也日益提升，地区构成的世界逐渐成为现实。

与新地区主义类似，比较地区主义也非某种理论流派，而是一种研究思想和方法。比较地区主义认为，世界上地区一体化存在多样性，应超越"西方中心论"与"区域中心性"之间的对立，平等对待不同地区，探讨其共性和差异，在中层理论维度实现理论创新。比较地区主义的出现，与全球国际关系学的发展密切联系。因西方在国际政治体系形成过程中的优势地位，导致国际关系学具有明显的西方学科属性。实际上，无论是从历史还是文化和哲学维度，世界地区存在多样化，为发展多元化国际关系理论和地区主义理论提供了丰富的资源。巴里·布赞和乔治·劳森指出，需要从全球转型的角度重塑国际关系，培育真正意义上的国际学科。[③]

比较地区主义重点探讨地区组织差异。通过比较研究，有学者认为，世界上存在三种地区主义模式，分别是欧盟、北美自由贸易区和东盟。国际制度理论认为，存在两种类型的国际组织，一种是超国家模式，另一种是跨政府模式。按照自由主义理论，超国家制度优于跨政府模式，因为前

---

① 托马斯·弗里德曼:《世界是平的——21世纪简史》，何帆、肖莹莹、郝正非译，湖南科学技术出版社，2006。

② Thomas Risse, "The Diffusion of Regionalism," in *The Oxford Handbook of Comparative Regionalism*, eds. Tanja A. Börzel and Thomas Risse (Oxford: Oxford University Press, 2016), pp.87-108.

③ 巴里·布赞、乔治·劳森:《全球转型：历史、现代性与国际关系的形成》，崔顺姬译，上海人民出版社，2020，第302页。

者有助于解决国家间合作的不信任，特别是搭便车问题。欧盟塑造出超国家模式，有效推进了欧洲一体化的进展，形成了地区一体化的“欧盟”模式。当然，这并不意味着跨政府的国际组织不能实施一体化。如果跨政府的国际组织塑造出完美契约制度，也能有效解决国家间合作过程中的分配问题，促进国家间的合作。北美自由贸易区是完美契约式制度，形成了地区一体化进程中的“北美模式”。[①] 超国家和跨政府并非国际组织类型的唯一分类，而且也较为笼统。有学者从共享和授权维度，指出共享是政府通过不同投票规则分享决策的行为，授权意味着建立超国家制度。但是，授权和共享并非有或者无，而是程度问题。例如，东盟、独联体、南美共同市场共享和授权程度均较低；西非国家经济共同体、东非共同体的共享低，授权中等或者授权程度高；欧盟和非盟的共享和授权程度均比较高。[②] 基于对东盟的研究，有学者超越自由主义，将东盟视为安全共同体，构建出地区主义的“东盟”模式。当然，这一看法仍有采用西方理论解释非西方地区主义的嫌疑。近年来，立足中国传统哲学，秦亚青等学者以关系理论解读东盟，成为采取非西方理论解释非西方地区主义的典型案例。[③]

二、实践特征：新地区主义视角下的上合组织

上合组织兴起与新地区主义密切关联，是冷战后新一轮地区一体化浪潮的例证。[④] 冷战结束后，非西方世界掀起新一轮的地区一体化浪潮。据不完全统计，20世纪90年代，世界不同地区成立了23个新的地区组织，地区组织的数量增加了50%；在2000年之后的15年内，又创建了14个地

---

① Finn Laursen, “Regional Integration: Some Introductory Reflections,” in *Comparative Regionalism Integration: Europe and Beyond*, ed. Finn Laursen (London and New York: Routledge, 2010), pp.5-6.

② Tobias Lenz and Gary Marks, “Regional Institutional Design,” in *the Oxford Handbook of Comparative Regionalism*, eds. Tanja A. Börzel and Thomas Risse (Oxford: Oxford University Press, 2016), pp.513-520.

③ 秦亚青：《世界政治的关系理论》，上海人民出版社，2021。

④ Sun Zhuangzhi, “New and Old Regionalism: The Shanghai Cooperation Organization and Sino-Central Asian Relations,” *The Review of International Affairs* 3, no.4 (2004): 600-612.

区组织。上述地区组织大多分布在发展中国家，非洲有23个地区组织，美洲有18个，亚洲有19个，欧洲有16个。[①] 冷战结束，苏联解体，中亚地区出现五个新独立的国家，其中三个与中国接壤，且存在边境问题。为此，中国、俄罗斯、哈萨克斯坦、塔吉克斯坦和吉尔吉斯斯坦开始商讨边境划界问题，启动了“上海五国”机制。随着边境问题的解决，中国与中亚国家又面临着“三股势力”的威胁，“上海五国”机制其后演变成为上合组织，成为新一轮地区一体化浪潮的产物。

起源上，上合组织来自安全地区主义，依托“新安全观”，走出了一条独具特色的地区国家间安全合作的道路。20世纪90年代，在全球恐怖主义活动猖獗的影响下，中亚国家深受恐怖主义危害，并外溢到我国。据统计，1990—2001年，“东突”在我国新疆制造了200余起暴恐袭击，造成162人丧生，440多人受伤。[②] 毒品也是严重的非传统安全问题之一。仅在1999下半年至2000年上半年，哈萨克斯坦处理本国毒品的案件22,600起，查获毒品26吨。[③] 与军事联盟不同，安全地区主义不针对特定威胁来源和目标；也不同于集体安全机制，它以应对非传统安全为己任。从实践来说，安全地区主义发展出了安全理事会，可以采取冲突预警、军事演习和维和行动机制，以图实现地区安全治理。[④] 为了应对非传统安全问题，上合组织着重打击“三股势力”，通过了《打击恐怖主义、分裂主义和极端主义上海公约》，并签署了《上海合作组织成员国关于地区反恐怖机构的协定》。2003年，上合组织五国国防部长签署《关于举行上合组织成员国武装力量联合反恐演习的备忘录》，2004年正式在塔什干成立了上合组织地区反恐怖机构执行委员会，初步建立了地区安全合作框架。依托安全地区主义，上合组织的实践不同于北约，因为后者建立在联盟基础上。上合组

① Diana Panke, Sören Stapel & Anna Starkmann, *Comparing Regional Organizations: Global Dynamics and Regional Particularities* (Bristol: Bristol University Press, 2020), pp.29-32.

② 曾向红:《上海合作组织：实践与理论》，中国社会科学出版社，2021，第4—5页。

③ 朱新光:《上海合作组织视角下中亚地区治理理论与实践》，黑龙江人民出版社，2009，第14页。

④ 王志:《地区安全治理的路径——区域经济组织的启示》,《世界政治研究》2021年第2辑，第78页。

织没有共同防御的承诺，基于成员国利益，互惠互利和开放性，解决成员国在政治安全方面的诉求，是新地区主义安全理论的产物。①

特点上，通过对上合组织实践的探讨，立足“上海精神”，有学者提出了“共识地区主义”的概念，指出上合组织通过凝聚丰富的地区共识，地区大国和中小国家良性互动，在多元利益博弈中不断磨合和积累成果，为地区主义的建设提供了一种新模板。② 当然，更多学者从新地区主义的角度出发，认为上合组织秉承开放的地区主义，遵循自愿、协商一致、灵活、务实和渐进的方式，是中国地区一体化政策的具体体现。开放地区主义与发展地区主义密切相关。有学者提出，中国倡导发展型地区主义，地理区域内行为体共同努力促进地区经济发展，是发展型国家的自然延伸。当然，发展与安全紧密相连，形成“发展—安全”的纽带。③ 发展和安全的联系，与地区主义中的功能主义逻辑相似。功能主义认为国家间功能合作是实现地区合作与一体化的重要方式，并突出功能“外溢”效应。上合组织起源于安全合作，并逐渐蔓延至经济领域，正逐步朝着综合性地区组织迈进。④

效果上，上合组织辩证对待全球化与地区化关系，通过地区化促进全球化发展，维护真正多边主义。2018年，上合组织青岛峰会宣言提出上合组织全球治理的典范，即致力于以平等、共同、综合、合作、可持续安全为基础，构建更加公正、平衡的国际秩序，推动建设相互尊重、公平正

---

① Robert E. Kelly, “Security Theory in the New Regionalism,” *International Studies Review* 9, no.2 (2007): 197-229; Bijaya Kumar Das, “Eurasian Regional Security: The Role of Shanghai Cooperation Organization,” in *Conflicting Identities: Travails of Regionalism in Asia*, eds. Rabindra Sen, Anindya Jyoti Majumdar and Bhagaban Behera (London and New York: Routledge, 2019), pp.48-53.

② 姜毅、文龙杰:《上海合作组织：基于共识的地区主义建设》,《俄罗斯东欧中亚研究》2021年第3期，第17页。

③ Cai Yuqian, “Chinese Thinking on Regional Governance: Open Regionalism and Moral Leadership,” in *Chinese Regionalism in Asia: Beyond the Belt and Road Initiative*, eds. Hoo Tiang Boon and Jared Morgan Mckinney (London and New York: Routledge, 2023), pp.30-34.

④ Anindya Jyoti Majumdar, “Regionalism and Security: Bridges over Fault-lines,” in *Chinese Regionalism in Asia: Beyond the Belt and Road Initiative*, eds. Hoo Tiang Boon and Jared Morgan Mckinney (London and New York: Routledge, 2023), pp.15-20.

义、合作共赢的新型国际关系，确立人类命运共同体的共同理念，并专门就贸易便利化发表联合声明，坚定贸易便利化、自由化决心。基于地区化推进全球化，上合组织积极发展与联合国和世界贸易组织等全球或地区多边机构的关系。2022年11月，上合组织政府首脑（总理）理事会联合公报指出，上合组织与联合国协调，注重各国平等互利合作，继续维护和巩固以世界贸易组织原则和规则为基础的开放、透明、公平、包容、非歧视的多边贸易体制，促进开放型世界经济的发展。基于跨区域模式，上合组织通过扩员，提升其倡导的“上海精神”的吸引力，持续性扩大组织国际影响力，以实质性行动支持全球化，塑造全球与地区之间的良性互动。目前，上合组织已有9个成员国，3个观察员国和14个对话伙伴国。[①] 上合组织通过扩员，2021年，人口占世界比例，从25%上升到41.3%，面积由3016.79万平方公里扩大到3384.34万平方公里，占全球GDP比例由15%上升到25%。[②]

三、理论自觉：比较地区主义视角下的上合组织

曾向红认为，上合组织的理论研究需要区别两个概念，一个是“上合组织的理论创新”，另一个是“上合组织研究的理论创新”。从前者来看，上合组织提出了诸多新的概念，如“新安全观”“上海精神”等，侧重于政治话语；从后者来看，学者们基于上合组织的实践提炼出新概念，以便更好地理解上合组织。[③] 立足上合组织实践，创新地区主义理论，是比较地区主义视角下上合组织研究的重要内容。地区主义致力于探讨地区国家合作与一体化，国际关系理论中，现实主义者不承认国家合作的有效性，自由主义者重视国际制度，社会建构基于身份作用探讨国际合作。地区主

① 王志:《比较地区间主义：演化、路径与中国视角》,《东北亚论坛》2022年第5期，第78—94页。

② 邓浩:《新时期上海合作组织与全球治理》,《国际问题研究》2020年第3期，第75—91页。

③ 曾向红:《上海合作组织研究的理论创新：现状评估与努力方向》,《俄罗斯东欧中亚研究》2019年第1期，第32页。

义理论中，欧盟和北美自由贸易区基于自由主义，无论是超国家制度还是完美契约型制度，都是借助国际制度实现国家合作的方式。东盟模式立足于社会建构主义，是成员国在社会实践进程中通过身份认同提升相互信任，实现国家合作与一体化的结果。

从国际关系理论视角解读上合组织实践，是学界理论创新的重要方式，有助于提升上合组织研究的理论化程度。综合自由主义和建构主义，有学者指出，尽管上合组织制度能力不强，成员国却认为它符合自身利益，具有高度的制度认同，这一制度认同程度的高低受到地区组织治理效率、地区组织与成员国利益对接程度和地区组织价值规范吸引力三个决定性因素的影响。上合组织之所以能够构建出制度认同，与“上海精神”符合成员国利益诉求密切相关。① 有学者从批判地缘政治的视角探讨上合组织，认为上合组织之所以能够得以维系和发展，是成员国受到地缘政治影响，构建出了能够区分自我与他者的地缘政治身份，这促进了成员国间的合作。② 安全合作是上合组织的主要任务，有学者指出，上合组织成员国在地区实践中形成了共同身份，塑造出了安全共同体，是它合作成功的关键所在。③ 也有学者立足恰当性逻辑和后果性逻辑的区分来分析行为体的行为动机，前者突出观念的重要性，后者依赖工具理性视角，探讨行为体的行为动机。上合组织反恐合作的成功，受到了恰当性和工具理性逻辑的驱动。当然，成员国之间存在差异，有的更多受到恰当性逻辑的影响，有的则是后果性逻辑的影响，带有较强的工具主义色彩。④

在比较地区主义视角下，如要超越西方国际关系理论，破解国家间合作与一体化难题，就需要挖掘非西方世界地区合作与一体化的经验，上合组织是重要的案例。信任是合作的基础，西方基于工具理性，认为行为体

---

① 陈小鼎、李珊：《制度认同：扩员后上海合作组织的发展动力》，《当代亚太》2022年第3期，第91—120页。

② Stephen Aris and Aglaya Snetkov, “Global Alternatives, Regional Stability and Common Causes: The International Politics of the Shanghai Cooperation Organization and Its Relationship to the West,” *Eurasian Geography and Economics* 54, no.2 (2013): 202-221.

③ Mac Lanteigne, “In Medias Res: The Development of the Shanghai Cooperation Organization as a Security Community,” *Pacific Affairs* 79, no.4 (2006): 605-622.

④ 曾向红：《上海合作组织：实践与理论》，中国社会科学出版社，2021，第170页。

之间存在着普遍的不信任感，需要借助外在制度才能建立信任，实现合作。近年来，随着全球国际关系学的发展和学术多元主义诉求的普及，中国学者愈发重视基于中国传统文化的具有中国特色的国际关系理论的创设，其中关系理论成为解释东盟的重要视角。关系理性是儒家社会的核心要素，认为理性是由关系所界定，只有界定了自我与他者在纠缠中的利益，才能实现自我利益。东盟的成功在于成员国之间形成的关系网，该关系网以东盟为中心，塑造出一个同心圆，关系网基于“软制度”和非正式沟通以联络感情，增强合作意识，推动各项合作的展开。[①]

作为以中国城市命名的地区组织，上合组织较多受到了中国的推动，基于中国传统文化的关系理论有助于解释上合组织的地区实践，塑造出独具特色的地区主义模式。与建立在西方国际关系理论基础之上的欧盟与北美自由贸易区不同，上合组织并不以发展成为一个具有强大制度能力的地区组织为自身发展的目的。传统中国社会信任程度较高，依赖儒家思想约束个性行为。费孝通曾提出“差序格局”理论，指出中国乡土社会中，每个人以自己为中心结成了社会关系网络，犹如将一块石头扔进水中，以这块石头为中心，向四周形成一圈圈波纹，同心圆内外体现出了个人的社会关系的亲疏，构建出了一个以“己”为中心的道德伦理关系格局。[②] 中国传统集体社会与西方传统的个体社会不同，正是由于人与人之间信任关系的存在，中国文化传统上偏好采用规范，而非外在制度约束个体行为。[③] 基于关系理论，更有学者进一步提出了工具性关系、价值性关系和情感性关系理论，在上合组织的实践中，成员国从工具性认同逐渐生发出价值认同和情感认同，使其成为独特的地区一体化模式。[④]

依照关系理论，尽管东盟和上合组织都构建出了地区主义模式，但彼

① 秦亚青：《多边主义：比较区域治理研究的实践视角》，《东亚评论》2022年第1辑，第9—32页。

② 费孝通：《乡土中国》，上海人民出版社，2007，第23—29页。

③ 王志：《制度与规范：比较视野下的中亚区域一体化研究》，社科文献出版社，2021，第125—130页。

④ 陈亚洲：《上海合作组织的认同成效与困境》，《世界经济与政治》2021年第2期，第19—46页。

此之间仍有较大不同，上合组织构建出了地区主义的“上合模式”。在实践的基础之上，东盟成员国构建了关系性安全，维护了彼此利益多元乃至冲突国家间的和平。[①] 基于关系平衡理论，地区大国以东盟为中心有序加入了东盟的关系网络之中，推动着东亚秩序朝着协商合作的方向发展。[②] 尽管如此，以东盟为基础的东亚一体化进程仍显缓慢，其中的一个重要原因是地区国家间存在历史纠纷和现实问题，使得它们未能建立起深入稳定的信任关系。东亚秩序的维护立足于一种消极避害，防止发生冲突的逻辑上。从规模上看，东盟成员国都是小国，无法为地区大国构建信任关系，实现地区合作与一体化提供可行的路径。与之不同，上合组织在实践的过程当中，很好地解决了中俄两个大国之间的边界问题和战略互信问题。上合组织之所以能有序地朝前发展，是因为基于关系理论，中俄塑造出了政治互信关系和地区规范，而非外在制度强制约束成员国的行为和推进地区合作与一体化。正如有学者所指出的，在关系理性基础上，上合组织塑造出了依托中俄两个大国协调，中小国家广泛参与和积极配合的独特地区主义模式。[③]

四、结　语

地区主义为理解上合组织提供了重要理论指导。上合组织兴起于新地区主义时期，秉持开放的地区主义特征，依托安全地区主义理论，走出了一条与西方地区主义有所不同的实践道路。随着比较地区主义的兴起，学者们不再局限于对上合组织实践特征的探讨，而是秉持理论自觉意识，立足于中国传统历史与文化，构建出了差异化于西方地区主义的理论，与现有三种地区主义路径相对应，塑造出了地区一体化的“上合模式”。基于关系理论，从信任角度，上合组织并未能够构建出超国家的制度。与依靠

---

① 季玲：《关系性安全与东盟的实践》，《世界经济与政治》2020年第9期，第101—122页。

② 魏玲：《关系平衡、东盟中心与地区秩序演进》，《世界经济与政治》2017年第7期，第38—64页。

③ 曾向红、陈亚州：《上海合作组织命运共同体：一项研究议题》，《世界经济与政治》2020年第1期，第102—127页。

小国推进地区一体化的东盟共同体建设不一样，上合组织是建立在大、小国家相互信任的基础上，由地区大国合作引领促进地区一体化的典范。我们从比较地区主义出发，有必要进一步挖掘上合组织的实践，再进一步提升上合组织的国际影响力的同时，促进多元国际关系理论的生成。

Теоретическая эволюция Шанхайской организации сотрудничества: от нового к сравнительному регионализму

Ван Чжи, Го Илинь

Аннотация: Шанхайская организация сотрудничества (ШОС), названная в честь китайского города, является важной практикой китайской региональной дипломатии и дает возможность отстаивать плюралистическую теорию регионализма с китайской точки зрения. С момента окончания холодной войны регионализм эволюционировал от неорегионализма до сравнительного регионализма. На этапе неорегионализма практика Шанхайской организации сотрудничества имела отличительные особенности, суть которых заключалась в опоре на регионалистские концепции, отличные от западных, такие как "новая концепция безопасности" и "шанхайский дух", для создания пути региональной интеграции, отличного от западного. На этапе сравнительного регионализма изучение Шанхайской организации сотрудничества приобрело новую миссию из чувства теоретического самосознания. На основе теории отношений подчеркивается теоретичсское построение модели ШОС, что способствует развитию регионализма и созданию диверсифицированной теории международных отношений.

Ключевые слова: Шанхайская организация сотрудничества, новый регионализм, сравнительный регионализм, теория отношений.

Автор: Ван Чжи, профессор Центра центрально-азиатско-каспийских исследований и института международных отношений Сианьского университета иностранных языков; Го Илинь, магистр кафедры международных отношений и регионоведения института международных отношений Сианьского университета иностранных языков.

Theoretical Evolution of the Shanghai Cooperation Organization: From the New Regionalism to the Comparative Regionalism

Wang Zhi, Guo Yilin

Abstract: The Shanghai Cooperation Organization (SCO), named after a Chinese city, is an important practice of Chinese regional diplomacy and provides an opportunity to advocate the theory of pluralistic regionalism from a Chinese perspective. Since the end of the Cold War, regionalism has evolved from the new regionalism to the comparative regionalism. During the new regionalism phase, the SCO's practice had distinctive features, the core of which was to rely on regionalism concepts differing from those of the West, such as the "New Security Concept" and the "Shanghai Spirit", to create a path of regional integration differing from that of the West. At the stage of comparative regionalism, the study of the SCO has taken on a new mission out of a sense of theoretical self-awareness. Based on the theory of relations, the theoretical construction of the "SCO model" is emphasized, which promotes the development of regionalism and contributes to the generation of a diversified theory of international relations.

Keywords: Shanghai Cooperation Organization, new regionalism, comparative regionalism, theory of relations

Authors: Wang Zhi is a Professor at the Center for Studies on the Caspian Rim, School of International Relations, Xi'an International Studies University; Guo Yilin is a graduate student at the School of International Relations, Xi'an International Studies University.

第四部分　上合组织与欧亚地区合作组织之比较

Chapter 4: The SCO in Comparison with Regional Cooperation Organizations in Eurasia

上海合作组织与欧亚经济联盟比较研究

李自国

【内容提要】上海合作组织与欧亚经济联盟在成员国的构成上重叠度高，二者的目标和任务亦有相近之处。此外，二者在经贸领域的优先合作方向亦较为一致，二者可相向而行。上海合作组织与欧亚经济联盟的差异性在于，上合组织是集安全、经贸、人文合作于一身的综合性地区组织，以政治安全合作为起点，地理范围超出欧亚空间，经济领域以贸易便利化为主，离贸易自由化尚有较大距离。欧亚经济联盟是后苏联空间的经济一体化组织，现已完成贸易自由化建设，目前已进入更深层次的统一市场建设阶段。上海合作组织在覆盖范围、国际影响力和发展潜力方面均已超过欧亚经济联盟，在全球和地区治理上发挥着举足轻重的作用。

【关键词】上合组织；欧亚经济联盟；贸易自由化；经济一体化

【作者简介】李自国，中国国际问题研究院欧亚所所长，研究员。

上海合作组织和欧亚经济联盟在历史渊源、组织架构、决策机制、对外交往等方面既有相近之处，也有明显差异。二者的成员国有很大的重叠性，上合组织的地理范围更大，囊括了所有欧亚经济联盟的成员国。经贸方面，二者都以商品、服务、资本自由流动为最终目标，但一体化发展的阶段有所不同，上合组织尚处在贸易便利化的建设阶段，欧亚经济联盟已从贸易自由化走向统一市场建设阶段。

一、上合组织与欧亚经济联盟诞生的背景和地理空间的异同

上合组织和欧亚经济联盟都是苏联解体的产物，都是为处理苏联解体后的国家间关系而建立的，都有其产生的历史必然性。上合组织的诞生背景是处理中国与独联体国家之间的领土和安全关系，欧亚经济联盟是处理前苏联加盟共和国独立后的彼此间的经济关系。二者诞生和发展的时间线存在一致性。

冷战结束后，和平与发展成为时代主题。苏联解体后围绕建立安全互信问题，中国与俄罗斯、哈萨克斯坦、吉尔吉斯斯坦、塔吉克斯坦于1996年成立了“上海五国”，并签署了《中哈吉俄塔关于在边境地区加强军事领域信任的协定》，最终于2001年成立了上合组织。苏联解体后，前苏联空间的经济联系中断，各国都有早日恢复经济联系的诉求。俄罗斯、白俄罗斯、哈萨克斯坦、吉尔吉斯斯坦于1996年成立了四国关税同盟，以协调各国经济政策，后于2000年成立了欧亚经济共同体。尽管效果不佳，但以此为基础，经过“瘦身”，于2010年组建了俄哈白三国关税同盟，2015年启动欧亚经济联盟。

上合组织与欧亚经济联盟的不同之处在于，上合组织是以中俄两国为核心，立足解决的是中国与前苏联邻国如何相处的问题，以建立政治安全互信为起点，并逐渐扩大至经济和人文领域。欧亚经济联盟是以俄罗斯为主角，立足解决的是后苏联空间的经济关系问题并以经济一体化为发力抓手。中亚是上合组织的核心区，而欧亚经济联盟的核心是俄罗斯。由于要解决的问题不同，两组织的成长空间也不一样。随着上合组织的扩员，上合组织突破了处理中国与前苏联邻国关系的界限，逐渐成为欧亚大陆国家间求和平、谋发展的平台。上合组织现有中国、俄罗斯、哈萨克斯坦、吉尔吉斯斯坦、塔吉克斯坦、乌兹别克斯坦、印度、伊朗和巴基斯坦9个成员国，白俄罗斯正在履行加入上合组织的程序。欧亚经济联盟并未突破后苏联空间，扩员的潜力几乎耗尽，现成员国有俄罗斯、哈萨克斯坦、白俄罗斯、吉尔吉斯斯坦和亚美尼亚。上合组织的地理空间远大于欧亚经济联盟，二者成员国多有重叠，欧亚经济联盟中的亚美尼亚虽然不是上合组织

的成员国，但也是上合组织的对话伙伴。

二、上合组织与欧亚经济联盟的组织架构异同

作为同期诞生、成员国相近的地区组织，二者的组织架构都采取元首和政府首脑两级会议机制+执行机构的模式。上合组织的国家元首理事会是该组织的最高权力机构，决定着上合组织的所有重要问题。政府首脑（总理）理事会的权责有贯彻和落实成员国元首理事会的精神和决议；决定经济及其他领域的原则性和重要问题；通过组织预算。欧亚经济联盟的最高权力机构是欧亚最高理事会，同样由成员国元首组成，负责确定一体化发展的战略方向，并做出相关决定；欧亚政府间理事会由联盟国家的政府总理组成。上述两层级都为会晤机制。会晤机制下，都设立了执行机构，且都为“双层”框架。上合组织采取的是协调员理事会+上合组织秘书处和地区反恐怖机构执行委员会；欧亚经济联盟执行机构为欧亚经济委员会，由副总理级理事会和部长级理事会组成。

主要差异有四：一是作为执行机构的欧亚经济委员会级别更高。副总理级理事会由成员国各自指定1名副总理组成，部长级理事会由10名部长级委员组成，每国2名。上合组织协调员通常不高于副部级，秘书处和反恐怖机构执行委员会没有级别限制，秘书长通常由各国委派部长或副部长级的官员担任。

二是常设机构的权限不同。欧亚经济委员会由联盟条约授权，为超国家权力机构，其做出的决定有法律效力，各方都须遵守。如欧亚经济委员会通过的反倾销措施，成员国都须执行。上合组织秘书处和地区反恐怖机构执行委员会不是权力机关，主要为本组织的活动提供协调、信息分析、法律和组织会议技术保障工作，可以代表组织签署国际条约，但必须协商一致。

三是举行会议的频次不同。欧亚经济联盟的最高理事会每年最少举行一次会议，在任一成员国元首的提议下，可视情召开特别会议，较上合组织更为灵活。总理会议每年至少举行2次，也可视情增加。上合组织的元首理事会和政府首脑理事会每年各举行1次。

四是上合组织的会议机制更多。除元首理事会和政府首脑理事会外，上合组织还有国防、安全、经贸、文化、卫生、教育、交通、紧急救灾、科技、农业、司法、旅游、工业、能源、减贫、体育等会议机制，各会议机制下设立专家工作组。欧亚经济联盟除元首理事会和政府首脑理事会机制外，不再设部长会议机制，而是由欧亚经济委员会替代。

三、上合组织和欧亚经济联盟的任务和目标异同

上合组织与欧亚经济联盟的共同之处是经贸领域，二者均致力于共同发展，后文将进行专门论述。

差异性主要有二：一是合作的范围不同。上合组织是一个综合性区域组织，合作范围比欧亚经济联盟要宽。上合组织的宗旨是：加强成员国间的相互信任和睦邻友好；鼓励开展政治、经贸、科技、文化、教育、能源、交通、环保及其他领域的有效合作；共同致力于维护和加强地区和平、安全与稳定；推动建立民主、公正、合理的国际政治经济新秩序。[①] 上合组织的合作内容涉及政治安全、经济、人文等多个领域，政治安全合作是上合组织的“起家”之地，是上合组织的优先合作方向，包括打击“三股势力”、禁毒、打击跨国有组织犯罪和反腐败、保障国际信息安全、联合军演、边界安全等。人文合作方面，涉及文化、教育、科技、卫生、环保与气候变化、旅游、体育、媒体、青年、妇女、智库等十余个合作方向，并建立了相应的合作机制。经贸合作只是上合组织合作的方向之一。欧亚经济联盟聚焦经贸合作，主要涉及9个合作方向：经济一体化和宏观政策、金融和经济政策、工业和农业综合体、贸易、技术协调、海关合作、能源和基础设施、竞争与反垄断协调、内部市场与信息化及信息技术。

二是推动组织发展的动力源不同。上合组织的合作范围更广，在安全领域的利益诉求基本一致，经济、人文合作的利益重合度较高，动力源多。包括中俄等大国在内的各方都积极建言献策，如在中国倡议下，在陕

---

① 《上海合作组织成立宣言》，上海合作组织秘书处网，http://chn.sectsco.org/load/43485/，访问日期：2023年5月26日。

西杨凌成立了上合组织农业技术交流培训示范基地，成为地区农业合作的重要平台；中方于2018年提出建设中国—上合组织地方经贸合作示范区，现已成为地方合作的一个重要抓手。在哈萨克斯坦的倡议下，上合组织通过了《上合组织成员国科技园区库和创新集群构想》。在俄方倡议下，有关成员国通过了扩大本币结算份额的路线图。在印度的倡议下，上合组织设立了创新创业特别工作组。而欧亚经济联盟的主要任务是经贸合作，俄罗斯是主要动力之源，一旦俄罗斯经济发展失速，则组织的发展动力就会出现不足的情况。

四、上合组织与欧亚经济联盟的决策机制异同

二者的行为准则基本一致，均认为应遵守普遍接受的国际法准则，相互尊重主权、独立和领土完整；所有成员国一律平等，并在考虑各方利益的基础上开展互利合作；所有成员国都不应有危害组织利益的行为。因此，两个组织都有“协商一致”的原则，并强调主权国家一律平等。

但两个组织对“协商一致”原则的使用范围有所不同。欧亚经济委员会副总理级理事会采取协商一致原则，部长级理事会对敏感问题采取协商一致原则，对一般问题采取三分之二多数原则。敏感问题清单由最高理事会确定。上合组织所有机构的决议都采取“不举行投票的协商方式通过”，但对“协商一致”进行了灵活解释——“如在协商过程中无任一成员国反对（协商一致），决议被视为通过”，同时，“如某个成员国或几个成员国对其他成员国感兴趣的某些合作项目的实施不感兴趣，他们不参与并不妨碍有关成员国实施这些合作项目，同时也不妨碍上述国家在将来加入这些项目中来”，[①] 上述两种情况实际是不反对即视为协商一致。对敏感问题，《上海合作组织宪章》规定，“中止成员资格或将其开除出组织的决议”按“‘除有关成员国一票外协商一致’原则通过”。上合组织采取协商一致和不反对即视为协商一致原则，没有三分之二多数原则。

① 《上海合作组织宪章》，上海合作组织秘书处网，http://chn.sectsco.org/load/43921/，访问日期：2023年5月26日。

五、上合组织与欧亚经济联盟对外交往能力和国际影响力异同

上合组织作为综合性区域组织，在参与全球治理能力方面远高于欧亚经济联盟。欧亚经济联盟作为日益完善的统一市场，也具有一定的经济集体议价权，多国与之签署了自贸区协定。

对外合作方面，二者都设有观察员制度。上合组织目前有阿富汗、白俄罗斯和蒙古国三个观察员国，白俄罗斯不久后有望成为成员国。2004年，上合组织元首理事会批准通过《上海合作组织观察员条例》，蒙古成为上合组织的首个观察员国。欧亚经济联盟的观察员有三个，分别是摩尔多瓦、乌兹别克斯坦和古巴。2018年，欧亚最高理事会通过了《欧亚经济联盟观察员条例》，摩尔多瓦成为首个观察员国。但随着乌克兰危机的升级，摩尔多瓦宣布对俄制裁，并称不再是欧亚经济联盟的观察员。在两组织中，观察员的权限类似，可出席会议并参与讨论，但没有表决权，也不受通过文件的约束。

除观察员制度外，上合组织还有对话伙伴。上合组织的对话伙伴很多，目前有阿塞拜疆、亚美尼亚、巴林、埃及、柬埔寨、卡塔尔、科威特、马尔代夫、缅甸、尼泊尔、阿联酋、沙特阿拉伯、土耳其和斯里兰卡共14个国家。另外，2005年成立了上合组织—阿富汗联络组，是上合组织为解决地区热点问题设立的特殊机制。

欧亚经济联盟作为经济一体化组织，立足统一市场的集体议价权，缔结自贸区协定是其对外合作的最主要方式。目前，已经与欧亚经济联盟缔结自贸协定的国家有越南、塞尔维亚、伊朗、新加坡。2015年5月，欧亚经济联盟与越南签署自贸区协定，2016年10月生效，这是欧亚经济联盟与外部签署的首份自贸区协定。2018年5月，欧亚经济联盟与伊朗签署临时自贸区协定，2019年7月生效，有效期三年，2022年又延期三年。2019年10月，欧亚经济联盟分别与塞尔维亚、新加坡签署自贸区协定，前者于2021年7月生效，后者未生效。此外，欧亚经济联盟还启动了与印度、埃

及、以色列、印尼的自贸区谈判，与蒙古国正在进行可行性研究。[①] 欧亚经济联盟与中国的对接合作是联盟的一种特殊合作模式。2018年5月，双方签署经贸合作协定，2019年10月生效。

上合组织是开放的地区组织，“奉行不结盟、不针对其他国家和地区及对外开放的原则，愿与其他国家及有关国际和地区组织开展各种形式的对话、交流与合作，在协商一致的基础上吸收认同该组织框架内合作宗旨和任务、本宣言第六条阐述的原则及其他各项条款，其加入能促进实现这一合作的国家为该组织新成员”。[②] 欧亚经济联盟作为地区经济一体化组织，具有明显的排他性，对外形成共同的关税壁垒。成员国需让渡一定的主权，加入的门槛较高。

上合组织参与全球治理的能力明显高于欧亚经济联盟。目前，上合组织同独联体、东盟、集安条约组织、经济合作组织、联合国亚太经社会、联合国毒罪办、亚信、红十字国际委员会、联合国教科文组织、联合国人道主义事务协调办公室、联合国粮农组织、世界旅游组织、欧亚经济委员会、阿盟等建立了伙伴关系。上合组织在联合国提出了多项倡议，部分已经得到国际社会的认可。在年度的联合声明中，上合组织都会对国际形势做出判断并阐明上合组织的立场和主张。先后发表了《上海合作组织政府首脑（总理）关于世界和上合组织地区经济形势的联合声明》《上海合作组织成员国元首理事会关于保障国际信息安全领域合作的声明》《上海合作组织成员国经贸部长关于维护多边贸易体制的声明》《上海合作组织成员国元首理事会关于维护国际能源安全的声明》《上海合作组织成员国元首理事会关于维护国际粮食安全的声明》等数十份关于区域和全球治理的文件。欧亚经济联盟没有如此广泛的国际合作，也没有类似参与全球治理的文件。

---

① 自由贸易协定，欧亚经济联盟网，http://www.eurasiancommission.org/ru/act/trade/dotp/sogl_torg/Documents，访问日期：2023年5月11日。

② 《上海合作组织成立宣言》，上海合作组织秘书处网，http://chn.sectsco.org/load/43485/，访问日期：2023年5月26日。

六、上合组织与欧亚经济联盟在经贸领域的异同

上合组织与欧亚经济联盟的最主要重叠区是在经贸领域。最大共性是都以商品、服务、资本自由流动为目标。最大区别是欧亚经济联盟是以贸易自由化为基础的深度经济一体化，而上合组织是以贸易投资便利化为目标的经济互利合作。

（一）二者的主要共性

其一，"四大要素"自由流动的总体目标相同。两组织都强调，合作是为了促进成员国经济的发展，提高人民的生活水平。《欧亚经济联盟条约》第一条就提出，联盟是为了确保商品、服务、资本和劳动力自由流动，协调各国的经济政策。上合组织同样提出，通过各种形式的区域经济合作，"为促进贸易和投资创造便利条件，逐步实现商品、资本、服务和技术的自由流通"。

其二，都制定了2025年前发展战略。2015年，上合组织成员国元首理事会批准了《上海合作组织至2025年发展战略》，其中对经贸领域提出了目标和规划。2020年，欧亚最高理事会通过了《2025年前欧亚经济一体化战略发展方向》，提出了11大方向，332项措施，[①] 以落实一体化合作目标。

其三，经贸领域的合作内容比较接近。上合组织提出，经济合作的首要任务是在平等、公平竞争、相互尊重和互利原则基础上发展经贸合作，创造有利的贸易和投资条件。重点合作领域是贸易、交通、能源、金融、投资、农业、海关、电信、创新、电商等。为此，上合组织两次通过了《上海合作组织成员国多边经贸合作纲要》，并制订了阶段性的落实行动计划。欧亚经济联盟的合作主要涉及贸易、海关、能源、交通、金融、农业、工业等。二者合作内涵的重叠性很高。

---

① Страгические направления развития евразийской экономической интеграции до 2025 года, 21.12.2020. URL: https://eec.eaeunion.org/upload/medialibrary/386/3329_EEK_Infografika-2020_12_21.pdf (дата обращения: 14.05.2023).

其四，两组织的弱项都是融资平台不足。上合组织的主要融资多边平台为银行间联合体，但上合组织开发银行和专门账户一直未能成立。欧亚经济联盟没有专门的融资平台，虽然欧亚开发银行可以视为与欧亚经济联系密切关联的金融机构，但资金规模小，投融资能力更弱。

（二）二者的主要差异

其一，经济一体化水平差距很大。上合组织现处在贸易便利化阶段，合作主要涉及提高便利化水平，不涉及关税壁垒问题；而欧亚经济联盟统一了关税，基本实现了贸易自由化，正向形成统一市场努力。二者都提出了“四大要素”自由流动概念，但上合组织为商品、服务、资本、技术，而欧亚经济联盟为商品、服务、资本、劳动力。

贸易便利化主要是通过简化贸易程序、增强贸易法规的透明度、统一标准、完善规范、减少限制等一系列的措施，降低交易成本，促进货物、服务的自由流动。在便利化方面，上合组织做了大量的工作。2007年签署了《上海合作组织成员国政府海关合作与互助协定》，后又签署了《上海合作组织成员国海关执法合作议定书》，制定了海关合作纲要。2015年和2018年，先后发表了《上海合作组织成员国政府首脑（总理）关于区域经济合作的声明》《上海合作组织成员国元首关于贸易便利化的联合声明》，提出简化海关程序，减少与货物进口、出口和过境相关的手续，提高透明度，加快货物的流动、放行和结关等合作方向。交通物流方面，2014年签署了《上海合作组织成员国政府间国际道路运输便利化协定》，确定了6条国际公路运输线路。后又提出完善基础设施，发展公路和铁路交通、多式联运交通走廊、物流中心，构建地区过境运输走廊的目标。为此，签署了《上合组织成员国基础设施发展规划》《上合组织成员国发展互联互通和建立高效交通走廊构想》等文件。检验检疫方面，2022年签署了《上合组织成员国授权机构间关于植物检疫领域合作的协定》。

欧亚经济联盟的前身是关税同盟，就贸易自由化已经达成基本一致。欧亚经济联盟是在关税同盟的基础上，进一步消除内部障碍，实现更高层次的经济一体化。在消除内部障碍方面，欧亚经济联盟自成立后消除了

80%的内部障碍、特例等。[①] 在统一技术标准方面，欧亚经济联盟通过了48项技术法规，其中44项已经生效，能够对市场上85%的商品和服务进行规范。[②] 统一市场方面，2016年，欧亚经济联盟通过了《关于建立药品和医疗用品统一市场的协定》，2017年起统一的药品和医疗用品市场开始运作，药品注册信息系统开始运行，药品名称统一。2019年，通过了《关于对烟草和酒精商品征收消费税原则的协定》，决定统一对酒精和烟草制品征收消费税，2024年起执行。能源市场统一方面，2019年签署了《建立欧亚经济联盟统一电力市场条约》，拟于2025年起全面启动。油气市场统一方面进展稍慢，拟于2024年前通过《建立统一石油和成品油市场国际条约》和《建立统一天然气市场协定国际条约》，2025年正式启动。市场监管方面，2016年，欧亚经济联盟开始对毛皮制品实行电子标签管理，没有电子标签的毛皮制品被禁止销售。后不断扩大强制电子标签管理清单范围，现已涵盖部分食品、瓶装水、烟酒、自行车等。2019年和2021年，分别签署《关于建立欧亚经济联盟进口商品追溯体系的协定》《关于使用电子关封跟踪过境运输货物的协定》，对进口商品流通进行有效的跟踪和监管。劳动力自由流动方面,《欧亚经济联盟劳动者退休保障协定》于2021年生效，为盟内的劳务移民提供了法律保障。同年推出了"工作无国界"统一求职信息系统，帮助成员国居民在联盟国家寻找工作岗位。由上可以看出，欧亚经济联盟的市场一体化进程仍在按计划推进，2025年可初步实现商品、服务、资本和劳动力的自由流动。上合组织在"四大要素"自由流动方面进展有限，且随着更多国家的加入，经济体量和发展阶段的差异性将进一步拖慢其发展进度。

其二，经济规模差距甚大。虽然上合组织经济合作较为松散，一体化水平低于欧亚经济联盟，但规模和潜力巨大。2021年，上合组织成员国总人口接近32.5亿，占世界人口的41.3%，总国内生产总值约为23.3万亿美

---

① Алиби САРУАР Что мешает Казахстану эффективно торговать в ЕАЭС, 07.09.2021. URL: https://lsm.kz/prepyatstviya-eaes (дата обращения: 14.05.2023).

② Технические регламенты, вступившие в силу. URL: http://www.eurasiancommission.org/ru/act/texnreg/deptexreg/tr/Pages/TRVsily.aspx, eurasiancommission (дата обращения: 14.05.2023).

元，占全球GDP的近四分之一，上合组织成员国间贸易总额超7760亿美元，其中中国与上合组织其他成员国贸易额达3433亿美元。[①] 欧亚经济联盟的经济规模则小得多，根据欧亚经济委员会的数据，2021年欧亚经济联盟各国的GDP总和为20450亿美元，不足上合组织10%，人口1.836亿，占世界的2.4%。2021年，盟内贸易额726亿美元，不足上合组织成员国间贸易额的10%。

其三，金融合作进度差距较大。欧亚经济联盟在不少具体领域的合作深度强于上合组织，其中以金融合作最为突出。2019年，欧亚经济联盟通过了《建立统一金融市场构想》，提出要尽快协调金融市场立法，缔结标准化许可条约，监测分析本币结算情况，最终建立统一支付空间。2021年3月，欧亚经济联盟通过了“建立监管和发展统一金融市场的超国家机构”草案和“成员国中央银行颁布银行和保险业标准化许可”草案。根据计划，2025年前成立联盟超国家监管机构（努尔苏丹）和欧亚经济联盟评级机构。上合组织金融合作的最大成果是成立了银行间联合体，部分成员国于2022年签署了本币结算路线图。上合组织的多边本币结算合作刚刚起步，欧亚经济联盟2021年的本币结算率已经达到了73.5%。[②] 但不论欧亚经济联盟还是上合组织都不太可能形成统一货币。

七、结　语

上合组织与欧亚经济联盟可相向而行，取长补短。二者作为成员国高度重叠的地区组织，基本任务和合作原则相近，都是在相互尊重和平等互利的基础上发展合作，促进地区的发展与稳定，二者可相互助力。经济方面，两组织都将海关、交通物流、农业、工业、能源等作为优先合作方向，可相互补充。如，上合组织制订了《上海合作组织成员国促进实业界

---

① 世界银行国别贸易和经济指标，https://zh.tradingeconomics.com/countries，访问日期：2023年5月29日。

② 《2022年底欧亚经济联盟相互贸易的本币结算比例或增至85%》，中华人民共和国商务部网，2022年4月21日，http://by.mofcom.gov.cn/article/jmxw/202204/20220403308764.shtml，访问日期：2023年5月21日。

工业合作纲要》，欧亚经济联盟制订了“工业联合合作项目”，二者可相互借鉴并形成多边联合项目。在群策群力下，上合组织制订了诸多紧跟世界发展趋势的合作规划，如《上合组织绿色之带纲要》《上海合作组织成员国可再生能源领域合作纲要》《上海合作组织科技伙伴计划》《上海合作组织成员国授权机构智慧农业和农业创新合作构想》等，上合组织在绿色可持续发展方面走在了前头，可为欧亚经济联盟提供借鉴。

上合组织与欧亚经济联盟有很大不同，各司其责。上合组织是一个跳出后苏联空间的综合性区域组织，涉及政治安全、经贸合作、人文交流等各个方面，参与成员国更多，合作领域更广，其成长性在于挖掘地理范围和合作内涵的广度和深度，未来将继续以“上海精神”为指引，在区域政治、安全、经济、文化合作和参与全球治理方面发挥至关重要的作用。欧亚经济联盟则聚焦经贸关系，致力于在较短时间内实现经济深度一体化，其成长性在于挖掘经济一体化的深度，在次区域经济合作中扮演重要角色。

Сравнительные исследования по Шанхайской Организации Сотрудничества и Евразийскому экономическому союзу

Ли Цзыго

Аннотация: Шанхайская Организация Сотрудничества и Евразийский экономический союз в большей степени совпадают в членском составе и сходны в цели и задаче организации. Приоритетные направления сотрудничества в экономической и торговой областях более едины и оба они могут сплачиваться воедино. Различия между ними заключаются в том, что ШОС является комплексной региональной организацией и развивает сотрудничество в области безопасности, экономики, торговли и гуманитарных наук. ШОС начала деятельность с сотрудничества в области политики и безопасности. Географический охват ШОС вышел за пределы евразийского пространства. Экономическое сотрудничество ШОС опирается на упрощение процедур торговли и инвестиции, но доходит до либерализации торговли еще далеко. Евразийский экономический союз–это организация экономической интеграции на постсоветском пространстве. Главное внимание Организации уделяется экономическому и торговому сотрудничеству. Здесь уже осуществилась либерализация торговли и началась более глубокая стадия единого рынка. В отношениях географического охвата, международного влияния и потенциала развития Шанхайская Организация Сотрудничества превысила Евразийский экономический союз и играет решаюшую роль в глобальном и региональном управлении.

Ключевые слова: ШОС, Евразийский экономический союз; Либерализация торговли; Экономическая интеграция

Автор: Ли Цзыгуо, директор Института Евразии Китайской академии международных проблем.

A Comparative Study of Shanghai Cooperation Organization and Eurasian Economic Union

Li Ziguo

Abstract: The Shanghai Cooperation Organization (SCO) and the Eurasian Economic Union (EEU) have a high matching of overlap among their member states, and their goals and tasks are similar. The priority directions of cooperation in the field of economic and trade are more consistent and can go in the same direction. The difference between the two lies in the fact that the SCO is a comprehensive regional organization integrating security, economic and trade, and humanistic cooperation, with political and security cooperation as its starting point, its geographical scope beyond the Eurasian space, and its economic sphere focusing on trade facilitation, which is still a long way from trade liberalization. EEU is a post-Soviet space economic integration organization, focusing on economic and trade cooperation, and has completed trade liberalization and entered a deeper stage of unified market. The coverage, international influence and development potential of the SCO exceed those of the EEU, and it plays a pivotal role in global and regional governance.

Keywords: Shanghai Cooperation Organization, Eurasian Economic Union, trade liberalization, economic integration

Authors: Li Ziguo is the Director of the Department for European-Central Asian Studies, China Institute of International Studies.

上海合作组织与欧亚经济联盟合作前景

〔吉尔吉斯斯坦〕舍·巴克特古洛夫

【内容提要】过去30年，国家间区域合作的作用不断增强，区域贸易协定签署数量的增长就是明证。区域化已成为对“东西方”观念下的全球化危机的回应。区域合作组织作用的提升为其参与者开辟了新的经济视野，出现了让发展中国家实现繁荣的新“机会窗口”。对上合组织和欧亚经济联盟的参与国来说，这两个组织建立合作关系已具备充分的可能性，因为上合组织的非集团性、“协商一致”原则，以及互利共赢合作的原则，可以让文化、宗教和经济规模大小不同的国家都充分发挥其经济潜力。上合组织与欧亚经济联盟之间有效和务实的互动可以为发展中国家建立全新的平等的（实践而非口头上的）伙伴关系奠定基础，更有利于多极世界的建立。因此，上合组织和欧亚经济联盟成员国都将自己对美好未来的期盼寄托在了这两个组织的合作上。

【关键词】欧亚经济联盟；上合组织；互利共赢；非集团性；区域合作

【作者简介】舍·巴克特古洛夫（Ш. Бактыгулов），吉尔吉斯斯坦国家战略研究所世界政治中心主任

根据世界贸易组织（WTO）的数据，截至2023年5月，全球生效的区域贸易协定共356个。2001年上合组织成立时，全球共有110个区域贸易

协定。[①] 世贸组织的数据表明，区域化正在全球所有地区上演。因此，有充分理由相信，国家间区域合作的作用正在显著增强。

欧亚大陆内的区域组织在性质上各有相同。下面谈谈其中一些与上海合作组织成员国有直接关系的区域性组织机构和机制。欧亚经济联盟——经济一体化的联合体；上合组织——立足安全合作且近年来也重视经济合作的组织；集安条约组织——由许多中亚国家、亚美尼亚、白俄罗斯和俄罗斯组成的军事政治集团；"一带一路"倡议——改善国家间合作的大规模倡议；亚洲基础设施投资银行——旨在促进亚太地区金融合作的区域开发银行。不同的区域项目侧重于不同的合作领域。与此同时应该指出的是，这些组织、机构和机制的活动都有一个相似的目标，即推动实现睦邻友好、和平、繁荣与富足，其宗旨和目标并不针对其他国家和/或组织的利益。

各国要实现稳定发展和繁荣，必然需要共同规则。为此必须克服两大障碍，一是一些国家和国际组织出现了向大国竞争倾斜的趋势，二是个别国家对其假想的区域霸权的担忧。在这方面，应该指出的是，与其他国家间和政府间组织相比，上合组织更具优势。构建上合组织地区伙伴关系是为了在其框架下团结起文化、文明和经济规模各不相同的国家。因此，不可能只用一套措施和规则来规范经济合作进程。相反，这其中需要采行不同的经济合作路径和方法。

上合组织与欧亚经济联盟的合作进程表现出高度实用主义的特点，其中，因其参与者的多样性，所提倡议首先服务于上合组织和欧亚经济联盟成员国的经济发展与安全保障目标。重要的是，取得成员资格或参与这些组织的主要条件并不是政治或地缘政治的目标定向，而且不必面临为实现共同利益而做出牺牲的棘手困境。在上合组织和欧亚经济联盟内，各国无须"牺牲"其主权或经济福祉。各种政治或地缘政治偏好置后，切实落实长期发展与繁荣的保障协议成为第一目标。上合组织和欧亚经济联盟的活动旨在确保谈判进程中的所有参与者都能获取有利的局面——典型的"双

---

① Regional Trade Agreements Database, WTO, accessed 12 May, 2023, http://rtais.wto.org/UI/charts.aspx#.

赢”局面。这意味着在处理第三方国家和组织的活动所引起的新复杂情况时，要采取创新和谨慎的方法。

一、上合组织与欧亚经济联盟活动的特点

关于上合组织与欧亚经济联盟的活动，还应指出这两个组织的一个鲜明独特性，即其成员国都是发展中国家。

2000年，第55届联合国大会的一份报告曾指出："全球化提供了巨大的机遇，但其利益分配和成本分配不均的事实却拉大了贫富差距，特别是在发展中国家。"[①] 报告还指出，全球化和当前的国际经济体系还能在某些情况下操控另一个国家的内政。因此，发达国家与发展中国家间的经济联合与贸易自由化、放松金融管制以及私有化，被许多人视为对保护公民经济、社会和文化权利的挑战，尤其是在发展中国家。

全球化并未使发展中国家追赶上发达国家的步伐。在当今的全球化时代，国家间的不平等进一步加剧。此外，世界发达国家的知识分子和政治家还认为全球化“为他们的国家和人民提供了良好的机会”。国际劳工组织早在2004年的一份报告中就得出了这一结论："全球化利益在各国间的分配远未平等。"[②]

正如我们所看到的，发展中国家的利益与发达国家的利益经常是有别的。

上合组织和欧亚经济联盟还有另一个特点，即这两个组织的活动并不针对其他国家或国际组织。相反，上合组织和欧亚经济联盟的成员国认为“集团”思维会导致国家间关系恶化，并主张所有国家开展全方位的互利共赢合作，而不区分发达国家和发展中国家，也不进行“集团”划分。

---

① “Globalization and Its Impact on the Full Enjoyment of all Human Rights: Preliminary Report of the Secretary-General,” U.N., 2000, accessed 10 May, 2023, https://digitallibrary.un.org/record/425308.

② Справедливая глобализация: Создание возможностей для всех. Первое издание. 2004. Всемирная комиссия по социальным аспектам глобализации. URL: https://www.ilo.org/public/russian/standards/relm/ilc/ilc92/pdf/rep-wc.pdf (дата обращения: 14.05.2023).

这样的国家分类有助于明确某个特定国家的经济发展参数，从而有助于不同经济规模的国家开展合作，不应试图将这种或相似的分类理解为国家关系中的“好坏”和/或者“一二流”国家。

全球化导致国家之间的边界变得模糊。资本、技术和信息开始在全球范围内传播，效率因素对技术发展与许多企业和人士的迅速致富起了决定性作用。与此同时，这导致了社会体系竞争力的下降，尤其导致社会政策和公民保障为本的国家发展模式竞争力的下降。

当前，科技成果更加普及。人工智能为人类带来新的诱惑和挑战，将对国际社会和国际关系产生前所未有的影响。

全球化和新技术还会产生负面影响，例如，不遵循生态标准导致地区生态退化；开放的贸易加剧收入分配的不平等。

发展中国家跨国公司在发展中国家的活动往往导致以下结果：

免遭虐待或践踏人格的待遇；免受奴役，享有机会均等和不受歧视的权利；享有适足生活水准的权利（包括获得适足食物、衣服和住房的权利）；享有保持高标准身心健康的权利；享有公平工作条件的权利。

这份名单还在继续扩大。然而，这份清单足以阐释新现实——当前的地缘政治环境鼓励发展中国家加强互动以确保有效的区域合作。

上合组织和欧亚经济联盟具备一切机制来为其成员国的经济增长创造更加公平的条件。上合组织和欧亚经济联盟成员国领导人出席历次世界峰会和本国重大政治活动的讲话中广泛体现了这一思想。领导者对现代世界进程的发展特点做出了相似的评价。回顾2022年10月16日中国国家主席习近平在中国共产党第二十次全国代表大会报告上的讲话，我们认为，习近平主席在描述当前世界形势时的这一评价意义深刻：“当前，世界百年未有之大变局加速演进，新一轮科技革命和产业变革深入发展，国际力量对比深刻调整。”①

---

① Си Цзиньпин. Высоко неся Великое знамя социализма с китайской спецификой, сплоченно бороться за всестороннее строительство модернизированного социалистического государства. Доклад на XX Всекитайском съезде Коммунистической партии Китая 16 октября 2022 года. С.25. МИД КНР. // URL: https://www.fmprc.gov.cn/rus/zxxx/202210/t20221026_10792071.html (дата обращения: 14.05.2023).

以《联合国宪章》宗旨和原则为基础的国际法，是寻找上合组织与欧亚经济联盟各领域合作中所出现的诸多问题的最佳解决途径。多国共同努力实现这一目标比起各国单独应对要容易得多，无论是政治或经济危机、国际法危机、新冠病毒疫情、流行病、全球变暖还是能源短缺，只要有关国家共同努力，问题都可以在最短时间内得到有效解决。

二、上合组织与欧亚经济联盟成功合作的基础

欧亚经济联盟于2014年5月29日通过《欧亚经济联盟条约》(以下简称《条约》)。《条约》规定，欧亚经济联盟是具有国际法人资格的区域经济一体化国际组织。[①]《条约》第七条指出："联盟有权在其权限范围内开展旨在解决联盟面临的问题的国际活动。作为此类活动的一部分，联盟有权与各个国家、国际组织和国际一体化协会开展国际合作，并独立或与成员国共同就职权范围内的问题与之缔结国际条约。"[②]

简单来说，欧亚经济联盟是一个自贸区，包括亚美尼亚、白俄罗斯、哈萨克斯坦、吉尔吉斯斯坦和俄罗斯五个国家。在联盟成员国境内，商品、服务、资本和劳动力可以自由流动。同时值得注意的是，2014年的欧亚经济联盟条约主要是商业性的。

欧亚经济联盟还与其他国家缔结了多项贸易协定。包括与越南、塞尔维亚、新加坡签订了自由贸易协定，并与伊朗签订了有关缔结自由贸易协定的临时协议。[③] 根据这些文件，协议双方不对进口货物征收关税和任何与关税具有同等效力的费用。

另一类协定是欧亚经济联盟与中国的经贸合作协定。

形式上看，该协定并非自由贸易协定——其条款并未规定减少或取消

---

① Договор о Евразийском экономическом союзе. Ст.1. ЕАЭС. // URL: https://docs.eaeunion.org/docs/ru-ru/0003610/itia_05062014 (дата обращения: 12.05.2023).

② Там же.

③ Торговые соглашения Евразийского экономического союза. ЕЭК. // URL: https://eec.eaeunion.org/comission/department/dotp/torgovye-soglasheniya/ (дата обращения: 28.05.2023).

进口关税。[①] 同时，该协定涵盖海关合作、技术性贸易壁垒、卫生和植物检疫措施、贸易保护措施、电子商务、知识产权、竞争和公共采购以及产业合作等问题。该协定包括两大板块："此时此地"和"未来储备"。第一板块"此时此地"通过提高监管制度的透明度和简化贸易程序，为市场上的商品准入和流通建立了广泛的法律保障和可预测的条件。第二板块"未来储备"涉及欧亚经济联盟与中国产业间合作的发展，就现有和规划中的产业合作制定发展战略。其中还规定建立"工业4.0对话"，为欧亚经济联盟成员国和中国的企业代表创建一个消除各方市场准入障碍，实施联合投资项目的平台。

此外，欧亚经济联盟还与埃及、印度、伊朗、以色列、印度尼西亚和阿拉伯联合酋长国开展了贸易协定的谈判。

欧亚经济委员会（EEC）执委会主席米哈伊尔·米亚斯尼科维奇表示，欧亚经济联盟的贸易协定是"为促进商品进入合作伙伴市场的一套互惠互利措施。较世贸组织或其他国际合作框架其条件有获得更大利润的空间"。[②]

上合组织相较欧亚经济联盟其历史更加悠久、活动领域更加广泛。2001年6月，哈萨克斯坦、中国、吉尔吉斯斯坦、俄罗斯、塔吉克斯坦、乌兹别克斯坦五国元首签署成立宣言。[③] 2002年，在上合组织圣彼得堡峰会上，各国元首签署了《上海合作组织宪章》。该宪章于2003年9月19日正式生效，是规定本组织宗旨、任务、原则、结构和主要活动方向的基础性文件。

---

① Обзор ключевых положений Соглашения о торгово-экономическом сотрудничестве между Евразийским экономическим союзом и его государствами-членами, с одной стороны, и Китайской Народной Республикой, с другой стороны. ЕАЭС. // URL: https://eec.eaeunion.org/upload/medialibrary/8c7/Broshyura-KNR.pdf?ysclid=lj839lzmy3431688603 (дата обращения: 28.05.2023).

② Председатель Коллегии ЕЭК: в ЕЭАС открыта новая страница интеграции. 29.12.2022. ЕАЭС. // URL: https://eec.eaeunion.org/news/speech/predsedatel-kollegii-eek-v-eeas-otkryta-novaya-stranitsa-integratsii/?sphrase_id=184998 (дата обращения: 12.05.2023).

③ О Шанхайской организации сотрудничества. 2001.Секретариат ШОС. // URL: http://rus.sectsco.org/about_sco/20151208/16789.html (дата обращения: 12.05.2023).

目前，上合组织共有9个成员国：印度、伊朗、哈萨克斯坦、中国、吉尔吉斯斯坦、巴基斯坦、俄罗斯、塔吉克斯坦和乌兹别克斯坦。上合组织观察员国有阿富汗、白俄罗斯和蒙古国。上合组织还有14个对话伙伴：阿塞拜疆、亚美尼亚、巴林、埃及、柬埔寨、卡塔尔、科威特、马尔代夫、缅甸、尼泊尔、阿联酋、沙特阿拉伯、土耳其和斯里兰卡。

因此，上合组织和欧亚经济联盟的成员国在全球合作以及最重要的区域合作等方面，拥有至少20多年相互协作的经验。

该组织的基本宗旨包括：加强成员国间的相互信任和睦邻友好；扩大政治、社会、社会经济和人道主义领域的合作；维护地区和平与安全，打击恐怖主义、分裂主义和极端主义；在参与世界经济的进程中协调立场；保障人权及基本自由；保持和发展与其他国家和国际组织的关系；在防止和和平解决国际冲突中相互协助；共同寻求21世纪出现的问题的解决办法。①

上合组织秘书长张明2023年5月在接受中国网（china.com.cn）采访时指出："上合组织成员国主张开展各种形式的区域经济合作，为促进贸易和投资创造便利条件，逐步实现商品、资本、服务和技术的自由流通，并努力为此建立必要的制度安排和法律环境。"②

上合组织成员国高度关注持续发展问题。上合组织秘书长张明还表示，成员国"致力于不断完善经济合作机制，推动贸易投资自由化便利化"。

上合组织和欧亚经济联盟尽管是两个彼此相异的组织，但从活动性质来看，两大组织都团结了广大发展中国家，可以确信地说，双方在为其成员国和广大发展中国家的经济与贸易合作奠定广泛法律基础方面，二者均

① Хартия Шанхайской организации сотрудничества. 2002. Секретариат ШОС. // URL: http://rus.sectsco.org/documents/ (дата обращения: 11.05.2023).

② Генеральный секретарь ШОС Чжан Мин: «шанхайский дух» – это ценностная концепция, которая заслуживает все больше признания. 23.05.2023. Секретариат ШОС. // URL: http://rus.sectsco.org/media_SCO/20230523/944833/Chinaorgcn-Generalnyy-sekretar-ShOS-Chzhan-Min-shankhayskiy-dukh--eto-tsennostnaya-kontseptsiya-kotoraya.html (дата обращения: 23.05.2021)

拥有坚实的社会基础和广泛的可能。

（一）“上海精神”是实现成功合作的行动指南

“上海精神”是上合组织成员国开展建设性活动的关键因素。“上海精神”建立在不结盟、不针对第三国和开放原则的基础上。换句话说，每个国家都可以基于其固有的生活方式和传统、社会生产组织的民族特点以及历史形成的人文发展成果而实现发展。各国可以在不受强迫和基于利益共识的基础上平等参与解决共同事务。

2021年，上合组织迎来成立20周年。2021年6月，上合组织秘书长弗拉基米尔·诺罗夫在上海政法学院举办的“上合组织二十年：回眸与前瞻”国际研讨会上致辞时指出：“上合组织为军事和政治潜力、金融和经济实力以及社会文化传统截然不同的国家组成稳定强大的国际组织树立了独特的先例。这之所以能成为可能，是因为该组织秉持所有成员国无条件平等的原则，即互相尊重、摒弃强制手段和反对霸权。上合组织的这一思想核心被称为‘上海精神’，如今已与万隆会议十项原则、和平共处五项原则一道在地缘政治话语权中占有一席之地。”①

众所周知，万隆会议十项原则是1955年在万隆（印度尼西亚）举行的亚非国家会议上通过的。其内容包括：尊重基本人权、尊重《联合国宪章》的宗旨和原则；尊重一切国家的主权和领土完整；承认一切种族的平等、承认一切大小国家的平等；不干预或干涉他国内政；尊重每一个国家按照《联合国宪章》单独地或集体地进行自卫的权利；不使用集体防御的安排来为任何一个大国的特殊利益服务；任何国家不对其他国家施加压力；不以侵略行为或侵略威胁，或使用武力来侵犯任何国家的领土完整或政治独立；按照《联合国宪章》通过谈判、调停、仲裁或司法解决等和平方法，以及有关方面自己选择的任何其他和平方法，来解决一切国际争端；促进相互的利益和合作；尊重正义和国际义务。

---

① Выступление Генерального секретаря ШОС на семинаре «20 лет ШОС: ретроспектива и взгляд в будущее». Секретариат ШОС. // URL: http://rus.sectsco.org/news/20210624/764892.html (дата обращения: 14.05.2023).

这些原则在今天仍然具有现实意义。众所周知，万隆会议十项原则得到了联合国和现代国际关系体系的支持。这些原则构成了“和平共处”意识形态的基础，在“冷战”期间表现出了极高成效。

综上所述，可以说，“上海精神”是各国人民和平共处的理论与实践在新的历史条件下的延续。“上海精神”团结人民的方法立足于不同人民安排社会生活的传统原则，并考虑到了对现有当代问题的不同解决路径。“上海精神”的内涵与社会主义中国的现代化发展理念、印度尼赫鲁的人文思想、俄罗斯与中亚国家的社会正义原则等不相矛盾。此外，“上海精神”并不歧视世界多民族的宗教和/或哲学观点。事实上，上合组织成员国集中了世界上几乎一切宗教并代表了各种哲学和人文观点，并走上了一条接受全人类思想成果并在此基础上建立法律关系的发展道路。

上合组织和欧亚经济联盟框架下的国家间的新型互动模式将在国际社会引起越来越多的关注。这些关注通常由现代国际社会中存在的“新自由主义”“新殖民主义”等意识形态，以及军事政治等形式的强迫手段所引发。因此，从这些意识形态立场来看，上合组织与欧亚经济联盟的合作将被解读为对单极世界秩序的挑战。

与此同时，从上合组织和欧亚经济联盟的宗旨、任务及其活动原则来看，这两个组织的合作也是确保各国在面对现代挑战、威胁及地缘政治转型时能公平开展协作的一种尝试。

三、上合组织与欧亚经济联盟的主要合作方向

上合组织成员国所覆盖地区是世界上最大的社会经济合作区。该合作区在原材料、人才潜力、销售市场和熟练劳动力方面能实现自给自足。这种情况下，上合组织成员国合作区的经济潜力前景广阔。上合组织成员国的经济状况很大程度上与本地区经济发展的技术、结构、金融等因素有关。因此，上合组织高度重视成员国的贸易往来和经济发展。

该合作区最大的经济体是中国、印度和俄罗斯。同时值得注意的是，到2030年，哈萨克斯坦、巴基斯坦、乌兹别克斯坦等上合组织成员国也将成为全球经济增长最活跃的经济体。国际货币基金组织（IMF）2022年的

数据以及2023年和2024年的预测（见图4.1）[①] 也印证，上合组织地区国家的经济发展最具活力和成效。

根据国际货币基金组织、世界银行等的报告，预计上合组织国家形成以现代创新发展原则为基础的共同“经济市场”具有很大的现实可能性。

《世界经济展望》最新增速预测

(实际GDP，年百分比变化)	2022	2023（预测值）	2024（预测值）
世界产出	3.4	2.8	3.0
发达经济体	2.7	1.3	1.4
美国	2.1	1.6	1.1
欧元区	3.5	0.8	1.4
德国	1.8	-0.1	1.1
法国	2.6	0.7	1.3
意大利	3.7	0.7	0.8
西班牙	5.5	1.5	2.0
日本	1.1	1.3	1.0
英国	4.0	-0.3	1.0
加拿大	3.4	1.5	1.5
其他发达经济体	2.6	1.8	2.2
新兴市场和发展中经济体	4.0	3.9	4.2
亚洲新兴市场和发展中经济体	4.4	5.3	5.1
中国	3.0	5.2	4.5
印度	6.8	5.9	6.3
欧洲新兴市场和发展中经济体	0.8	1.2	2.5
俄罗斯	-2.1	0.7	1.3
拉美和加勒比地区	4.0	1.6	2.2
巴西	2.9	0.9	1.5
墨西哥	3.1	1.8	1.6
中东和中亚	5.3	2.9	3.5
沙特阿拉伯	8.7	3.1	3.1
撒哈拉以南非洲	3.9	3.6	4.2
尼日利亚	3.3	3.2	3.0
南非	2.0	0.1	1.8
备忘项			
新兴市场和中等收入经济体	3.9	3.9	4.0
低收入发展中国家	5.0	4.7	5.4

来源：IMF《世界经济展望》，2023年4月。

注释：印度的数据和预测值是按财年列示的，财年2022/2023（从2022年4月开始）显示在2022年栏中。基于日历年，印度2023年的经济增速预测值为5.4%，2024年为6.3%。

国际货币基金组织　IMF.org

图4.1 《世界经济展望》最新增速预测

① Перспективы развития мировой экономки. 04.2023. МВФ. // URL: https://www.imf.org/ru/Publications/WEO/Issues/2023/04/11/world-economic-outlook-april-2023 (дата обращения: 12.05.2023).

十年后，世界最大的经济中心将与今天截然不同。预计全球前十大经济体将包括印度和中国，两国将在其中占据领先地位。但实现国家经济增长，各国需要不断建设生产力高、抗压能力强、生产链供应链安全的现代化经济体系。各国还要推动城乡一体化发展、全国区域协调发展，促进全国经济质量有效提升和体量合理增长，而这也能确保有关国家和整个上合组织空间的繁荣。

上合组织与欧亚经济联盟的合作将为参与国实现经济发展与共同富裕提供有力支撑。

欧亚经济联盟的议程包括贸易与金融一体化以及交通的互联互通。上合组织高度重视安全问题，却也关注经济合作。至于欧亚经济联盟，其长期目标包括“为发挥地区内经济联系的潜力、实现各国经济现代化和提高全球竞争力创造有利条件”。欧亚经济联盟的最终目标是建立统一的商品、服务、资本和劳动力市场。

上合组织的多项举措也同样是通过经济机制实施的。在上合组织框架内，成员国间的经贸合作在以下领域开展：[①] 经济贸易、金融投资、交通运输、海关合作、农业、环境保护、教育与科学技术、卫生保健、文化、体育和旅游、移民、预防及消除紧急情况、青年政策，以及银行联合体和实业家委员会。

上合组织成员国在上述领域的协调和合作由上合组织秘书处经济与人文事务部负责。[②] 比如2023年3月召开了第一次专家会议，讨论2023年前上合组织经济发展战略草案。该战略涵盖了“在本组织范围内促进投资、金融、贸易及其他形式的经济协作”。[③]

2023年3月，上合组织秘书长张明在第十五届独联体国家国际经济论

---

① Деятельность ШОС. Секретариат ШОС. // URL: http://rus.sectsco.org/structure/20190717/565661.html (дата обращения: 10.05.2023).

② Там же.

③ Началась разработка Стратегии экономического развития ШОС на период до 2030 года. Секретариат ШОС. // URL: http://rus.sectsco.org/economics/20230307/932319/Nachalas-razrabotka-Strategii-ekonomicheskogo-razvitiya-ShOS-na-period-do-2030-goda.html (дата обращения: 07.05.2023).

坛“一体化对话：独联体、欧亚经济联盟、上合组织、金砖国家”活动上发表演讲。论坛期间，双方就深化组织合作、落实相关合作文件、规划年度联合活动等问题深入交换了意见。①

欧亚经济联盟以及各国实业家都对相互建立商业关系表现出了浓厚的兴趣。政界人士、有关实业家和专家学者于2023年5月24—25日齐聚莫斯科参与第二届欧亚经济论坛。论坛研讨的主要议题之一是“发展欧亚经济联盟、上合组织和金砖国家间联合协作”。与会者将讨论“合作的关键领域、落实大欧亚交通物流特大型项目对欧亚经济联盟国家的效益、货币金融合作的前景、现代条件下一体化联合体国家间互贸结算向新形式的过渡，以及联合体间协作对稳定世界经济总体形势的作用”。②

上述推动上合组织与欧亚经济联盟之间合作的活动有着坚实的法律基础。2021年9月，上合组织秘书长弗拉基米尔·诺罗夫与欧亚经济委员会执委会主席米哈伊尔·米亚斯尼科维奇在杜尚别上合组织成员国元首峰会期间签署了《欧亚经济委员会与上合组织秘书处谅解备忘录》。

该备忘录提出欧亚经济联盟将与上合组织“重点加强金融、贸易政策和贸易便利化、运输、数字化和信息通信技术、卫生、动植物检验检疫措施、海关政策、能源、工业和农业等领域的经济合作”。③

目前最能吸引各国实业家兴趣的合作领域有两个：一是运输物流合作；二是货币金融合作，以及欧亚经济联盟与上合组织国家互贸的结算新形

① О XV Международном экономическом форуме государств-участников СНГ «Диалог интеграций: СНГ, ЕАЭС, ШОС, БРИКС». 20.03.2023. Секретариат ШОС. // URL: http://rus.sectsco.org/economics/20230320/935427/-O-XV-Mezhdunarodnom-ekonomicheskom-forume-gosudarstv-uchastnikov-SNG-Dialog-integratsiy-SNG-EAES-ShOS.html (дата обращения: 10.05.2023).

② Развитие взаимодействия объединений ЕАЭС, ШОС и БРИКС обсудят на ЭЭФ-2023. ЕАЭС. // URL: https://eec.eaeunion.org/news/razvitie-vzaimodeystviya-obedineniy-eaes-shos-i-briks-obsudyat-na-eef-2023/ (дата обращения: 12.05.2023).

③ ЕЭК и Секретариат Шанхайской организации сотрудничества подписали меморандум о взаимопонимании в рамках юбилейного саммита ШОС. ЕАЭС. // URL: https://eec.eaeunion.org/news/eek-i-sekretariat-shanhajskoj-organizatsii-sotrudnichestva-podpisali-memorandum-o-vzaimoponimanii-v-ramkah-yubilejnogo-sammita-shos/ (дата обращения: 10.05.2023).

式。货物和金融交易的自由流动为刺激贸易投资增长以及打造新的生产、运输和物流链创造了条件。

（一）加强作为上合组织成员国贸易纽带的交通物流合作

运输走廊的建设在上合组织与欧亚经济联盟成员国的合作议程中占有特殊地位。这是因为俄罗斯的地理位置非常独特，其腹地距海岸较远，远离世界市场。欧亚经济联盟的其他成员国同样没有出海口。因此，内陆发展中国家，包括俄罗斯在内，可以将这些地理因素转化为优势，从而实现区域经济一体化。

欧亚经济联盟和上合组织应该实现优势互补。发展运输物流基础设施将刺激货物通过陆路而非海上流动，以便吸引中国运往欧洲（反之亦然）的货物从欧亚经济联盟成员国过境。这对有关国家的运输物流公司和铁路来说，是一个很有吸引力的市场。

另一项重要任务是发展物流和改善经济条件。这对五个中亚国家以及俄罗斯乌拉尔、西伯利亚等内陆地区来说都很重要。

上合组织和欧亚经济联盟的运输走廊将成为连接资源、生产和市场的纽带。运输走廊与基础设施的发展，不仅对欧亚货物过境非常必要，而且对有关国家强化其与边境地区的社会经济联系以及更有效地利用其工业中心也非常必要。

（二）货币金融合作是确保公平经济关系的因素

各类组织很早就开始了对全球金融体系未来的讨论，世界经济论坛（WEF）是其中最权威、最著名的平台之一。早在2016年1月，该论坛就表达了对全球金融发展的担忧。全球金融危机（2008—2013）暴露了全球金融体系的重大缺陷和因全球市场相互关联而产生的一些薄弱点。①

2020年11月举行的“上合组织与欧亚经济联盟：携手实现地区经济潜

---

① “Financial and Monetary Systems: What Is the Future of Global Finance?” January 17, 2016, accessed 14 May, 2023, https://www.weforum.org/agenda/2016/01/what-is-the-future-of-global-finance/.

力与全球经济”专题会议聚焦了欧亚经济联盟与上合组织的地区经济合作前景。欧亚经济委员会一体化与宏观经济委员（部长）谢尔盖·格拉济耶夫院士表示：“上合组织是欧亚大陆国家间合作和区域一体化架构的重要组成部分，2025年前欧亚经济一体化发展的战略方向草案对欧亚经济联盟发展与上合组织的合作做出了规定。”[①]

会议讨论了欧亚经济联盟与上合组织的合作前景，包括：提高本币结算在相互贸易中的比重；建立支持本币投资以及金融市场（包括证券交易所在内）一体化的共同发展机制。此外，会议也强调了协调货币监管体系、整合银行系统、创建货币流通的统一数字空间以及形成欧亚金融体系的重要性。

全球化造成的区域市场脆弱性（世界经济论坛专家的观点），以及发达国家和发展中国家间利益分配的不均衡（见于联合国和国际劳工组织的报告），对各国在地区层面形成公平经济关系构成挑战。

四、开拓新的视野

新的地缘政治断层的出现，世界政治与经济中心的转移，新的全球和地区劳动力市场、新的金融体系的逐渐成型等，往往是基于主观的个人好恶而形成，特别是在规划未来国际关系的领域。过去二三十年，所有的动荡的出现及其扩大都有其客观原因，即哲学世界观体系、社会经济观念、宗教等这些社会基石产生了危机。

令人担忧的是，重新评估现有国际关系体系基本要素，就像以往人类活动一样，再次以对抗的模式正在进行着。从中我们可以预见，未来世界竞争的大概“样貌”将在很大程度上由经济、金融、投资的资源和手段从西向东的流动，由南南合作的不断扩大而构成。

今天，我们可以自信地说，延续了30余年的单极世界已不复存在。一个以大大小小的多个极点为基础的世界正在慢慢形成，区域经济合作的增

---

① ШОС и ЕАЭС: объединение усилий для реализации экономических потенциалов. ЕАЭС. // URL: https://eec.eaeunion.org/news/03-11-2020-9/ (дата обращения: 12.05.2023).

长就是证明。

上述趋势为引发人类不断提出新的全球和区域性思想、观念和战略项目。在世界许多地区，有些观念和项目激发了人们对世界积极发展的信心。欧亚大陆是世界上地缘政治和地缘经济观念、思想和项目最多的地区。“一带一路”倡议、欧亚经济联盟、“新丝绸之路”、“大欧亚”、欧盟的计划和项目等，都是一系列正在实施的项目。

十多年来，“欧亚”主题已经频频出现在许多国家和国际组织的各种构想和战略中。因此，上合组织与欧亚经济联盟间的合作对于这一进程的参与者来说是有益且有意义的。

例如，中国国家主席习近平提出的“一带一路”倡议蕴含着巨大的经济潜力。此外，该倡议还消除了基于“东西方”观念的地缘政治合作项目的弊端。“一带一路”倡议提出，要在尊重相互利益、互利共赢、共同维护安全的基础上打造经济合作。

“大欧亚”理念和“一带一路”倡议的一些理念也在上合组织的实践活动中予以体现。同时还应看到，在上合组织中，印度、中国、俄罗斯等世界大国和吉尔吉斯斯坦等小国都是平等的伙伴，是现实中的平等，而非纸面上的平等。

发展上合组织与欧亚经济联盟之间的合作关系可以为建立更加公平的新型国家协作制度奠定基础。对此，上合组织前秘书长（2010—2012）、吉尔吉斯斯坦共和国前外交部长伊马纳利耶夫表示：“欧亚大陆各国面临的战略任务是推动形成一个多功能、多目标的新的历史进程。不仅要为货物、人员和资金等的流动开辟新的路线，还要共同构建一个具有全面积极意义、对所有国家和特定群体无害、满足各参与方需求与权利、普惠大众的新的历史进程的规则，且需经所有参与者同意和接受。”①

在所有相关国家和组织的共同努力下，这一预期存在实现的可能。

---

① М.Иманалиев. Малые государства и их интересы при строительстве Большой Евразии. 06.03.2018. Международный дискуссионный клуб «Валдай». // URL: https://ru.valdaiclub.com/a/highlights/malye-gosudarstva-evraziya/ (дата обращения: 28.04.2023).

结　语

结合上合组织的发展现状和前景，以及其与欧亚经济联盟的经济合作前景，可以得出以下主要结论：

第一，上合组织在最重要的地缘政治发展中占据了一席之位。上合组织以“上海精神”及和平共处理念为基础，其成员国能在睦邻友好、互利共赢、互不干涉内政的原则下发展合作。

第二，现代条件下，上合组织和欧亚经济联盟的成员国与世界其他国家一样，关注新的挑战和威胁，以及重视建立新的贸易关系和经济体系的必要性。

第三，上合组织完全有机会成为现代国际社会的领导者，为相关国家创造人道主义环境，以建立基于科学依据原则的繁荣国家共同体。上合组织有能力解决本组织成员国共同面对的经济、科技、文化和教育的发展等问题。

Перспективы сотрудничества между Шанхайской Организацией Сотрудничества и Евразийским Экономическим союзом

[Кыргызстан] Ш. Бактыгулов

Аннотация: За последние 30 лет постоянно ростет роль регионального сотрудничества, о чем свидетельствует увеличенное количество подписанных региональных торговых соглашений. Регионализация стала выбором для преодоления кризиса глобализации. Укрепление роли региональных организаций сотрудничества открывает новые экономические перспективы для их участников и открывает новые «окна возможностей» для развивающихся стран. Перед странами ШОС и Евразийского экономического союза открываются уникальные возможности для налаживания сотрудничества между этими двумя организациями, поскольку внеблоковые и консенсусные принципы ШОС и принцип взаимовыгодного сотрудничества позволяют странам с разными культурами, религиями, традициями и размерами экономики в полной мере раскрыть свой экономический потенциал. Эффективное и прагматичное взаимодействие между ШОС и Евразийским экономическим союзом может заложить основу для формирования нового равноправного (практического, а не словесного) партнерства между развивающимися странами, что будет в большей степени способствовать формированию многополярного мира. Поэтому государства-члены ШОС и Евразийского экономического союза возлагают свои надежды на сотрудничество между этими двумя организациями.

Ключевые слова: Евразийский экономический союз, ШОС, Взаимный выигрыш, внеблоговый характер, Региональное сотрудничество.

Автор: Ш. Бактыгулов, директор Центра мировой политики Национального института стратегических исследований Кыргызстана.

Prospects for Cooperation between the Shanghai Cooperation Organization and the Eurasian Economic Union

[Kyrgyzstan] Sheradil Baktygulov

Abstract: Over the past 30 years, the role of regional cooperation between nations has continuously strengthened, as evidenced by the increasing number of signed regional trade agreements. Regionalization has become a response to the globalization crisis under the "East vs. West" concept. The increased role of regional cooperation organizations has created new economic perspectives for their participants, creating new "opportunity windows" for prosperity in developing countries. For the participating countries of the Shanghai Cooperation Organization (SCO) and the Eurasian Economic Union (EEU), establish cooperative relations between these two organizations has unique possibilities. The non-bloc nature and "consensus-based" decision-making of the SCO, along with the principles of mutually beneficial cooperation, allow countries with diverse cultural, religious, traditional, and economic scales to fully leverage their economic potential. Effective and pragmatic interaction between the SCO and the EEU can lay thc foundation for establishing entirely new, practical, and equal partnerships for developing countries, promoting the establishment of a multipolar world. Therefore, member states of the SCO and the EEU have pinned their hopes for a better future on the cooperation between these two organizations.

Keywords: Eurasian Economic Union, Shanghai Cooperation Organization, win-win cooperation, non-bloc nature, regional cooperation

Authors: Sheradil Baktygulov is the Director of the World Politics Center at the National Institute for Strategic Studies in Kyrgyzstan.

上海合作组织应对成员国国内冲突的路径探析

——基于集安组织军事介入“一月事件”的启示

陈亚州　　张炜恒

【内容提要】作为维护欧亚地区安全与稳定的两支重要力量，上合组织与集安组织均面临如何处理成员国国内冲突的问题。2022年哈萨克斯坦发生“一月事件”，集安组织首次采取军事方式予以干预。在此过程中，包括俄罗斯、塔吉克斯坦、吉尔吉斯斯坦和乌兹别克斯坦等上合组织成员国积极为集安组织的行动提供了军事支持，而印度和巴基斯坦并未对此表示明确的反对。上合组织部分成员国国内冲突时有发生，未来在应对此类事件时，上合组织应做出进一步的努力：准确评估成员国国内冲突的演变，及时提出解决成员国冲突的上合组织方案；加强成员国安全合作的行动能力，构建更严密、健全且高效的执法合作网络；与集安组织加强战略协作以应对地区安全挑战；支持和平解决争端，鼓励对话和谈判。

【关键词】上合组织；集安条约组织；“一月事件”；安全合作

【作者简介】陈亚州，兰州大学中亚研究所、政治与国际关系学院青年研究员，硕士生导师；张炜恒，兰州大学政治与国际关系学院学生。

上海合作组织和集安条约组织（以下简称“集安组织”）是维护欧亚地区稳定的重要力量。自成立以来，两个组织对成员国内部冲突均保持不积极介入的姿态。不过，2022年1月，为应对哈萨克斯坦的“一月事件”，集安组织首次军事介入成员国的国内冲突。集安组织果断高效的危机处置能力，成为哈萨克斯坦动荡局势得以迅速平息的关键因素，该举措有效阻止了乱局外溢。经此骚乱，集安组织一定程度上改变了外界对其安全功能弱化的认知，提高了组织的声誉和威望。在集安组织中，俄罗斯、哈萨克斯坦、吉尔吉斯斯坦、塔吉克斯坦也同时担任上合组织成员国。上述成员国在集安组织强力介入“一月事件”中的态度与行为，值得特别关注。上合组织部分成员国国内冲突亦时有发生，为中国周边安全增加了不确定性。如何从组织层面有效应对此类事件，是上合组织需要深入思考的问题。为此，本文首先梳理了集安组织介入“一月事件”过程中的整体态势。其次，考察了上合组织成员国关于集安组织介入“一月事件”的态度和行动。最后，讨论了上合组织应对成员国国内冲突的可能路径。

一、集安组织军事介入“一月事件”的态势评估

集安组织军事介入“一月事件”是在乌克兰危机一触即发的特殊背景之下发生的。“一月事件”发生前，俄罗斯与美国及北约关于安全保障的谈判进入死胡同，欧亚地区的安全形势日趋紧张。2021年下半年，美国等西方国家在黑海举行军演并派遣轰炸机在俄边界附近飞行，[①] 让俄罗斯极度愤怒和不安。随后普京和拜登举行了会晤，但二者在乌克兰问题上存在难以弥合的分歧。俄提出的安全协议草案，遭到北约的断然拒绝。同时，俄罗斯在乌克兰东部边界陈兵十多万，以此为后盾，欲迫使美国及北约接受其安全诉求。美国及北约的步步紧逼，以及俄日益感到通过政治和外交的途径解决安全关切的希望已日渐渺茫，历史积怨和现实窘境都在推动俄罗斯准备进行军事斗争。因此，处于极不寻常的安全境况中，俄罗斯对其周边的风吹草动高度警惕，更不愿看到此时此刻在其周边国家生变生乱。尽管“一月事件”的发生有其复杂的原因，但在该事件发生前并没显示出明显的征兆。2022年1月2日至5日，抗议活动从曼吉斯套州扎瑙津市迅速蔓

---

① 《北约与乌克兰在黑海举行“海上微风”军演，俄罗斯密切监视》，光明网，2021年6月29日，https://baijiahao.baidu.com/s?id=1703887372166421079&wfr=spider&for=pc，访问日期：2023年5月10日。

延至全国。1月5日，托卡耶夫紧急向集安组织寻求支援。[①] 1月6日，集安组织集体安全理事会通过决议，向哈萨克斯坦派遣集体维和部队。决议通过的当天，俄罗斯空降兵分队就作为先锋部队，携带轻武器及卡车抵达哈萨克斯坦，部署在阿拉木图机场执行任务。可以说，在托卡耶夫向集安组织发出支援请求时，哈当局还难以查明乱局发生的确切原因，更不用说集安组织。因此，集安组织之所以打破先例派兵援助，可见并非是集安组织深思熟虑的结果，而是俄罗斯等成员国在当时特殊的安全环境下做出的临时决议。

在此情况下，集安组织选择以军事手段介入“一月事件”，还可能有其他两方面的考虑。一方面，防止美国及北约势力乘机介入。美国及北约一直试图在后苏联地区扩大自己的影响力，若集安组织选择不介入“一月事件”，而是袖手旁观，那么美国及北约极有可能会利用这个机会干预哈萨克斯坦内政，以实现自己的战略目标。这将对俄罗斯的地区安全和利益造成威胁，可能引发更大规模的地缘政治危机。另一方面，防止乱局向中亚其他国家扩散。“一月事件”由民生问题引起，而受新冠病毒疫情等因素影响，其他国家也存在类似的问题，但作为中亚较为富裕、经济发展一直比较稳定的国家，哈萨克斯坦都出现了社会骚乱，对于经济形势更不好的其他成员国，“一月事件”外溢的风险不容忽视。

2010年底“阿拉伯之春”发生以来，叙利亚、乌克兰、白俄罗斯、亚美尼亚、阿塞拜疆国内相继出现激烈冲突局面。外部力量不断挤压俄罗斯战略空间，集安组织成员国内部冲突加剧，地区冲突频发，迫使集安组织对地区安全风险保持高度的戒备。尤其是2021年8月以后，阿富汗形势发生重大变化，俄罗斯和西方在乌克兰问题上的冲突愈演愈烈。在此背景下，集安组织内部的团结和协作程度空前提高。为防控地区可能出现的突发安全风险问题，集安组织开展了系统的联合决策推演，做好了从政治外交措施到动用快速反应部队的各级别应对预案，包括就危急时刻军事介入

① “Moscow-Led Bloc to Send ‘Peacekeeping Forces’ to Protest-Hit Kazakhstan,” accessed on January 5, 2022, https://www.france24.com/en/asia-pacific/20220105-kazakhstan-appeals-to-russia-led-security-alliance-for-help-against-terrorists.

成员国国内冲突达成共识。该组织重视快速反应部队的建设，不断优化指挥系统，更新换代武器设备。同时，集安组织极具前瞻性的实战化演练提高了该组织主动塑造安全态势的能力。仅2021年下半年，集安组织就开展了“西方—2021”联合战略演习、“协作—2021”军事演习、“坚不可摧的兄弟联盟—2021”和“科博尔特—2021”演习，该组织如此密集、大规模的军演实属罕见。演习科目涉及肃清非法武装组织、护送人道主义物资车队等，基本涵盖所有可能出现的安全风险。集安组织成员国均参加了这些实训，且投入了大量兵力和先进装备。

哈萨克斯坦发生骚乱后，集安组织的军事介入程序和行动具备合法性。哈萨克斯坦请求集安组织提供援助是在对局势发展进行全面客观评估后做出的谨慎决定。首先，这符合哈萨克斯坦国内法律的规定。根据哈萨克斯坦现行的反恐法的定义，恐怖主义是指通过违法犯罪行为或威胁实施该行为来破坏公共安全，恐吓民众，干扰国家机关、外国和国际组织决策，或报复这些活动的行为，以及威胁个人或组织进行该类行为。哈萨克斯坦面临的社会骚乱和可能带来的严重后果符合其对恐怖主义的定义。哈在必要时制止恐怖袭击的情况下，请求集安组织提供援助是符合其反恐法的授权的。其次，本次军事介入行动符合集安组织的决策程序和宪章。根据《集安条约》第二条和第四条的规定以及《维和活动协定》，当任何成员国面临侵略（即威胁安全、稳定、领土完整和主权的武装袭击）时，该国可以请求集安组织提供必要的援助，包括军事援助。虽然在哈萨克斯坦向集安组织请求军事援助时尚未完全确认骚乱背后的外部支持势力，但社会骚乱显然对哈萨克斯坦的安全和稳定构成了重大威胁。在决策过程中，集安组织成员国之间进行了充分的协调。最后，这符合相关国际法的规定。虽然国际社会尚未就人道干预或反恐战争是否合法这一问题形成一致意见，但根据联合国安理会的授权和当事国的同意，这两种情况都可以被视为跨境出兵的合法依据。集安组织作为地区安全组织于2010年获得联合国的认可。此外,《国家对国际不法行为的责任条款草案》第二十条规定：“一国以有效方式表示同意另一国实施某项特定行为时，该特定行为的不法性在与该国家的关系上即告解除。但以该行为不逾越该项同意的范围为限。”目前来看，集安组织维和部队在哈萨克斯坦停留的期限由哈萨克斯坦决定，并在获得所有成员国的同意后可以撤出。因此，尽管外界，特别是美国，对集安组织出兵维和的真实意图表示怀疑，并试图挑拨俄罗斯和哈萨克斯坦之间的关系，但无论从哪个角度来看，都不会对集安组织的行动产生明显的影响。

对于未来成员国中发生的类似事件，集安组织选择是否干预和如何干预仍存在不确定性。客观地讲，俄对集安组织的决策有重大的影响，集安组织对成员国国内冲突的介入具有选择性。具体到某一军事介入行动是否与俄罗斯国家利益一致，是影响集安组织介入地区冲突的决定性因素。以2010年吉尔吉斯斯坦发生的暴力骚乱为例，吉尔吉斯斯坦总统巴基耶夫向集安组织发出求助请求后，集安组织并未立即伸以援手。其中重要原因在于，巴基耶夫对俄罗斯的关切并未认真落实，尽管口头承诺但实际并没有停止向美国继续租用马纳斯空军基地的行为。有分析家指出，集安组织在2010年没有应邀军事介入吉尔吉斯斯坦动乱的主要原因是集安组织成员国缺乏政治意愿，并非是集安组织能力不足。[①] 因此，集安组织不仅未出兵援助，而且承认了吉尔吉斯斯坦反对派。作为对俄罗斯的忌惮和回报，吉尔吉斯斯坦新任总统阿塔姆巴耶夫于2013年下令关闭该基地。

有鉴于此，未来集安组织是否会军事介入成员国的类似骚乱，首先，取决于俄罗斯和其他成员国现政权、反对派的关系。冲突方与俄罗斯战略利益契合程度越高，则俄罗斯倾向于选择支持这一方的可能性越高。尤其对受西方支持的政权，该国发生动乱时集安组织干预的概率较低。其次，取决于冲突的性质。集安组织将根据冲突的性质是恐怖主义活动、内部权力斗争、“颜色革命”、外部势力入侵以及冲突的强度，做出相应的应对措施。对主要由国内权力斗争引发的国内外冲突，俄罗斯可能会采取机会主义的策略。而对于涉及恐怖主义渗入、外部支持迹象明显的骚乱，集安组织介入的积极性会越高。再次，集安组织是否会军事介入还要取决于事态发展的趋势和当事国的危机处置能力。在当事国无力应对国内事态且风险外溢可能性较高的情况下，集安组织出兵的概率较高。最后，在干预方式

① Yulia Nikitina, “The Collective Security Treaty Organization through the Looking Glass,” *Problems of Post-Communism*, Vol. 59, No. 3, 2012, p.50.

问题上，根据局势演变和当事国的意愿，集安组织可选择物资援助、参加前线作战或重点保护当事国的战略要地和设施。

二、上合组织成员国对哈“一月事件”的反应和行动

俄罗斯的态度经历了从不干预到军事干预的快速转变。在哈萨克斯坦提出请求后，俄坚决支持并领导了集安组织开展的军事干预行动。2022年1月5日，俄外交部首次发表声明称，相信哈萨克斯坦有能力解决自己的内部问题，外部力量不应对哈萨克斯坦进行干涉，且哈萨克斯坦领导人没有向俄罗斯寻求援助。[①] 6日，在局势面临升级危险时，哈萨克斯坦总统托卡耶夫向集安组织求援，集安组织随即做出了积极回应，并决定派出维和部队帮助平息骚乱。[②] 1月10日，在哈萨克斯坦局势整体平稳后，俄认为，哈萨克斯坦骚乱事件是武装分子有预谋有组织的侵略行为，其中包括显然在国外恐怖分子营地接受过训练的人员。普京表示，集安组织维和部队部署到哈萨克斯坦的行动是及时的、合法的，尽管西方国家担心此举可能对哈萨克斯坦国家主权构成威胁，但集安组织不允许成员国出现所谓“颜色革命”的场景。[③] 当然，这并不必然意味着俄罗斯在此后中亚地区发生类似事件中维持同样的立场和行动。

塔吉克斯坦以两院压倒性赞成票同意出兵，并期待集安组织在地区安全事务中扮演更重要的角色。1月7日，塔吉克斯坦议会两院召开会议，以69票赞成、7票反对的结果通过决议，同意在国外使用塔武装力量，并派遣200名军人前往哈萨克斯坦。总统拉赫蒙1月10日在集安组织成员国领导人线上峰会上表示，阿富汗境内的“伊斯兰国”（ISIS）武装分子的势

---

① 《俄总统新闻秘书：相信哈萨克斯坦有能力解决内部问题》，光明网，2022年1月5日，https://m.gmw.cn/baijia/2022-01/05/1302750558.html，访问日期：2023年5月12日。

② 《哈国家银行：哈萨克斯坦所有金融机构暂停营业》，俄罗斯卫星通讯社，2022年1月6日，https://big5.sputniknews.cn/20220106/1036968915.html，访问日期：2023年5月12日。

③ “Putin: No More Color Revolutions,” accessed on January 10, 2022, https://www.voanews.com/a/putin-no-more-color-revolutions/6390636.html.

力在加强。[①] 根据塔吉克斯坦安全部门的观测，恐怖分子在集安组织边界地区、阿富汗东北部相关各省的训练营和训练中心的数量超过40个，人数达6000多人。[②] 由于对阿富汗局势对塔吉克斯坦造成的安全威胁始终保持着高度重视，拉赫蒙一直认为阿富汗的和平稳定就是塔吉克斯坦的和平稳定，因此，塔吉克斯坦不仅对于集安组织军事介入哈萨克斯坦骚乱持坚定支持的态度，而且期待集安组织能更多关注阿塔边境恐怖主义的发展现状。根据塔吉克斯坦的一贯立场和行动，如果集安组织采取跨国军事行动打击恐怖主义，可以预见的是，塔吉克斯坦同样会积极支持和参与。

吉尔吉斯斯坦经历了从观望犹豫到同意决定出兵的转变，国内出现小规模反对的抗议活动。1月5日，吉尔吉斯斯坦外交部发表声明，表示哈萨克斯坦有能力在不受外界干预的情况下独立解决当前局势，并再次确认准备在必要时向哈方提供全方位的支持。[③] 同时，吉尔吉斯斯坦总统扎帕罗夫对哈萨克斯坦发生的人员伤亡、大量趁火打劫、大破坏和其他暴力事件感到不安，也对本国发生类似事件保持警惕。7日，吉尔吉斯斯坦决定派遣军事特遣队作为集体力量的一部分参加维和活动，同时派出150名军事人员、8辆装甲车和11辆汽车。吉尔吉斯斯坦明确表示，吉军人只参与保护哈具有重要战略意义的设施，不会参与哈和邻国之间的冲突。同一天，在比什凯克议会大楼附近，举行了一场由二三十民众参加的抗议活动，反对集安组织在哈开展维和行动，理由是该组织的力量只能在成员国遭遇外部侵略的情况下使用，而哈正在发生的骚乱是其内政。

乌兹别克斯坦对集安组织的行动给予了政治和外交支持。2012年12月乌退出集安组织，截至2021年11月，乌政府始终认为没有重返集安组织

---

① TASS, “Two Servicemen Killed in Counter-Terror Operation at Almaty Airport,” accessed on January 5, 2022, https://tass.com/world/1384269.

② 《塔吉克斯坦总统：集安组织边界地区有6000多名伊斯兰国武装分子》，俄罗斯卫星通讯社，2022年1月10日，https://sputniknews.cn/20220110/6000-1037017282.html，访问日期：2023年5月15日。

③ “Kyrgyzstan Ready to Provide All-Round Support to Brotherly Kazakhstan if Necessary, MFA,” accessed on January 6, 2022, http://en.kabar.kg/news/kyrgyzstan-ready-to-provide-all-round-support-to-brotherly-kazakhstan-if-necessary-mfa/.

的必要。[①] 一是乌决策层大部分人没有加入集安组织的意愿；二是乌法律禁止建立军事基地和加入此类组织。尽管乌是非集安组织成员国，但是乌总统米尔济约耶夫对待哈骚乱的态度非常明确，表示坚定支持集安组织为确保哈国家稳定而采取必要措施。[②] 在并非集安组织成员国的情况下，米尔济约耶夫十分担心骚乱在乌发生，原因在于若如此乌可能陷入孤立无援的处境。因此，哈萨克斯坦骚乱发生后不久，乌即宣布完全暂停天然气对外出口。白俄罗斯还不失时机地对乌和美国的暧昧关系进行了“善意提醒”。此次哈萨克斯坦发生的骚乱能否成为乌决定重返集安组织的转折点尚有待观察，但无疑会促使乌重新审视与集安组织的关系，重新平衡与俄美的关系和维护国家安全。

印度和巴基斯坦始终关注哈萨克斯坦骚乱事件的发展，但对于集安组织军事介入骚乱并没有持明显的态度。2022年是印度和中亚国家建交30周年。直到哈骚乱发生后的1月10日，印度外交部发言人才表示，正在密切关注哈国事态的发展，向在暴力事件中丧生的无辜受害者家属表示最深切的哀悼，期待局势早日稳定，并表示哈当局的协调有助于确保印度国民的安全，敦促在哈印度公民遵循当地的安全指示。巴基斯坦外交部一直与巴驻哈大使馆保持密切联系，以期为居住在那里的巴国公民提供尽可能的帮助。实际上，不持态度也是一种无声的默许姿态。根据当前印巴和俄罗斯、中亚国家间的关系可以推测，印巴的沉默似乎是对集安组织在哈行为的一种默认，至少没有追随美国公开质疑集安组织的军事行动以及试图离间俄哈关系。

哈萨克斯坦的态度经历了从犹豫到希望得到集安组织的支持和帮助，再到淡化集安组织在事件中的作用几个阶段。骚乱伊始，哈萨克斯坦政府并没有向集安组织寻求帮助，而是试图通过自己的内部力量把控局势。然而，随着事态的不断升级和恶化，哈萨克斯坦政府的态度开始发生转变。

---

① 《乌兹别克斯坦外长：乌方没有重返集安组织的计划》，央视网，2021年10月23日，https://news.cctv.com/2021/10/23/ARTILRk6TGepfbKSaOc94PAz211023.shtml，访问日期：2023年5月15日。

② “The President of Uzbekistan Holds a Phone Call with the President of Kazakhstan,” accessed on January 5, 2022, https://www.gov.uz/en/news/view/33223.

1月5日，哈萨克斯坦总统托卡耶夫正式向集安组织发出求助。这标志着哈萨克斯坦政府开始接受集安组织的介入，并认为集安组织的帮助是必要的。1月6日，集安组织最终宣布将向哈萨克斯坦派遣维和部队，以协助哈萨克斯坦政府维护国家安全和稳定。哈政府对此表示感谢，并表示愿意与其合作共同应对安全挑战。乌克兰危机爆发后，哈萨克斯坦外交政策的多元化特点更加突出。哈在面对乌克兰危机问题时不愿选边站，但仍将俄罗斯视为重要伙伴。这也是哈淡化集安组织作用的重要原因。

三、对上合组织应对成员国内部冲突的政策启示

2005年3月，吉尔吉斯斯坦爆发“郁金香革命”，上合组织反应较为无力，没有发挥出一个强大组织应起的积极作用。4月，上合组织秘书长张德广专程前往吉尔吉斯斯坦了解情况，并表态全力支持吉尔吉斯斯坦政府，但却表示无法派遣军队。① 2006年上合峰会提出在组织框架内建立防御地区冲突和应急反应机制，以预防应对类似吉尔吉斯斯坦非正常政权更迭事件。② 2010年4月，吉尔吉斯斯坦南部地区发生骚乱并迅速蔓延至全国。在骚乱爆发之初，上合组织谨慎行事，没有仓促表态，反应较慢，也由此招致“行动不积极”的批评。在话语层面，上合组织对吉尔吉斯斯坦国内局势多次发表声明表示严重关切，呼吁制止犯罪和违法行为，希望尽快稳定局势、恢复法律秩序、实现民族和解。③ 6月，上合组织积极号召成员国支持和援助吉尔吉斯斯坦，并派观察员参加了吉尔吉斯斯坦6月的全民公决和10月的议会选举。④ 此后，上合组织根据吉尔吉斯斯坦局势的发展变化做出了不同的选择。2020年9月28日，上合组织对阿塞拜疆和亚

---

① 《潘光:“哈萨克斯坦暴乱背后有没有‘三股势力’，会不会外溢？我们必须警惕”》，东方网，2022年1月7日，https://j.eastday.com/p/1641513192030758，访问日期：2023年3月20日。

② 邓浩:《上海合作组织政治合作：进展、挑战及未来路径》,《国际问题研究》2021年第3期，第55页。

③ 李孝天、陈小鼎:《上海合作组织参与地区安全治理的特征、限制与改进路径》,《太平洋学报》2021年第9期，第35页。

④ 潘光:《吉尔吉斯斯坦动荡：俄美欧的作用、对中国的影响》,《新疆师范大学学报》2010年第4期，第40页。

美尼亚在纳戈尔诺—卡拉巴赫地区的局势恶化表达极度关切，希望对峙双方能够尽快停止使用武力。[①] 2022年1月7日，上合组织表示正密切关注哈萨克斯坦共和国局势的发展，并对该国发生的街头骚乱及违法活动表示关切，希望哈萨克斯坦能够尽快实现国内局势的稳定。[②] 2022年1月18日，上合组织秘书长张明强调上合组织支持哈萨克斯坦领导人稳定国内局势的措施，希望该国局势早日恢复正常。[③] 总体来说，上合组织在应对成员国内部冲突方面存在改进空间。在吉尔吉斯斯坦等国内部发生冲突时，上合组织的反应速度较慢，未能充分发挥其应有的作用，立场表达也较为官方和空洞，缺乏具体的行动措施和实质性的支持。基于上文分析，未来上合组织应对成员国的内部冲突可采取以下建议：

第一，在成员国内部冲突发生后，上合组织应准确评估形势发展，及时明确提出解决问题的方针和政策。在上合组织成员国普遍对集安组织介入哈萨克斯坦骚乱持积极态度的情况下，上合组织应明确表明其基本立场。上合组织首先需要认真研究并尝试改进官方声明的内容风格。同时，不能仅在类似事件发生初期发表一份声明即告结束，而是需要随着事件的发展及时表达上合组织的整体立场。此外，上合组织需要对已出现和可能出现的各类冲突进行分类，建立成员国在应对各类突发事件时的情报沟通渠道。上合组织已经建立了分享与恐怖嫌疑人和被禁恐怖组织有关的有限安全信息的机制，但由于部分国家不愿分享关键情报信息，地区反恐机构的多边情报共享水平仍需提高。在此基础上，上合组织应制定危机协商程序，及时沟通信息和评估形势，明确立场，并提出具有建设性的方案和政策，同时制订相关支持计划。

第二，应加强安全合作行动能力，构建更严密、健全且高效的执法合作网络。其一，可利用中国—上合组织国际司法交流合作培训基地等平

① 《上海合作组织秘书长诺罗夫就纳卡地区局势恶化发表声明》，上海合作组织网，2020年9月8日，http://chn.sectsco.org/news/20200928/678532.html，访问日期：2023年5月14日。

② 《上海合作组织秘书长关于哈萨克斯坦当前局势的声明》，上海合作组织网，2022年1月7日，http://chn.sectsco.org/news/20220107/810770.html，访问日期：2023年5月15日。

③ 《上海合作组织秘书长张明会见哈萨克斯坦驻华大使柯依舍巴耶夫》，上海合作组织网，2022年1月18日，http://chn.sectsco.org/news/20220118/812136.html，访问日期：2023年5月15日。

台，持续为成员国提供司法和执法人员培训，以强化执法能力建设。其二，加强去极端化合作，中俄在该领域拥有丰富经验，同时中亚国家也有可借鉴之处，可建立务实的去极端化合作机制。考虑到哈萨克斯坦在去极端化工作方面所面临的压力明显增加，成员国应以此为契机，建立成员国去极端化合作平台。其三，重点加强成员国首都和重要城市的国际警务执法合作。以成员国于2016年发布的《上合组织首都警务执法合作北京宣言》为政治基础，不断创新成员国重要城市的警务合作。包括此次哈萨克斯坦骚乱在内的类似事件表明，城市是动荡局势发展的中心和风险的聚集地。在总结过去五年成员国在首都警务合作方面有益经验的基础上，上合组织可定期举行成员国首都警务联合应急演练。如将2023年亚太金融论坛期间的安保工作视为贯彻《上合组织首都警务执法合作北京宣言》的重要机会。探索建立常态化的成员国首都联合警务巡逻机制，并将其推广到成员国重要城市之外，形成成员国轮流执法巡逻的例行工作制度。在此过程中，需要建立专门的城市联合执法力量，重点对成员国之间的重要合作项目进行日常巡逻，并确保在城市发生安全事件时保障成员国合作重大项目的安全和顺利运营，确保成员国机构和人员的安全。

第三，上合组织应与集安组织加强战略协作以应对地区安全挑战。作为致力于维护地区安全的区域性国际组织，上合组织和集安组织的成员和职能有很高的重合度。然而，两者在组织性质、打击分裂主义、战略重点、方向和地理边界等方面存在明显差异。两个组织之间的合作对于打击地区的“三股势力”、禁毒和维护地区安全具有积极意义。2007年，两组织秘书处签署了谅解备忘录，首次以正式文件形式确立了合作目标和方向，其中包括情报交换，打击武器和毒品走私，打击有组织犯罪，以及共同应对新威胁和挑战，包括打击恐怖主义，维护欧亚地区和全球的稳定与安全。然而，自2007年以来，上合组织和集安组织之间的合作进展缓慢。以此次哈萨克斯坦骚乱为契机，二者可以进一步深化合作：其一，在维护全球战略稳定和地区安全的基础上，上合组织和集安组织需要进一步明确各自的安全功能，并协调二者在维护地区安全中的角色和分工，以避免功能重叠。其二，二者应加强应对地区安全问题的战略协作。2021年9月，上合组织和集安组织成员国领导人举行了阿富汗问题联合峰会，为两个组织的战略协作树立了良好示范。有阿富汗分析人士认为，上合组织和集安组织召开联合峰会对阿富汗问题具有重要意义，阿富汗期望二者能够发挥在地区和全球事务上的重要影响力，建立相应的合作机制，帮助阿富汗摆脱政治困境、实现经济重建，加强反恐能力。其三，探索上合组织和集安组织开展联合军事演习的意愿和可行路径。白俄罗斯在这方面表达了积极意愿，白俄罗斯安全会议国务副秘书弗拉基米尔·阿尔恰科夫表示，提高白俄罗斯安全的措施之一是与俄罗斯、集安条约组织成员国、中国和上合组织成员国建立更紧密的关系。

第四，支持和平解决争端，鼓励对话和谈判。上合组织应当采取积极措施，促进冲突国国内各方之间的政治对话与和解进程，以实现可持续和平与稳定。其一，上合组织可以发挥中立的调解角色。作为综合性区域组织，上合组织具备相对中立的地位和资源，有能力成为促进对话与和解的中介方。通过建立信任、加强接触，并为冲突各方提供中立的平台，上合组织有助于缓解紧张局势，搭建政治对话的桥梁。其二，上合组织应设立对话渠道，以便各方能够开展直接、坦诚的对话。通过设立多边对话机制、高层会议或专门工作组，上合组织可以提供一个正式的、公开透明的对话平台，使冲突各方能够就争议问题开展对话，充分表达利益诉求，并寻求共同解决方案。其三，上合组织还可以协助谈判，为成员国提供必要的技术和专业支持。通过提供专家咨询、法律和政治专业知识，上合组织可在谈判过程中协助成员国解决法律和政治难题，以促进对话的顺利进行，达成可持续的和平解决方案。

Анализ пути ШОС по разрешению внутренних конфликтов в государствах-членах

—Основано на разоблачении военного вмешательства ОДКБ в “январский инцидент”

Чэнь Ячжоу, Чжан Вэйхэн

Аннотация: Являясь двумя важными силами в поддержании безопасности и стабильности в Евразийском регионе, как ШОС, так и ОДКБ сталкиваются с проблемой того, как справляться с внутренними конфликтами в государствах-членах. “Январский инцидент” произошел в Казахстане в 2022 году, и Организация безопасности впервые вмешалась военным путем. В ходе этого события государства-члены ШОС, включая Россию, Таджикистан, Кыргызстан и Узбекистан, оказывали активную военную поддержку действиям ОДКБ, в то же время Индия и Пакистан явно не выражали своего несогласия. Внутренние конфликты в некоторых государствах-членах ШОС время от времени происходят. В будущем, при рассмотрении подобных инцидентов, ШОС необходимо прилагать дополнительные усилия: точно оценивать эволюцию внутренних конфликтов в государствах-членах и четко предлагать своевременные решения конфликтов в государствах-членах; укреплять сотрудничество государств-членов в области безопасности и создать более тесную, надежную и эффективную сеть сотрудничества правоохранительных органов; укреплять стратегическое взаимодействие с ОДКБ для реагирования на проблемы региональной безопасности; поддерживать мирное урегулирование споров и поощрять диалог и переговоры.

Ключевые слова: Сотрудничество в безопасности, ШОС, ОДКБ, Январский инцидент.

Автор: Чэнь Ячжоу, научный сотрудник НИИ по Центральной Азии, преподаватель института политики и международных отношений Ланьчжоуского университета; Чжан Вэйхэн, студент института политики и международных отношений Ланьчжоуского университета.

Exploring the Paths of the SCO in Responding to Domestic Conflicts in Member States

—Revelations Based on the Military Intervention of the CSTO in the "January Incident"

Chen Yazhou, Zhang Weiheng

Abstract: As two important forces in maintaining security and stability in the Eurasian region, the Shanghai Cooperation Organization and the Collective Security Treaty Organization both confront problems of how to manage domestic conflicts in member states. In 2022, CSTO intervened militarily the "January Incident" occurred in Kazakhstan. In this process, the SCO member states including Russia, Tajikistan, Kyrgyzstan and Uzbekistan provided active military support for the operation of the CSTO, while India and Pakistan did not explicitly oppose it. Domestic conflicts in some member states of the SCO occur occasionally. In response to such incidents in the future, the SCO needs to make further efforts such as accurately assessing the evolution of domestic conflicts in member states, and promptly and clearly propose the SCO approach to resolve the conflicts; strengthening the security cooperation and operational capabilities among member states to build a tighter, more robust and more efficient law enforcement cooperation network; strengthening strategic collaboration with the CSTO to address regional security challenges; supporting peaceful resolution of disputes and encouraging dialogue and negotiation.

Keywords: Shanghai Cooperation Organization, Collective Security Treaty Organization, January Incident, security cooperation

Authors: Chen Yazhou, Junior Research Fellow of Institute for Central Asian Studies and School of Politics and International Relations, Lanzhou

University; Zhang Weiheng, student of School of Politics and International Relations, Lanzhou University.

作为新型安全合作模式的上海合作组织与集安条约组织之比较

樊雪淞

【内容提要】2022年2月24日爆发的乌克兰危机激化了“百年未有之大变局”的加速发展，同时其前因后果证明了北约式封闭对抗性军事同盟并不代表全人类安全诉求的根本利益和正确发展方向。寻找能够为国际社会安全带来长治久安的新型安全合作模式成为前所未有的紧迫任务。目前，欧亚大陆存在北约、集安组织、上合组织三大区域安全合作组织，并且上合组织与集安组织在地域和职责上高度重合。但通过对比可以发现，集安组织作为传统安全组织并未摆脱冷战时期对抗性军事同盟模式的窠臼，决定了其在现阶段能够发挥重要作用的同时并不代表着其是未来国际安全机制的发展方向。而始终践行其“上海精神”，不结盟、不对抗的上合组织走出了一条新型多边合作之路，具有代表欧亚地区各国乃至全人类共同诉求和根本利益的潜力，必将在未来为各国人民的和平、安全、稳定和发展，为人类命运共同体的建设作出更大贡献。

【关键词】上合组织；集安条约组织；北约；新型安全组织

【作者简介】樊雪淞，俄罗斯高等经济大学世界经济与世界政治系副教授、世界秩序与新区域主义国际研究所研究员；莫斯科国际关系学院政治学副博士。

2022年2月24日成为当代历史走向的重大转折。当天清晨，俄罗斯总统普京在其全国电视讲话中宣布开始对乌克兰进行“特别军事行动”。乌克兰危机爆发以来，国际社会各方力量的各种反应和行动愈发证明，苏联解体30余年来，以美国和西方为主导的旧有国际秩序正在逐渐解体。伴随着乌克兰战场上的激烈交锋和世界各地的冲突和动荡，新的国际秩序仍不明朗，但已正在逐渐孕育中。

自乌克兰危机爆发后，伴随着规模空前的一万多项制裁，西方国家大有将挑战后冷战时代秩序的俄罗斯“开除出地球球籍”之势。

乌克兰危机这场二战以来欧洲大陆上最大规模的军事冲突至今仍愈演愈烈，这场冲突激化了后冷战时代秩序的逐渐解体和“百年未有之大变局”的加速发展。此时寻找能够为国际社会安全带来长治久安的新型安全组织模式就成为国际社会前所未有的紧迫任务。而这场冲突的前因后果给我们带来的启示就是——北约类型的、以具体国家和组织为明确敌人的、封闭、对抗性军事同盟式国际安全组织并不代表全人类安全诉求的根本利益和正确发展方向。

作为欧亚地区，尤其是涵盖中亚地区的两大重要区域安全合作组织，上海合作组织和集安条约组织之间的互动关系自2001年上合组织成立以来即受到学术圈，尤其是俄罗斯和中亚地区学者的广泛关注。

因为两个组织具有相似的活动领域（安全问题）和活动地区（中亚），而且两个组织有着相似的成员——除中国、乌兹别克斯坦和新加入的印巴两国外，所有的上合组织成员国同时也是集安组织的成员（乌兹别克斯坦在1992—1999年，2006—2012年也曾是集安组织的成员国）；而在集安组织中大多数成员国同时也是上合组织的成员。因此上合组织和集安条约组织之间的微妙关系在一段时间内是俄罗斯学者的研究话题。

在上合组织成立之初，该组织的活动获得了俄罗斯和世界媒体的广泛报道。相对于集安组织，上合组织这个新兴而又与众不同、同时由中俄两大国参加的组织激起了国际社会的广泛兴趣。

作为集安组织的主导国和上合组织的成员国，俄罗斯学者在当时对此产生了不同意见。悲观主义观点有之，认为集安组织与上合组织之间的复杂交集关系会使它们陷入不公开的、危险的竞争，集安组织甚至可能会被笼罩在上合组织的阴影下。[①] 与此同时，同样存在着大量消极看待上合组织发展的观点。因为在集安组织框架内举行了实战性质的联合行动，创建了联合防空系统，组建了联合部队，发展了维和领域内的合作，这让集安组织成为后苏联空间内真正的、更加高效的安全问题合作中心。而上合组织的合作仅限于信息交流和共同立场协商，除了组织各项反恐演习外在安全合作实践方面并未有多大的发展。上合组织作为新型区域安全合作组织并不是传统式军事同盟，上合组织的基本文件《上海合作组织宪章》规定，各方的首要任务是通过政治和外交手段进行合作来保障地区稳定，并没有建立类似集安组织快速反应部队的“上合组织集体部队”的计划。[②] 上合组织的性质从根本上决定了其不能像集安组织那样拥有强大的对抗性武力并高效、迅速地应对突发威胁。西方国家也注意到，上合组织成员国通过地区反恐怖机构执行委员会（PATC）在一定程度上共享情报，并开展年度“和平使命”联合军事演习，旨在加强协调应对恐怖袭击。除这些活动之外，上合组织任何类型的“硬安全”的发展都受到限制。[③] 因此在随后的发展中，我们可以观察到，同时身处两个组织的哈、吉、塔中亚三国和俄罗斯都更倾向于在集安组织内发展军事合作，而非在上合组织内。

典型的事例发生在2010年6月，在吉尔吉斯斯坦南部骚乱最严重的时候，吉尔吉斯斯坦临时政府首脑罗扎·奥通巴耶娃请求向该国南部派遣维和部队。但吉方并未向上合组织求援，而是向传统伙伴俄罗斯和集安组织求援。尽管随后俄罗斯政府和集安组织以不干涉吉国内政为由并未出兵予以维和援助，但该次事件清楚地表明，当突发性安全危机来临时，同时参与两个组织的成员国十分清楚更应该向谁寻求帮助。

在吉尔吉斯斯坦南部骚乱12年之后，2022年1月哈萨克斯坦国内也

---

① Сафранчук И.А. ШОС на марше. ОДКБ в обозе? 20.08. 2007. // URL: https://www.ng.ru/politics/2007-08-20/3_kartblansh.html (дата обращения: 14.05.2023).

② Мезенцев Д.А.ШОС находится в преддверии расширения., 05.05.2015. // URL: http://sco-russia.ru/interviews/20150505/1013374785.html (дата обращения: 14.05.2023).

③ “Shanghai Co-operation Organisation (SCO): An Overview,” April 2015, accessed on April 6, 2023, Foeign & Commonwealth Office, https://assets.publishing.service.gov.uk/government/uploads/system/uploads/attachment_data/file/446524/SCO_-_Overview.pdf.

爆发了大规模骚乱。面对紧急形势，哈萨克斯坦总统托卡耶夫同样第一时间请求集安组织出兵平乱。根据《集体安全条约》第四条，集安组织除哈萨克斯坦之外的5个成员国集体组成多国维和部队进入哈萨克斯坦干预事态，成为集安组织成立以来的首次集体出兵。与此同时，上合组织同12年前一样扮演了相对不积极的角色。12年前上合组织坚持不干涉原则，只是在骚乱后的恢复时期，上合组织地区反恐怖机构执行委员会决定由成员国主管部门协助吉方维护其南部地区的安全，包括及时交流有关国际恐怖主义、分裂主义和极端主义组织可能企图破坏该地区局势稳定的信息。12年后，上合组织对哈萨克斯坦暴乱事件重复了不干涉内政的“吉尔吉斯斯坦模式”，上合组织地区反恐怖机构执行委员会也宣布愿意根据哈萨克斯坦相关部门的适当要求和规定方式提供必要的协助。

如此看来，同集安组织相比，上合组织在安全合作方面仿佛逊色许多。然而上合组织作为欧亚地区三大安全合作组织之一，作者认为有必要将其与其他两大组织——北约和集安组织在诸多方面进行对比（详见表4.1）。

表4.1 上合组织与北约、集安组织性质对比

	北约	集安组织	上合组织
性质	拥有明确敌国及意识形态色彩浓厚的政治军事联盟	作为苏联遗产之一的独联体内部集体安全军事联盟	开放性、具有多领域活动、非意识形态化、非军事同盟的区域国际组织
目的	成员国的“绝对安全”；巩固现有世界秩序，传播西方模式价值观	加强和平、国际和地区安全与稳定，在集体基础上保护成员国的独立、领土完整和主权（《集安组织宪章》第三条）；致力于在公认的国际法原则基础上建立公正、民主的世界秩序（《集安组织宪章》第4条）	建设多极化、民主、公正、合理的世界秩序
活动领域	政治、军事、安全	政治、军事、安全	安全、经济和人文合作
	主要在传统安全威胁领域合作，与其东方主要假想敌存在军事冲突的可能性	传统安全威胁领域和非传统安全威胁领域，存在假想敌及存在与其发生军事冲突的可能性	非传统安全领域合作，无具体假想敌
凝聚各方利益的原因	存在明确的现实威胁或外部对手是组织发展的必要条件，因此北约从未停止过寻找敌人和加强敌我对抗的过程	面对后苏联地区在苏联解体后产生的非传统安全威胁，以及来自北约及其他各方的军事和安全压力，国防实力薄弱的中小国家需以俄罗斯为中心进行集体安全合作	各方和平、睦邻、共同发展的务实诉求，面对非传统安全威胁（“三股势力”）的共同相关利益，本地区经济、人文合作的共同务实需求

续表

	北约	集安组织	上合组织
军事一体化	根据《北大西洋公约》第五条的集体防御，成员国武器和武装力量标准化机制和军队一体化，拥有自己的快速反应部队	成员国采取联合措施，在其框架内形成有效的集体安全体系，以在安全、稳定、领土完整和主权以及实现权利受到威胁时提供集体保护和集体防御，包括建立本组织的联合（集体）部队、区域（联合）部队集团、维和部队、联合系统及其指挥和控制机构、军事基础设施。成员国还在军事技术（军事经济）合作领域进行互动，为武装部队、执法机构和特殊服务部门提供必要的武器、军事、特殊装备和特殊手段。(《集安组织宪章》第7条)	无
成员国违反规则的惩罚	在法律层面，北约并没有开除成员国的机制。北约成员国可以自愿申请退出该组织(《北大西洋公约》第13条)，但不能强制其退出	如果成员国未能遵守组织宪章的规定、理事会的决定和本组织其他机构在执行这些决定时通过的决定，理事会可暂停该国参与本组织机构的活动。 如果会员国继续不履行这些义务，理事会可以决定将其开除出本组织。关于该成员国上述事项的决定，该成员国无投票权。 暂停成员国参加本组织机构的活动或将其开除出本组织的程序由理事会批准的有关条例确定。(《集安组织宪章》第20条)	如成员国违反本宪章的规定和(或)经常不履行其按本组织框架内所签国际条约和文件承担的义务,可由国家元首会议根据外交部长会议报告作出决定,中止其成员国资格。如该国继续违反自己的义务，国家元首会议可做出将其开除出本组织的决定,开除日期由国家元首会议确定。(《上海合作组织宪章》，第13条)

续表

	北约	集安组织	上合组织
采取决定	成员国以协商一致的方式就重大问题作出决定，联合国安理会的授权是其参与方境外行动合法性的保证。 但在实践中，成员国意见不统一时，存在一个以北约整体名义行动的“自愿联盟”和没有联合国授权的行动。（如1999年轰炸南斯拉夫，2003年伊拉克战争）	理事会、外交部长理事会、国防部长理事会和安全会议秘书委员会对程序性问题以外问题的决定以协商一致方式作出。 每个成员国在表决中应有一票。表决程序，包括程序性问题，由理事会批准的本组织机构的议事规则规定。 理事会的决定以及外交部长理事会、国防部长理事会和安全会议秘书委员会在执行过程中通过的决定对成员国具有约束力，并按照国家立法规定的方式执行。 理事会有权以有限的形式做出决定，前提是没有成员国反对这种决策程序。如果没有成员国投票反对，这个有限形式的决定可以被通过。 未在对有限形式决定投票中投赞成票的成员国不对该决定的后果负责。（《集安组织宪章》第十二条）	本组织各机构的决议以不举行投票的协商方式通过，如在协商过程中无任一成员国反对(协商一致),决议被视为通过，但中止成员资格或将其开除出组织的决议除外，该决议按“除有关成员国一票外协商一致”原则通过。 如某个成员国或几个成员国对其他成员国感兴趣的某些合作项目的实施不感兴趣，他们不参与并不妨碍有关成员国实施这些合作项目，同时也不妨碍上述国家在将来加入到这些项目中来。（《上海合作组织宪章》，第十六条）
成员国文化背景	以欧洲文明和西方民主价值观为绝对主体	苏联时代共同历史遗产所造就的、苏联解体30余年后仍广泛存在的共同文化、语言和心理认同	不同地区的多元文化

续表

	北约	集安组织	上合组织
对候选成员国的政治要求	推动国内政治体制“民主化”和“西方化”	任何认同其目标和原则并愿意承担本宪章和在本组织内生效的其他国际条约和决定所载义务的国家都可以成为本组织的成员。(《集安组织宪章》第12条) 但实际上因其原苏联地区特征过于明显，原苏联地区之外国家申请加入的可能性很小，而其他原苏联地区非成员国除非其国家政策方针发生重大转变，否则申请加入的可能性也不大。	无任何改变政治体制的要求，对任何国家开放加入
组织的民主性和平等性	美国在欧洲扮演安全保障者角色，欧洲成员国为美国提供战略需求	本组织在严格尊重会员国独立、自愿参与、权利和义务平等、不干涉属于会员国管辖的事务的基础上运作。(《集安组织宪章》第五条)但因各成员国军事实力差距悬殊，俄罗斯仍在组织中起主导作用	无确定组织对外政策路线的特定主导国家，组织内多极化状态，各成员国地位平等

通过对欧亚地区三大安全组织的对比，可以发现，尽管集安组织作为后苏联空间框架下的防御性安全合作组织不具有北约式的扩张性、进攻性、侵略性，也并未像北约那样对周边地区和国家表现出明显的安全威胁。然而集安组织作为传统式安全组织，并未摆脱掉冷战时期北约/华约类型的“一大哥+众小弟”的对抗性军事同盟模式的窠臼。尽管集安组织为维护和保障后苏联空间地区的和平稳定，遏制冷战后西方军事集团东扩、阻止“三股势力”、打击毒品走私及其他非传统安全的威胁作出了重要贡献，然而其传统安全模式决定了其在现阶段发挥重要作用的同时并不代表着未来国际安全机制的发展方向。

早在2010年，上合组织在面对真正的安全挑战（吉尔吉斯斯坦南部骚乱）时扮演的被动角色，就引发了对该组织维护地区和平与安全的能力的批评。然而，上合组织的这一决定充分地反映了其基本原则。相当一部分中国研究人员积极评价上合组织就吉尔吉斯斯坦局势作出的这一决定。根据上海国际问题研究中心主任潘光的说法，从中亚地区的安全角度看，如果吉尔吉斯斯坦的局势进一步恶化，而其周边各国都不愿单独出头卷入其乱局中，上合组织出面介入吉尔吉斯斯坦危机可能是一种可行的选择，但这样的介入只能是安全和经济方面的，而不应是军事介入，因为上合组织并非军事联盟。[①] 虽然上合组织最终没有向吉尔吉斯斯坦提供军事援助，但它提供了政治支持。因此，对于中亚地区成员国而言，上合组织在其成员国发生紧急情况时为其提供的集体外交支持具有特殊的价值。此外，大国的军事介入虽然有助于迅速平息动乱，但会加剧该组织其他成员国被大国控制的担忧和恐惧，尤其因为中俄两大国与中亚地区错综复杂的历史和现实关系对其社会心理造成的影响，两大国在中亚的军事存在是中亚各国社会人士和政治精英眼中的敏感话题，任何潜在的“侵略”“干涉”“控制”“渗透”等行为都可能会招致激烈的反应。正因为如此，作为集安组织成立以来的首次军事干预实践，2022年1月集安组织集体出兵哈萨克斯坦是以其总统主动公开请求为前提条件的，而非集安组织首先提出的倡议，而且多国维和部队的任务仅十分谨慎地限制在保护重要设施的范围内，整个行动期间未进行任何武力行为，而直接面对示威者和平定暴乱分子的任务则留给了哈萨克斯坦本国军警。尽管本次行动具有程序上的合法性，并且也受到了哈萨克斯坦国内民众的广泛支持与感谢，但与此同时，仍遭到了哈萨克斯坦国内部分势力以及吉尔吉斯斯坦、亚美尼亚等行动参加国，甚至俄罗斯的内部反对派和民间活动人士的反对和抗议，[②] 视其为俄罗斯对哈萨克斯坦的“干涉”和“再控制”，乃至勃列日涅夫“有限主

---

① 潘光:《吉尔吉斯斯坦动荡：俄美欧的作用、对中国的影响》,《新疆师范大学学报》,2010年12月第4期，第44页。

② В Сети появилась петиция против ввода в Казахстан миротворцев ОДКБ, 06.01.2022. URL: https://iz.ru/1273712/2022-01-06/v-seti-poiavilas-petitciia-protiv-vvoda-v-kazakhstan-mirotvortcev-odkb (дата обращения: 14.05.2023).

权论”的复兴。[①]

在中亚地区，除了对北方大国“帝国归来”的提防，对东方大国“扩张”的担忧也时刻存在着。哈萨克斯坦政治学者阿迪力·卡乌肯诺夫（Адиль Каукенов）曾表示，“邀请中国士兵到他们的领土解决安全问题对中亚精英来说是不可接受的”，并且“决定迈出这一步的统治者的合法性将会马上归零”。[②]

因此，上合组织尽管像外界观察到的那样，在中亚地区的军事、反恐等“硬安全”领域无法像集安组织那样迅速、高效地采取武力措施，但是需要注意到的是，一个地区的安全问题绝不仅仅局限在“硬安全”领域，而恰恰相反，国计民生等“软安全”领域作为保障“硬安全”的基础和前提，所涵盖的广度和深度是后者远不能及的，而且很大程度上是从根本上决定了后者的走向。而上合组织所从事的安全问题，恰好就是着重“硬安全”合作的集安组织所欠缺的“软安全”建设。两个组织之间在中亚地区不是互相竞争的关系，而是互补和合作的关系。正如上合组织秘书长张明所说，在2022年1月哈萨克斯坦发生的事件中，上合组织和集安条约组织采取了协调一致的立场，各自从政治外交和军事维和角度为恢复正常社会秩序作出了积极贡献。上合组织和集安组织成员国是命运共同体和安全共同体，二者携手合作共同发挥积极作用，有利于维护地区的和平与稳定。[③]

另外，集安组织的活跃地域仅限于其成员国领土所在的中亚、外高加索，以及面对北约的白俄罗斯/俄罗斯西部边境，而上合组织不仅其成员国所覆盖地理范围要比集安组织更加广阔，而且拥有欧亚大陆内部不同地区、文化圈和历史背景的代表性国家，在除西欧以外欧亚大陆的全部地区

---

① Названы минусы ввода сил ОДКБ в Казахстан для России, 06.01.2022. URL: https://www.mk.ru/politics/2022/01/06/nazvany-minusy-vvoda-sil-odkb-vkazakhstan-dlya-rossii.html (дата обращения: 25.04.2023)

② Каукенов А..Внутренние противоречия Шанхайской Организации сотрудничества. *Центральная Азия и Кавказ*, 2013. №2. Стр. 9

③ 《3月24号上海合作组织秘书长张明回答了塔斯社北京分社社长基里洛夫的提问》，上合组织网，2022年3月28日，http://cn.scochn.beta2.ria.ru/news/20220328/825814.html，访问日期：2023年4月15日。

都遍布其成员国、观察员国或对话伙伴国，上合组织所代表的广泛性是集安组织所无法企及的。

需要强调的是，上合组织的伙伴关系不同于北约或集安组织的传统联盟。军事政治联盟意味着高度的相互政治依赖，而且通常意味着非此即彼的选边站队，同时一定程度上与其他势力造成不必要的交恶和对抗。而上合组织，就像现任上合组织秘书长张明所强调的，不是军事联盟，其基因不含有任何对抗成分。[①]

因此，透明度和没有特定对手是上合组织伙伴关系模式不可或缺的特征。此外，共识决策模型强调所有参与者的平等，无论他们的潜力或能力如何。[②] 只有成员国的观点、意见和做法统一起来，上合组织才能做出决策。可以将上合组织视为基于共识的伙伴组织的典范。上合组织"不干涉"原则和使用非军事性支持，在意识形态上充分体现了上合组织作为新型示范性组织的理念和原则，在实践中是最好的解决方案，参与者在得到支持和帮助的同时，不会对本组织和大国的真实意图感到恐惧。像俄罗斯总统普京在2012年为《人民日报》撰写的文章中所说："上合组织为国际政治作出了许多新的、有益的贡献。首先它提出了以各成员真正平等、相互信任、尊重各国人民自主选择发展道路，互相尊重对方的文化、价值观、传统和谋求共同发展为基础的伙伴关系模式。在我看来，这种理念以最好的方式反映了多极化世界的基础、唯一有生命力的国际关系准则。"[③] 2022年1月出兵协助哈萨克斯坦政府平乱的集体行动成为集安组织的"高光时刻"，但一个多月之后爆发的乌克兰危机在很大程度上"激活"了后苏联空间的地缘政治动荡，给集安组织各成员国之间的凝聚力带来了重大挑战，增加了重新评估集安组织作为该地区权威集体安全组织的可能性。

---

① 《3月24号上海合作组织秘书长张明回答了塔斯社北京分社社长基里洛夫的提问》，上合组织网，2022年3月28日，http://cn.scochn.beta2.ria.ru/news/20220328/825814.html，访问日期：2023年4月15日。

② R. Alimov, "The Shanghai Cooperation Organisation: Its Role and Place in the Development of Eurasia," *Journal of Eurasian Studies* 9 (2018), p.115.

③ 《普京人民日报撰文〈俄罗斯与中国：合作新天地〉》，新华网，2012年6月5日，http://www.xinhuanet.com/world/2012-06/05/c_112118786.htm，访问日期：2023年4月16日。

乌克兰危机爆发后，俄罗斯官方以“特别军事行动”而非“战争”的名义从法理上避免了集安组织其他成员国的被迫参与，俄罗斯外交部长拉夫罗夫也表示，俄罗斯在乌克兰的“特别军事行动”没有也不打算向集安组织的伙伴寻求帮助。[①] 除铁杆支持俄罗斯的白俄罗斯之外，其他集安组织成员国均对乌克兰危机表示了中立和沉默态度，也未尾随西方国家的立场。但毫无疑问，面对危机爆发后西方要求选边站队和咄咄逼人的对抗性行为，集安组织国家与俄罗斯之间的关系变得更加微妙。其中尤以哈萨克斯坦为甚——与乌克兰情况相似的是，哈萨克斯坦国内也长期存在着不容忽视的哈萨克民族主义和反俄反苏思潮，同时其毗邻俄罗斯的北部地区拥有大量俄裔居民，而包括俄总统普京在内的俄罗斯高级政治领导人和知名社会人士也曾多次发表关于哈萨克斯坦历史和领土的、令哈方不可接受的言论。与其他集安组织国家领导人的沉默不同的是，哈萨克斯坦总统托卡耶夫在乌克兰危机爆发后多次在重要场合公开与俄罗斯“唱反调”，如托卡耶夫在2022年圣彼得堡经济论坛上称哈萨克斯坦不会承认顿涅茨克和卢甘斯克两个“准国家”；并在2023年5月的欧亚经济论坛上强调，欧亚经济联盟内部的一体化应该只是经济上的，哈萨克斯坦不打算也不计划创建或加入任何联盟国家，[②] 并称欧亚经济联盟框架内的俄白联盟国家“在世界政治史上创造了一个独特的先例或现象……甚至一国的核武器都是两国共有”，而“哈萨克斯坦、吉尔吉斯斯坦、亚美尼亚代表了另一个层次的一体化”。[③]

与中亚国家的微妙态度相比，长期依赖盟国俄罗斯和集安组织的亚美尼亚的态度则更为激烈和明显。

在2020—2022年亚美尼亚—阿塞拜疆的数次冲突期间，集安组织每次

---

① В Госдуме объяснили решение России не обращаться к ОДКБ из-за СВО, 02.02.2023. URL: https://lenta.ru/news/2023/02/02/chp/(дата обращения: 14.05.2023).

② Власти Казахстана заявили, что интеграция в рамках ЕАЭС должна быть только экономической, 26.05.2023. URL: https://www.gazeta.ru/politics/news/2023/05/26/20526218.shtml (дата обращения: 14.05.2023).

③ Токаев рассказал об интеграции внутри ЕАЭС, 24.05.2023. URL: https://ria.ru/20230524/integratsiya-1873935267.html (дата обращения: 14.05.2023).

都试图保持距离。2020年9月纳戈尔诺—卡拉巴赫地区爆发全面战争时，集安组织曾表示战争在亚美尼亚境外进行，因此不会干涉。2022年9月，亚美尼亚—阿塞拜疆边境危机升级，阿塞拜疆军队实际进攻了亚美尼亚本土，在法理上可以触发《集体安全条约》时，亚美尼亚迎来了一个小型的集安组织调查团，随后代表团以阿亚双方达成停火协议为由排除了维和任务。正如英国查塔姆研究所副研究员劳伦斯·布罗斯（Laurence Broers）所称："俄罗斯国旗的力量已经大幅下降，前苏联空间的安全系统似乎确实被打破了。……我们看到俄罗斯作为安全保护者的声誉正在崩溃，这既发生在物质层面，因为大规模的军力集中在乌克兰，也发生在俄罗斯安全保障声誉的主观层面。"[①]

2022年9月，以议长佩洛西为首的美国国会众议院代表团对亚美尼亚的访问正是在亚美尼亚对集安组织及其盟友俄罗斯前所未有的失望的背景下进行的。在佩洛西开始访问之前，亚美尼亚高层对集安组织提出了尖锐的批评。议长西蒙尼扬和安全会议秘书格里戈良在接受多家媒体采访时表示，因集安组织对阿塞拜疆"侵略"的反应，亚美尼亚感到极为不满。在采访中还谈到了与俄罗斯的关系："亚美尼亚有权等待合作伙伴（俄罗斯）采取更引人注目的行动，而不仅仅是声明。……阿塞拜疆军队在亚美尼亚主权领土上，战斗发生在其领土上。然而，亚美尼亚并没有等到盟国（俄罗斯）的帮助，对集安组织的希望显然正在破灭。"[②] 2023年1月亚美尼亚拒绝集安组织联合军事演习在其领土上举行。[③] 亚美尼亚总理帕希尼扬、副外长萨法良等国家领导人，也于2022年、2023年数次声称考虑退出集安

① "For Armenians, CSTO Missing in Action," September 15, 2022, accessed on May 26, 2023, https://eurasianet.org/for-armenians-csto-missing-in-action,

② Армения может приостановить свое членство в ОДКБ, 18.09.2022. URL: https://www.ng.ru/cis/2022-09-18/5_8542_armenia.html, 18.09.2022 (дата обращения: 14.05.2023).

③ Армения отказалась проводить учения ОДКБ на территории страны, 10.01.2023 URL: https://www.rbc.ru/politics/10/01/2023/63bd20eb9a794711404358f1 (дата обращения: 14.05.2023).

组织的可能性。[①]

2022年9月，吉尔吉斯斯坦和塔吉克斯坦因领土边界争议爆发了自20世纪90年代塔吉克斯坦内战后中亚地区最大规模的国家间武装冲突。吉尔吉斯斯坦和塔吉克斯坦之间冲突的长期持续也对集安组织提出了挑战。因为吉、塔双方同为集安组织成员国，而两国的冲突暴露了集安组织创立时只考虑到了外部威胁，而缺乏解决其成员国之间冲突的任何适当机制。

亚美尼亚高加索研究所所长亚历山大·伊斯坎达良（Александр Искандарян）认为当下集安组织内部不排除出现矛盾激化的可能，"集安组织是一个成员国总体上没有共同安全挑战的组织：例如，亚美尼亚和吉尔吉斯斯坦、吉尔吉斯斯坦和白俄罗斯、塔吉克斯坦和俄罗斯有着完全不同的问题和风险。因此，出现了许多困难。最近，我们看到集安组织的成员——塔吉克斯坦和吉尔吉斯斯坦之间发生的实际上是一场边境战争"，在他看来，该组织处境艰难——要么需要拿出机制来解决这种恶化，要么保持原样，但只要保持原样，矛盾将继续出现。[②]

政治学家和中亚问题专家阿尔卡季·杜布诺夫（Аркадий Дубнов）称："近年来，它（集安组织）迅速失去了展示其确保成员国安全功能的权威和能力。时间表明集安组织没有能力完成这项任务——从这个意义上说，阿塞拜疆和亚美尼亚之间的冲突是具代表性的。"他认为，吉尔吉斯斯坦与塔吉克斯坦之间的冲突表明，集安组织无法有效地促进双方的和解。杜布诺夫解释说，集安组织成员将所有的责任留给了俄罗斯，俄罗斯是寻求保持这一体系的最强大的国家，试图将其与北约对立。他还提到，亚美尼亚前总统和该国最亲俄的政治家罗伯特·科恰良呼吁考虑在南高加索建立新的安全结构体系。"这被解读为对集安组织无能为力的明显承认，

---

① В Кремле оценили слова Пашиняна о возможном выходе Армении из ОДКБ, 22.05.2023 URL: https://www.gazeta.ru/politics/news/2023/05/22/20492144.shtml, (дата обращения: 14.05.2023).

② Армения отказалась проводить учения ОДКБ на территории страны, https://www.rbc.ru/politics/10/01/2023/63bd20eb9a794711404358f1, 10.01.2023 (дата обращения: 14.05.2023).

因此莫斯科也不能不理解这一点。”[1]

与此同时，作为对比，同包括集安组织在内的所有拥有众多成员的国际组织一样，上合组织内部也存在诸多矛盾、冲突和利益不一致的地方。中印、印巴及吉塔之间的边境及领土纠纷时而爆发，对上合组织内部团结产生不利影响，如2022年9月，上合组织创始成员国吉尔吉斯斯坦和塔吉克斯坦之间的边境武装冲突“丢脸”式地发生在上合组织撒马尔罕峰会期间。这无疑对上合组织如何高效地处理成员国间的矛盾、如何达成其维护中亚地区和平、稳定与发展的目的形成了挑战。

不过，对于组织内部的分歧，上合组织秘书长张明表示，与任何一个国际或区域组织一样，一些成员国之间会存在这样那样的矛盾，上合组织从不回避这个事实。但不将双边矛盾带入本组织是“上合大家庭”的一个基本共识。更重要的是，上合组织所有成员国都致力于将上合组织地区建设成和平、合作、可持续发展、繁荣、和谐的地区。为实现这个宏伟的目标和愿景，各成员国努力在“存异”的基础上“求同”，积极寻找彼此利益和关切的最大公约数。而互信、互利、平等、协商、尊重多样文明、谋求共同发展的“上海精神”揭示了国与国交往应当遵循的基本准则，是各国化解和管控矛盾分歧的“金钥匙”。[2] 因此，在共同的上合组织原则和价值观指引下，尽管上合组织成员国之间发生了数次重大矛盾和冲突，但最终没有走向升级和失控的边缘，冲突各方最后还是回到了谈判桌前。而上述领土争议冲突也并未影响冲突各方在上合组织框架内开展安全、经济、人文各领域的战略性合作。

毕竟无论各方立场如何，和平、稳定、发展始终是上合组织所有成员国乃至全人类的共同诉求和最大利益，各方无论如何各怀心思，最终都会有和平、稳定、发展的共同利益。而这个根本性的共同利益就是上合组织

---

① Армения отказалась проводить учения ОДКБ на территории страны, 10.01.2023. URL: https://www.rbc.ru/politics/10/01/2023/63bd20eb9a794711404358f1 (дата обращения: 14.05.2023).

② 《3月24号上海合作组织秘书长张明回答了塔斯社北京分社社长基里洛夫的提问》，上合组织网，2022年3月28日，http://cn.scochn.beta2.ria.ru/news/20220328/825814.html，访问日期：2023年4月15日。

各成员国建立上合组织命运共同体乃至世界各国建设人类命运共同体的基础。

在可预见的未来，打击恐怖主义、极端主义的问题仍将与上合组织所有成员国和观察员国息息相关。当前百年未有之大变局加速演进，大国竞争加剧，阵营对抗风险上升，地区冲突频繁，全球治理和地区治理机制运转遭遇重大挑战，上合组织成员国乃至上合组织周边国家愈发感受到了合作共赢，尤其是在上合组织这个新型框架下合作共赢的重要性和紧迫性。

在2022年9月的撒马尔罕峰会上，上合组织不仅同意接纳伊朗为成员国，还启动了白俄罗斯的加入程序，与埃及、沙特阿拉伯和卡塔尔签署了对话伙伴地位的备忘录，并同意接收巴林、马尔代夫、阿联酋、科威特和缅甸为新的对话伙伴。“桃李不言，下自成蹊。”上合组织自成立以来，始终践行“上海精神”，主张互信、互利、平等、协商、尊重多样文明、谋求共同发展，走出了一条不同于西方的新型多边合作之路，因而对越来越多的国家产生了吸引力。上合组织早已超越其创始期间的前苏联加盟共和国+中国的范畴，向着整个大欧亚地区的共同利益发展，其“朋友圈”越来越广，拥有越来越多各个不同地区的代表，越来越代表广大欧亚地区各国乃至世界大多数国家的根本利益。

中俄合作，尤其两国在安全领域的合作作为上合组织的主心骨，与冷战时代类型的北约、华约和集安组织等集体防御模式有很大不同。尽管上合组织内部有中俄两个大国及其周边中小国家，但与集安组织、北约或其他“一大哥+众小弟”模式的政治军事同盟完全不同的是，上合组织内无论国家大小一律平等，而“新时代中俄全面战略协作伙伴关系”作为当代大国关系的典范，证明各方可以以灵活的合作方式克服分歧，求同存异，为了更大的共同利益而友好交往、开展合作。

中国始终坚持反对军事同盟、大国霸权和干涉别国内政的外交原则，这也保证了上合组织这个中国参与创建并扮演重要角色的组织不会走向对抗性的军事同盟、不会干涉别国内政。

中俄两国通过自身的诚意和表率让“上海精神”在上合组织成立二十余年内得到了持之以恒的坚持和贯彻，向各方证明了上合框架内没有霸权主义和大国沙文主义，不会因参与上合组织的合作而受到干涉、渗透的威胁，框架内所有国家都是平等和受益的。这也为各中小国家积极加入上合组织并参与组织框架内各项合作免除了后顾之忧。因此中俄战略互动将对促进上合组织成员国团结互信发挥重要作用。

这种以“上海精神”为灵魂的新型国际关系模式是上合组织的基础，使该组织更加稳定。因此，可以确定的是，上合组织所涵盖领土内乃至整个大欧亚地区内安全领域的多边合作将继续逐步深化。同时，中俄两国在安全领域的双边合作也将得到发展。

因此，正如上合组织秘书长张明所表示的，中俄两国的国际秩序理念与西方完全不同。而上合组织作为这一理念的体现，也与北约、华约、集安组织等旧式安全组织有着根本性的区别。

上合组织的特殊性还在于它是冷战后第一个真正一体化的欧亚国际组织。自成立以来，该组织一直是冷战后欧亚大陆地缘政治和经济结构“大转型”的重要组成部分。如前所述，与集安组织不同，上合组织已经涵盖了除西欧外欧亚大陆的全部地区，其还是世界上领土面积最大、人口最多、工农业生产力最发达、各国经济互补性最强的综合性区域合作组织。上合组织所代表的广泛性是集安组织及其他大部分区域安全组织都无法企及的，因此，上合组织必须与其地位相称，为欧亚大陆的和平稳定与发展繁荣作出贡献。

百年未有之大变局之际，国际关系发生重大变化，一个以多边主义为基础的全新世界正在我们眼前逐渐出现。在更加公正的新型国际关系体系逐渐孕育的背景下，以上合组织为代表的，中国、俄罗斯和其他非西方国家积极参与的新型多边合作组织将在国际舞台上发挥更加重要的作用，上合组织也即将迎来新一轮扩员高潮。而这正恰恰证明了上合组织旺盛的生命力。

Шанхайская Организация Сотрудничества как новая модель сотрудничества в области безопасности

—Сравнение ШОС и ОДКБ

Фань Сюэсун

Аннотация: Российско-украинский конфликт, вспыхнувший 24 февраля 2022 года, ускорил процесс беспрецедентных за столетие перемен в мире, доказав, что закрытый и конфронтационный военный альянс НАТО не может представлять коренных интересов всего человечества и требований к безопасности. Поиски новой модели сотрудничества в области безопасности, способной обеспечить долгосрочный мир и стабильность международного сообщества, стали актуальной задачей как никогда. Сейчас на пространстве Евразии существуют три организации регионального сотрудничества в области безопасности: НАТО, ОДКБ и ШОС. ШОС и ОДКБ в значительной степени совпадают в географическом и функциональном плане. Однако факты показывают, что ОДКБ, как традиционная организация безопасности, не теряет характера конфронтационного военного альянса времен холодной войны и играет важную роль только на данном этапе, и не представляет собой направление развития будущего механизма международной безопасности. Тем не менее, последовательно претворяя в жизнь «шанхайский дух» : неприсоединение к блогам, не конфронтация, ШОС вышла на путь многостороннего сотрудничества нового типа, обладает потенциалом для удовлетворения общих требований и может представлять коренные интересы стран Евразийского региона и всего человечества. В будущем ШОС внесет еще больший вклад в дело мира, безопасности, стабильности и развития народов всех стран, а также в дело формирования сообщества единой судьбы человечества.

Ключевые слова: ШОС, ОДКБ, НАТО, Организация безопасности нового типа

Автор: Фань Сюесун, старший преподаватель факультета мировой экономики и международной политики государственного экономического университета исследовательского типа России, научный сотрудник отделения по изучению мирового порядка и нового регионализма, кандидат политических наук Московского государственного института международных отношений.

Comparison of the Shanghai Cooperation Organization and the Collective Security Treaty Organization as New Security Cooperation Models

Fan Xuesong

Abstract: The escalating Ukraine crisis which broke out on February 24, 2022, has intensified the "global changes of a magnitude not seen in a century," revealing that the NATO-style closed and confrontational military alliance does not represent the fundamental interests and correct development direction of global security. The search for a new security cooperation model that can bring lasting peace and stability to the international community has becomming an urgent task. Currently, in the Eurasian continent, there are three major regional security cooperation organizations: NATO, the Collective Security Treaty Organization (CSTO), and the Shanghai Cooperation Organization (SCO). The SCO and the CSTO share a significant overlap in geography and responsibilities. However, through comparison, it can be observed that the CSTO, as a traditional security organization, remains trapped in the Cold War-era confrontational military alliance model. This limits its significance in shaping the future direction of international security mechanisms. In contrast, the SCO, guided by the "Shanghai Spirit" of non-alignment and non-confrontation, has embarked on a new path of multilateral cooperation. It possesses the potential to represent the common aspirations and fundamental interests of countries in the Eurasian region and even of humankind, and will make greater contributions in promoting peace, security, stability, and development for all nations and in building a community of shared future for humankind.

Keywords: Shanghai Cooperation Organization, Collective Security Treaty

Organization, NATO, new security organization

Authors: Fan Xuesong is a senior lecturer at the Department of World Economy and World Politics of the Higher Economic University of Russia, and an associate doctor of political science at the Moscow State Institute of International Relations.

上海合作组织与独联体对比研究：异同及启示

李天毅

【内容提要】独立国家联合体和上海合作组织成员国含有多个前苏联加盟共和国，建立的部分初衷都旨在解决苏联解体遗留下的问题。在发展进程中，受合作理念和模式、内部团结、地区大国角力等因素影响，二者取得的进展存在较大差异。目前，独联体机制能力呈现渐趋下降的趋势，上海合作组织机制能力则呈现稳定上升趋势。本文通过对比梳理上合组织和独联体的创立目的、组织架构、内外形势、作用效果等要素，探讨独联体发展几近停滞的原因，归纳有助于上合组织发展的启示。

【关键词】上合组织；独联体；区域一体化

【作者简介】李天毅，中国国际问题研究院欧亚所助理研究员。

上海合作组织（以下简称“上合组织”）与独立国家联合体（以下简称“独联体”）同为欧亚大陆区域性国际组织，均旨在以机制性手段推动区域合作 。随着二者组织内部功能和外部形势的演变，二者走上了截然不同的发展道路。独联体发展缓慢，未能实现其初创时的一体化目标，被学界普遍称为失败的“苏联克隆”，[①] 本质上只是苏联“文明离婚”的工具；上合组织则日益发展壮大，地区和国际影响力持续提升，在诸多领域取得瞩目成就。当前，上合组织的未来发展亦面临时代难题与挑战，通过借鉴

① Kemal Baslar, “The Commonwealth of Independent States: Decayed within a Decade,” *Turkish Yearbook on International Relations*, 28 (1998): 91-126.

参考独联体成长经验以积极推动内部革新、机制发展及区域合作不失为一条助力未来成长的捷径。

一、创建背景与理念职能异同

独联体和上合组织均创建于苏联解体之后，均以解决苏联解体遗留问题为首要目的。前者是苏联的接替性组织，后者则是处理中苏边界遗留问题及区域安全的地区组织。

（一）上合组织和独联体创建目的和职能差异

上合组织根植于苏联解体后中国、俄罗斯和中亚多国边境地区安全合作。1996年，中国、俄罗斯、哈萨克斯坦、吉尔吉斯斯坦、塔吉克斯坦五国创建"上海五国"会晤机制，积极探讨裁减边界军事力量、加强军事领域相互信任，缓和边境地区紧张局势的共同关切问题。2001年，"上海五国"元首与乌兹别克斯坦共同宣布建立上合组织，签署《打击恐怖主义、分裂主义和极端主义上海公约》和《上海合作组织成立宣言》（下称《宣言》）两份重要文件，规定"上海合作组织是在1996年和1997年分别于上海和莫斯科签署的关于在边境地区加强军事领域信任和关于在边境地区相互裁减军事力量两个协定的基础上发展起来的，其合作现已扩大到政治、经贸、文化、科技等诸多领域"[①]。《宣言》将安全合作置于优先地位，同时"鼓励各成员国在政治、经贸、科技、文化、教育、能源、交通、环保及其他领域的有效合作；共同致力于维护和保障地区的和平、安全与稳定"[②]。2002年，上合组织成员国签署《上海合作组织宪章》这一纲领性文件，进一步明晰了组织职能，以打击恐怖主义、分裂主义和极端主义"三股势力"为核心任务，维护地区和平稳定，推动建立民主公正合理的国际

① 《上海合作组织成立宣言》，中华人民共和国外交部网，http://www3.fmprc.gov.cn/web/ziliao_674904/1179_674909/t4499.shtml，访问日期：2023年6月10日。

② 《上海合作组织成立宣言》，中华人民共和国外交部网，http://www3.fmprc.gov.cn/web/ziliao_674904/1179_674909/t4499.shtml，访问日期：2023年6月10日。

政治经济新秩序，鼓励开展各领域的区域合作。[①]

独联体建立的直接目的是应对苏联解体，维持前苏联加盟共和国之间的经济、政治和军事联系。1991年12月8日，白俄罗斯、俄罗斯、乌克兰三国领导人在白俄罗斯别洛韦日签署《关于建立独立国家联合体的协议》，宣布组建独联体。同年12月21日，除波罗的海三国和格鲁吉亚外，其他11个前苏联加盟共和国签署《阿拉木图宣言》和《关于武装力量的议定书》等文件，宣告成立独立国家联合体及苏联停止存在。独联体一系列创始文件将其定义为独立国家间的协调联合组织，不具有联盟国家性质；明确该组织的使命和重点是，"在政治、经济、环境、人道主义、文化和其他领域进行合作，在共同经济空间、国家间合作和一体化的范围内，实现成员国全面和平衡的经济和社会发展"。[②]独联体有着集体安全和经济合作两大抓手：经济方面，按不同层次、不同领域建立双边或多边的经济联系，形成完整的一体化经济空间；军事方面，统一和联合独联体各国军事力量，在独联体内部建立有效的集体维和机制，以解决内部冲突、防止战乱。可以看出，独联体自建立之初即将自身设定为一个综合性、全面性的地区组织，以推动区域一体化为目标，承载各领域的合作职能。

（二）上合组织和独联体的价值理念差异

"上海精神"是上合组织的核心价值和认同基础。以"互信、互利、平等、协商、尊重多样文明、谋求共同发展"为基本内涵的"上海精神"形成于"上海五国"机制发展进程中，后成为上合组织成立的理念基础。这一精神超越了冷战思维、零和博弈和文明冲突，是一个全新理念。事实上也正是基于此理念，各国才能始终保持向心力，上合组织也不断发展壮大，为建立公正合理的国际政治经济新秩序贡献了"上合智慧"和"上合方案"。

独联体成员国相通的斯拉夫文化族群纽带和前苏联加盟共和国身份赋

---

① 《上海合作组织宪章》，上海合作组织秘书处网，http://chn.sectsco.org/secretariat/，访问日期：2023年6月10日。

② 《独联体宪章》，独联体执委会网，https://cis.minsk.by/about-cis，访问日期：2023年5月23日。

予其拥有天然的历史身份认同。虽然独联体成员国在语言、文化和宗教等多方面做了大量本土化工作，俄语和斯拉夫文化的影响力依然强大，以俄语和东正教为标志的斯拉夫文明在独联体地区发挥着主导作用，深刻影响着人们的思想、观念。[①] 独联体成员国多国政要出生于苏联时期，在苏联接受教育，精通俄语。俄语是多数独联体国家官方或主要语言，在俄罗斯的大力推动下，2022年独联体元首理事会通过《关于成立支持俄语的国际组织》的文件，将2023年定为“俄语年”。未来，俄语仍将是独联体各国之间的紧密纽带。

总之，独联体和上合组织的创建背景具有一定相似性，但具体而言，二者自创建之初已展现出巨大差异，一定程度上已决定了未来不同的命运和走向。独联体的最初任务是为实现苏联解体“软着陆”，往往采用“先上马”模式，未针对现实问题提出成型预案，也未提出可持续性的发展目标规划。各成员国对独联体功能和任务理解缺乏统一认知，也导致独联体后期持续减员的后果。[②] 近年来，独联体成员国由于对地区一体化的诉求不同，也导致一体化进程举步维艰。可以说，相较上合组织，独联体的创立是一种仓促的替代化尝试。

二、组织架构的异同

（一）独联体与上合组织的架构整体相似

上合组织目前拥有9个正式成员国（即将完成白俄罗斯的加入程序），并有阿富汗、白俄罗斯、蒙古国3个观察员国，以及阿塞拜疆、亚美尼亚等共14个对话伙伴。独联体有9个成员国及1个联系国土库曼斯坦。

上合组织和独联体共有5个共同成员，独联体成员国白俄罗斯是上合组织的观察员国，而阿塞拜疆和亚美尼亚则是其对话伙伴。从地域上看，二者均起源于欧亚大陆，视中亚为核心区域。从性质上看，二者所有成员

① 张弘:《独联体经济一体化中的认同困境》,《俄罗斯东欧中亚研究》2014年第3期。

② 郑羽主编《独联体十年——现状·问题·前景（1991—2001）》，中国社会科学出版社，2007，第2页。

国均为非西方国家和发展中国家。从成员变迁上看，独联体创建至今多次遭遇国家退出，迄未扩员；而上合组织则在两轮扩员之后，已逐步成为全球幅员最广的区域组织，覆盖面积远超独联体（详见表4.2）。

表4.2　独立国家联合体及上合组织正式成员国（2023年）

独立国家联合体	上合组织
俄罗斯	
哈萨克斯坦	
吉尔吉斯斯坦	
塔吉克斯坦	
乌兹别克斯坦	
白俄罗斯	中国
摩尔多瓦	印度
亚美尼亚	巴基斯坦
阿塞拜疆	伊朗

上合组织与独联体类似，国家元首理事会是最高决策机构，决定组织架构和行动，与其他国家及国际组织协调沟通，同时研究最迫切的国际问题，国家元首理事会会议每年举行一次；政府首脑（总理）会议通过组织预算,研究并决定组织框架内发展各具体领域,特别是经济领域相互协作的主要问题。两个组织均设有国家协调员理事会，负责协调管理本组织的日常活动，协助筹备国家元首会议、政府首脑会议和外交部长会议等会议，协调上合组织各领域合作机制的活动，就重要文件和重大事件进行商谈，每年至少举办三次会议。这一机制能够保障官方层面的沟通效率，同时可就各机制难题进行及时沟通和协商。

独联体组织架构主要包含决策机构、次级决策机构、执行机构、政府部门间会晤机制和磋商平台。元首理事会是独联体最高决策机构，每年举行一次正式会议和一次非正式会晤，行使七项权力：立法权，协商修订独联体章程性文件；建制权，建立或取消独联体下设机构；审批权，批准属于其职权范围的独联体机构条款；任命权，任命或批准属于其职权范围的机构负责人；改革权，优化革新独联体架构及活动；审议权，听取独联体各机构活动报告；分责权，下放权力至各个机构。[①] 政府首脑（总理）理事会是独联体次级决策机构，负责规划和执行具体合作内容，同时也具有在一定范围内的任命、监督和审批职能，每年举行两次会议。执行委员会是独联体唯一的常设执行、行政和协调机构，负责具体落实各理事会的活动工作，制定关于独联体战略提案，分析决策、条约的执行情况以及系统地向联邦最高机构通报情况等，执委会设秘书长一职（前称执行委员会主席、独联体执行秘书长）。[②] 部长级理事会（外长、防长、各国议会代表、边防部队指挥官等）及具体机构（经济委员会、人权委员会、经济法院等）等负责各领域的磋商协作。

两大组织的执行机构类似。上合组织各部门领导人会议负责各领域的合作磋商，包括议会、安全会议秘书、外交、国防、紧急救灾部门、经贸、交通、文化、教育、卫生、执法、最高法院、总检察院等近30个部门领导人会议。上合组织有两大常设机构，即上合组织秘书处和地区反恐怖机构执行委员会。其中上合组织秘书处的职能与独联体执委会类似，负责为组织活动提供协调、信息分析、法律和技术保障；上合组织地区反恐怖机构执行委员会旨在协调并加强成员国的反恐合作，其主要职能是研究有关打击“三股势力”的建议，收集并分析反恐信息，参与制定有关打击“三股势力”的国际法律文件草案，协助培训反恐专家及相关人员、举行学术会议，同成员国和国际组织负责打击“三股势力”的有关机构保持工作联系。上合组织地区反恐怖机构执行委员会与上合组织秘书处级别平等，两个常设机构每年向元首理事会会议提交工作报告。

（二）上合组织与独联体机制上的不同之处

一是独联体合作部门谱系相对庞杂，目前共有87个机构，包括66个部门合作机构。其职能为促进改善成员国全方位的公务协作，协调各领域

---

① 《独联体机构》，独立国家联合体执行委员会网，https://cis.minsk.by/bodies，访问日期：2023年6月1日。

② 《独联体国家发展框架内的合作》，俄罗斯外交部网，2021年11月，https://www.mid.ru/ru/foreign_policy/vnesnepoliticeskoe-dos-e/problematika-prostranstva-sng/o-razvitii-sotrudnicestva-v-ramkah-sodruzestva-nezavisimyh-gosudarstv/，访问日期：2023年6月5日。

合作的原则与规则，具体落实在经济、科学、人文等领域及军事建设领域的共识。其优势在于涵盖领域广、细致入微，有一定执行力；而负面影响也很明显，即机构冗杂，为建制而建制，为独联体实现特定目标增加了不必要的流程性和机制性成本。

二是秘书长机制有别。在上合组织秘书处和独联体执委会日常运作中，秘书长发挥着主要职能。两组织的秘书长均由国家元首理事会任命，上合组织秘书长由成员国按国名俄文字母的顺序轮流担任，任期3年，组织建立以来严格按任期制执行。而独联体秘书长自2007年来一直由列别杰夫担任，在独联体30余年的发展历程中，只有6任秘书长，且皆由俄罗斯或白俄罗斯官员担任该职务。

总体而言，相比职权相对明晰、机构相对精简高效的上合组织，独联体机构冗杂，设置机制看似全面，但实操部门只是“文山会海”中的一小部分；国家元首理事会每年举行两次会议，成果却乏善可陈，且人头不齐。独联体“复制”了苏联模式，却鲜有及时优化革新，导致效率较低。

三、大国因素与内外环境异同

地区大国往往是影响区域组织合作效率与前景的重要因素，其参与意愿和资源投入极大影响着组织的功能发挥，对组织的发展路径具有决定性塑造作用，独联体和上合组织概不例外。从内部来看，俄罗斯既是独联体的核心主导大国，又与中国同为上合组织的“双引擎”之一，在两组织内都具有举足轻重的作用，但其对独联体的影响作用更为直接有力。从外部来看，外部势力干预是独联体与上合组织共同面对的一大挑战，美西方等大国对独联体国家的渗透演变几乎贯穿独联体整个发展历程，而现阶段美国对中俄奉行“双遏制”政策，上合组织也不可避免地受到了冲击。总体而言，独联体所受干扰因素更多。

（一）独联体较上合组织呈现出更强的单一大国主导性，承载俄维持地区大国地位的战略目的

独联体的历史与俄罗斯对独联体的政策变化史起伏共振。在该组织发

展最关键的头十年，即20世纪90年代，俄罗斯多次大幅调整对独联体的方针政策，深刻影响甚至决定了独联体在推进区域一体化方面发展，其政策调整具体可分三个阶段。[①] 第一阶段是1991年至1993年初，俄罗斯采取较为混乱的“甩包袱”政策，试图“甩掉”扶持独联体其他成员国经济社会发展的责任，“轻装上阵”以迎合西方助其完成经济复兴和民主化改革承诺。这种孤立主义政策加剧了独联体其他成员国对俄罗斯控制权的警惕，组织成立后数月即出现各成员国出台大量“离心性”政策的局面，多重负面效应叠加致使独联体内部的合作氛围无从建立。第二阶段是1993年至1995年，地缘政治环境急剧恶化的俄罗斯开始形成对独联体整体连贯的政策，1993年《俄罗斯联邦对外政策构想》首次完整阐述俄对独联体的政策，认定俄与独联体国家的“构想问题”直接关系俄“改革命运”，关系到“俄罗斯和俄罗斯人的正常生存”。但这一阶段，俄对西方和对独联体的态度都仍处于暧昧不定的试探状态，许多独联体协议成为一纸空文。第三阶段是1995年至20世纪末，这是俄对独联体方针最终成型的阶段。在1995年《北约东扩可行性报告》问世之际，俄罗斯出台《俄罗斯联邦对独联体国家的战略方针》，指出俄“经济、国防、安全和保护俄罗斯人的权利方面的主要切身利益都集中在独联体境内”，试图以关税同盟等经济一体化手段推进政治、军事一体化，防范美欧渗透。

自此之后，即进入21世纪以来，俄一直视独联体为其重要战略地区，但更侧重“以双边关系带动独联体的整体发展”，寄希望于双边或“小多边”条约和协定以发挥较独联体更加高效的作用。近年，俄罗斯的对外政策更是有重振独联体的迹象，俄在2020年推动独联体通过《2030年前独联体经济发展战略》《关于进一步发展独联体的理念及主要活动实施方案》《2030年前独联体成员国创新合作计划》等一系列文件，试图对独联体重新赋能，但受全球新冠病毒疫情、地区性冲突等因素影响，独联体机制能否焕发新生仍有待观察。

① 郑羽主编《独联体十年——现状·问题·前景（1991—2001）》，中国社会科学出版社，2007，第101—120页。

（二）上合组织权力结构更趋多元平等，中俄两个大国的良性互动与合作为其发展持续注入动力

相较独联体单一的领导核心，上合组织内部的大国主导作用显得更加积极，中俄共同发挥着引领和示范作用。中俄两国秉持不针对第三方的原则，建立起了大国结伴而不结盟、合作而不对抗的新型国际关系模式，为上合组织发展提供了样板。2001年中俄签署的《中俄睦邻友好合作条约》为《上海合作组织成员国长期睦邻友好合作条约》提供了先行范例。更为重要的是，中俄各领域合作硕果为上合组织机制合作筑牢了支柱，带动上合组织进入全球治理的发展快车道。

（三）相较诞生于全球化浪潮中的上合组织，独联体建立以来饱受美西方大国力量的牵扯

苏联解体打破了原有的地缘政治格局，苏联地区深陷经济危机和政治乱局，各国发展高度依赖外部援助。美西方等域外力量抓住这一战略机遇，纷纷着手改造和渗透前苏联加盟共和国。美国克林顿政府曾提出"参与和扩展"战略，实行以俄罗斯为中心的独联体政策，发力扶持俄罗斯、乌克兰等体制转轨国家实现西方"民主化"改革，欧盟的"对独联体技术援助计划"则在1991—1999年向独联体提供了近40亿美元的发展援助。[①] 20世纪末，俄放弃了外交的"一边倒"政策，美欧开始重点攻略其他独联体国家，引导其建立"古阿姆集团"等有排俄色彩的新地区机制。"9·11事件"后，美国以反恐名义进一步渗透独联体国家，遏制俄罗斯势力。美以反恐之名驻军中亚，并推出"新中亚战略"以加大与俄在中亚地区影响力的竞争。美国虽从未出台具体的"对独联体政策"，但一直在针对性地削弱和架空独联体，用单向财政援助干扰独联体的内部合作，延阻独联体的一体化进程，以防范俄罗斯恢复"欧亚帝国"。在美欧的猛烈"攻势"下，独联体内部分崩离析的一面愈发突出。而上合组织面临的大国博弈主要集中在其扩员后，美国明显加大了对中俄的遏制围堵，对上合组织

---

① 赵怀普:《欧盟对独联体政策的演变》,《外交评论》2009年第6期。

的未来发展制造了更大挑战。

上合组织和独联体均有自身发展脉络，但大国因素均较大程度地塑造了组织的内外部环境，制约着二者的发展方向。相较而言，权力结构较为集中、单一国家话语权较大的独联体难以推进自我革新；大国发挥表率作用、以平等互利为价值取向的上合组织在地区和全球治理事务中的表现日益凸显。

值得注意的是，受新冠病毒疫情和地区武装冲突的影响，欧亚地区的安全风险大幅增加，地缘局势进入动荡风险期，大国博弈白热化将使独联体和上合组织的发展面临更为严峻的考验。毋庸置疑，独联体的发展将进一步遭遇俄美博弈所带来的负面冲击，美国对中俄的战略双遏制也将负面影响着上合组织的发展。

四、发展轨迹与合作成效异同

总体上看，独联体的发展与合作收效甚微，频陷分裂危机，一体化构想长期停滞不前，组织能力和地区影响力波动式下降，近年虽有止跌但又因新的地区冲突蒙上阴影。相较之下，上合组织在成员架构和机制方面不断创新，在安全、经贸、人文等领域的合作稳步提升，尽管仍面临不少挑战，其在组织稳定性、机制性效力、国际影响力等方面都显著优于独联体。

（一）从发展周期看，独联体实力波动式下降，上合组织的发展轨迹呈现上升趋势

独联体建立30多年来，在部分领域发挥了一定作用，但整体实力始终处于下滑态势，这种波动式衰落的表现有三。其一，成员国经济和国力的增长整体缓慢。独联体国家均为前苏联加盟共和国，独立之初试图迅速完成政治和经济制度改革，但囿于产业基础薄弱、经济部门单一、技术水平低下等禀赋缺陷，未能实现经济社会的良性康复，各国发展的速度和程度存在较大差异。在苏联解体后的30多年中，除塔吉克斯坦外极少有独联体

国家保持了经济的正增长。[①] 截至2023年3月，独联体国家经济总量仅占全球经济总量的约3.7%；近年，受地区冲突和新冠疫情的影响，独联体各国经济增速仍不乐观。其二，组织内部分歧悬而未决，拉低整体决策效力。独联体的创建目的之一在于厘清成员国杂乱的产业和军事关系。但受内外因素影响，各方达成的协议要么过于原则性、初步性、宣言性，要么仅具备一定的可操作性但得不到全员的同意。在以建章立制为工作重心的1991年至1998年，独联体议会和国家元首理事会共通过了886份文件，其中只有130份得到所有成员国的联署。[②] 各方未从"文明离婚"中得到切实好处，对独联体的期待和信心进一步下降。其三，成员国团结性始终不足，多次"退出风波"阻碍凝聚共识。成立之初，乌克兰只是签署了部分文件，在集体防御、外交、货币、人员流动等领域持保留意见，并在2014年和2018年两次因领土争端宣布退出，自2014年起已不再参加独联体活动；2005年土库曼斯坦为维持永久中立国地位，宣布退出；格鲁吉亚在俄罗斯施压下较晚才加入独联体，但在2008年因南奥塞梯冲突宣布退出；2022年，哈萨克斯坦宣布退出独联体跨国货币委员会协议；2023年，摩尔多瓦因独联体未助其解决国内冲突和能源危机拒绝担任轮值主席国，并宣布不再参与独联体各项政府间机制的活动。

相较之下，上合组织建立22年来不断发展壮大，先后进行了两轮扩员，2017年吸纳了印度、巴基斯坦为正式成员，后在2023年新德里峰会上吸纳伊朗成为上海合作组织第9个成员国，同年，白俄罗斯也开启了加入上合组织的进程。目前，上合组织已成为由9个成员国、3个观察员国和14个对话伙伴构成的全球幅员最广的综合性区域合作组织，合作领域也逐渐从传统安全合作延伸至政治、经济和文化等众多领域。

---

① "Gross Domestic Product (GDP) Per Capita Based on Purchasing-Power-Parity (PPP) in the Commonwealth of Independent States (CIS) from 2010 to 2028, by Country," Statista, accessed June 19, 2023, https://www.statista.com/statistics/1260880/gdp-per-capita-adjusted-for-ppp-cis-by-country/, accessed on June 15, 2023.

② Paul Kubicek, "The Commonwealth of Independent States: An Example of Failed Regionalism?" *Review of International Studies*, vol. 35, No. S1 (2009): pp. 237-256.

（二）从合作成效来看，独联体一体化的实践举步维艰，上合组织则更好地履行了创建时设定的职能

在其建立之初的数年间，独联体成员国大都保持着较高的热情和参与度，期待着独联体成为地区一体化的新载体。《独联体宪章》中规定了以安全和经济为两大抓手进行一体化的战略构想，但现实中独联体的表现却令人失望。安全方面，最能有效促进成员国防务融合的构想——建立一体化独联体国防军和统一最高指挥部的提议被长期搁置。经济合作方面，独联体未能实现设定的贸易目标，覆盖全体成员的关税协定谈判长期停滞，始终缺乏联合投资资金，促进各国经济改革融合接轨的协调工作持续无果。2011年独联体政府首脑会议才签署自贸条约，在此之前独联体建立统一大市场和关税同盟的尝试早已让位于部分成员国之间签订的自贸协定。在地区治理问题上，各成员国之间拉扯不断，决定核心轮值规则的《独联体轮值主席国规定》直到2008年才正式生效。独联体在安全、经济和政治等方面的合作困境逐渐消磨了成员国的热情，一定程度上导致其职权被拆分解构，流向其他多个地区组织或国际机制。

上合组织始终聚焦完善安全合作机制，以《上合组织反恐怖主义公约》和《上合组织反极端主义公约》等文件为行动指南，有力打击了“三股势力”，定期举行“和平使命”联合反恐军事演习，发布了30多项安全合作文件，并逐渐涵盖信息、数据、生物、外空等非传统安全领域。经济合作领域，上合组织在推动互联互通、投融资合作方面取得了积极进展，先后在上合组织框架下设立了上合组织银行间联合体、实业家委员会、中国—欧亚经济合作基金等较为完备的经济合作机制，取得了丰硕成果。上合组织通过文化、教育、科技、旅游、媒体、教育等领域签署的上百份合作文件，推动了成员国人文领域的一系列交流合作。

在地区主义划分的三种类型中，除美欧主导的价值型地区主义，上合组织和独联体分别属于发展型地区主义和国家建构型地区主义。发展型地区主义秉承尊重国家主权和互不干涉内政等原则，以地区成员共赢发展为目标，开放性较高。而国家建构型地区主义往往由未完成或刚完成国家主权建构的主体组成，各国更关心建立健全国内机制，对地区治理缺乏聚焦

和信心，地区合作难以摆脱搭便车问题，合作与一体化效果明显不如以上合组织为典型的发展型地区主义。①

（三）从影响力来看，独联体坐拥更为浑然天成的地区身份认同便利，但却日趋边缘化，而上合组织的国际影响力更胜一筹

独联体成员国历史文化、经贸联系紧密，但在成立后30余年的发展进程中，出现身份认同碎片化趋势，独联体面临地区影响力被“掏空”的挑战。一方面，独联体内部出现“小团伙”潮，双边和“小多边”机制分化切割独联体的组织职能。20世纪90年代中后期，俄罗斯对难以达成共识的独联体机制感到失望，遂转变策略构建“次独联体一体化”，分别在1995年与白俄罗斯、哈萨克斯坦成立了关税同盟，该同盟在2000年升级为欧亚经济共同体；1996年，俄、白、哈和吉尔吉斯斯坦签署了深化四国经济和人文一体化的条约；同年俄白缔约建立“国家共同体”，1997年正式签署俄白联盟条约。1997年，格鲁吉亚、乌克兰、阿塞拜疆和摩尔多瓦四国成立亲西方的“古阿姆集团”（GUAM，后因乌兹别克斯坦的加入演变为GUUAM），以对抗俄罗斯的军事威胁和能源控制。

另一方面，前苏联地区其他国际组织、机制进入快速发展期，在不同领域挤压独联体的施展空间。2002年，独联体集体安全条约理事会将《独联体集体安全条约》机制改组为“集安条约组织”（以下简称“集安组织”），俄、白、亚、哈、塔、吉六个原条约签署国成为集安组织初始成员国。集安组织以集体防御为要旨，在2009年建立集安组织“快速反应部队”。2015年，俄、哈、吉、白和亚美尼亚五国签约创立“欧亚经济联盟”，以接替此前俄、白、哈三国创立的欧亚经济共同体，为后苏联空间国家统一央行和货币体系。集安组织和欧亚经济联盟脱身于独联体合作，又反过头来挤压了独联体的经贸、安全合作空间。此外，突厥语国家组织等机制正试图从民族历史、语言文化角度出发，整合创新中亚、中东欧地区文明纽带。相较之下，上合组织地区和国际影响力一直持上升态势。上合组织在解决地区治理的相关问题方面，比如反恐、互联互通、解决民生问题方

① 王志：《国际组织与地区治理：欧亚“多重一体化”现象研究》，《国际论坛》2023年第3期。

面作出了积极努力，并且取得了不小的成绩，赢得了地区国家的肯定。国际合作是上合组织发展历程中的另一亮点。2009年，上合组织叶卡捷琳堡宣言提出，上合组织成员国愿加强与联合国、独联体、东盟、欧亚经济共同体、集安组织、经济合作组织、联合国亚太经社会以及其他国际和地区组织的务实合作，在此基础上建立广泛的伙伴网络。目前，上合组织成员国人口占全球总人口约44%、经济体量占全球总量的近30%，且包含全球GDP排名第二的中国和第五的印度，在地区和国际事务中的作用愈发突出，开创了文化身份不同、政治体制不同、社会经济发展水平不同的国家间共赢合作的新范式。

结　语

当前国际局势紧张复杂，安全风险全面上升，为有效应对外部环境所带来的重重挑战，上合组织不但要总结自身发展规律，更要从独联体发展的过程中吸取经验教训。

一是坚守组织核心理念，维护组织内部的团结。独联体从创建之初就埋下了分裂的种子，成员国之间矛盾不仅没有得到解决，反而愈演愈烈，导致独联体缺乏凝聚力、向心力，效率低下而难有实际成果，进一步陷入“难有共识—难有成果—难有信心”的恶性循环。与此同时，独联体的发展平行于前苏联成员国独立建国的浪潮，各国对独联体暗含的“苏联模式”抱有戒心，转投美西方宣传的“民主化”体制改革和市场化经济运行轨道，将能源、资源、市场、文化领域甚至部分国家的军事基地向后者开放，导致以独联体为核心的地区治理体系进一步“空心化”。上合组织应维护组织核心理念和价值，培育“共同体意识”，凝聚成员国共识，警惕外部势力，妥处成员国内部分歧，在组织内部形成有效合力，提升成员国对组织的认同感和归属感。

二是以务实合作支撑组织发展，及时革新机制体制。国际组织应避免仅充当多方常规性会晤、签署原则性协议的外交平台，避免合作理念模糊化，对协议文件不求多不求全，而是关注能否促成特定领域的合作成果，建立结果导向型的评估、审查机制，由重协商转为重行动。应强化机制改革，及时缩减、整合同类会议机制平台，避免同质化和功能泛化、虚化，切实提升组织的行动力。同时提高常设机构的工作效率，优化官方网站和社交媒体，加大组织工作成果、理念倡议等方面的宣传，采取有效措施以加深国际社会和新一代青年对组织的认知。

Сравнительные исследования по Шанхайской Организации Сотрудничества и Содружеству Независимых Государств

—Сходства, различия и вдохновение

Ли Тяньи

Аннотация: Как Содружество Независимых Государств (СНГ), так и Шанхайская Организация Сотрудничества (ШОС) состоят из нескольких бывших советских республик и изначально были созданы с целью решения проблем, оставшихся от распада Советского Союза. В ходе своего развития они развивались совершенно по-разному из-за таких факторов, как философия и модель сотрудничества, внутренняя солидарность и игра великих держав на постсоветском пространстве. В настоящее время наблюдается колеблющаяся тенденция к снижению потенциала механизма СНГ, в то же время Шанхайская Организация Сотрудничества находится на относительно стабильной восходящей траектории. В данной статье сравниваются учредительных целей, организационных структур, внутренних и внешних ситуаций и эффективности ШОС и СНГ, рассматриваются причины почти полной стагнации развития СНГ, с тем чтобы найти что-то полезное в интересах развития ШОС.

Ключевые слова: Шанхайская Организация Сотрудничества; СНГ; постсоветское пространство; региональная интеграция

Автор: Ли Тяньи, старший научный сотрудник Института Евразии Китайской академии международных проблем.

A Comparative Study of the Shanghai Cooperation Organization and the Commonwealth of Independent States: Similarities, Differences and Implications

Li Tianyi

Abstract: Both the Commonwealth of Independent States (CIS) and the Shanghai Cooperation Organization (SCO) are composed of several former Soviet states and were established with the initial aim of solving the problems left over from the dissolution of the Soviet Union. In the process of development, the progress achieved by the two has been greatly influenced by factors such as the philosophy and mode of cooperation, internal unity, and the wrestling of major powers in the post-Soviet space. Currently, the CIS mechanism capacity shows a fluctuating downward trend, while the SCO is on a relatively stable upward trajectory. By comparing the founding purposes, organizational structure, internal and external situations, and effectivities of the SCO and CIS, this paper explores the reasons for the near-stagnation of the CIS and draws inspiration for the development of the SCO.

Keywords: Shanghai Cooperation Organization, CIS, post-Soviet space, regional integration

Authors: Li Tianyi is an Assistant Research Fellow at Department for European-Central Asian Studies, China Institute of International Studies.

第五部分　上合组织与发展中国家地区合作组织之比较

Chapter 5: The SCO in Comparison with Regional Cooperation Organizations of Developing Countries

"东盟方式"的概念及其对"上合模式"的启示*

曾向红　　罗　金

【内容提要】成立20多年以来，上海合作组织在诸多领域都取得了令人瞩目的合作成果，开创了区域合作的新模式。而提炼和总结上合组织的发展经验，有助于解释上海合作组织的发展轨迹、构建具有上合组织特色的政治话语，并为中国参与和管理多边国际组织提供宝贵经验。在提炼"上合模式"的过程中，东盟可以提供重要的启发。同为欧亚地区具有影响力的非西方国际组织，东盟在总结发展经验和提炼运行模式等方面的探索已取得了一定成果，可以为我们理解和把握"上合模式"提供借鉴。本文在对上合组织与东盟进行简要比较的基础上，探究"东盟方式"的内涵及其对我们提炼"上合模式"可能带来的启发。

【关键词】东盟；东盟方式；上合组织；上合模式；地区合作；协商一致

【作者简介】曾向红，兰州大学中亚研究所、兰州大学政治与国际关系学院教授；罗金，兰州大学政治与国际关系学院研究生。

上海合作组织（以下简称"上合组织"）已走过20余载风雨历程，在政治、安全、经济和人文领域通过卓有成效的合作，取得了令人瞩目的发展成就，树立了欧亚区域合作的新典范，为其他区域性国际组织开展合作和探索新型国家间关系提供了良好的示范效用。正如习近平主席在上合组

*　本文系国家社会科学基金重大研究专项项目（项目批准号：21VGQ010）的阶段性成果。

织成员国元首理事会第十八次会议上所强调的，上合组织“是国际关系理论和实践的重大创新，开创了区域合作新模式，为地区和平与发展作出了新贡献”。[①] 这也意味着，在上合组织发展运行的过程中，形成了一套较为完善且行之有效的发展模式或运行机制，这一模式支撑着上合组织在激荡的国际形势中行稳致远。

如果说的确存在一种“上合组织发展模式”（简称“上合模式”），那么学术界就有必要对其进行分析和提炼，进而提升其学术影响力和国际声誉。国内学者赵华胜早已敏锐地关注到这一问题，他明确指出，“应该走什么发展道路和遵循什么发展模式，也是上合组织没有完成的一项课题”，并进一步通过对欧盟和东盟发展模式的比较，指出上合组织适宜采取类似东盟的模式，走出有自己特色的发展道路。[②] 这说明学界不仅早已关注到这一问题，并且意识到提炼“上合模式”对于上合组织发展的重要性。更为关键的是，通过比较研究的方法来提炼“上合模式”的方式，可为人们深化对上合组织发展特点的认识提供方法论上的指导。鉴于此，本文将具体从必要性、可行性与实际操作等方面对东南亚国家联盟和上合组织进行较为详细的比较，并分析“东盟方式”对“上合模式”所带来的启发。

一、上合组织与东盟发展的异同

上合组织与东盟作为欧亚地区最具影响力的两个非西方国际组织，具有诸多的相似性，也有明显的差异，一直以来都是学术界重点关注的对象。通过对上合组织与东盟之间的异同点进行比较，可为“上合模式”的提炼奠定必要的学理基础。

（一）上合组织与东盟的相同点

上合组织和东盟的高度相似性是我们得以借鉴东盟经验的基础。事实

---

① 习近平：《弘扬“上海精神”构建命运共同体——在上海合作组织成员国元首理事会第十八次会议上的讲话》，中国政府网，2018年6月10日，http://www.gov.cn/gongbao/content/2018/content_5301804.htm, 访问日期：2023年4月10日。

② 赵华胜：《上海合作组织：评估与发展问题》，《现代国际关系》2005年第5期，第20页。

上，上合组织和东盟在发展历程、自主性和独立性以及组织的制度构建等诸多方面的确存在一定的相似性。

第一，上合组织和东盟的发展历程具有相似性。从发展历程来看，上合组织和东盟都经历了三个阶段的发展演变，其发展都经历了从脆弱到稳健的过程。东盟的发展进程大致可以划分为三个阶段。第一阶段是从东盟成立至20世纪90年代；第二阶段是从冷战结束至20世纪末；第三阶段是从21世纪初至今。起初，东盟诞生于冷战背景下，在当时霸权横行的国际环境中，东盟致力于开展独立自主的安全合作。20世纪70年代在越南入侵柬埔寨的过程中，东盟深刻地意识到，一味地排斥大国力量在当时东南亚复杂的地缘政治环境下是行不通的。因此，东盟开始反思自己的安全政策，并在第二个发展阶段中积极调整自身的政策，一方面开展扩员进程，另一方面创建东盟地区论坛，目的在于利用东盟地区论坛巧妙地平衡各方势力，为自身发展需求服务。第三个阶段，东盟框架下的各领域发展日趋成熟与稳固，并且在东盟的努力下，最终实现了构建安全共同体的目标，这是一个具有划时代意义的发展目标的实现。上合组织的发展阶段与东盟大体类似，同样可分为三个阶段。在第一阶段，上合组织致力于排斥大国干预的独立自主的合作。在此过程中，上合组织不断完善自身的机构和机制建设，丰富条约法律相关内容，从而搭建起政治、安全合作的基本架构。第二个阶段，面对域内、域外“三股势力”的双重威胁和与国际社会接轨的需要，上合组织愈加重视国际交流与合作，并逐渐拓宽合作领域。第三阶段，上合组织在应对新发展阶段出现的新问题的同时，确立了与东盟相似的发展目标，即希望实现“安全共同体、发展共同体、人文共同体和卫生健康共同体”四位一体的上合组织命运共同体的长远目标。[①]

第二，上合组织和东盟都致力于推进具有自主性的合作。西方区域性合作组织的典型代表——欧洲联盟，最早起源于欧洲共同体。欧盟主要是由欧洲资本主义国家所组建的区域性国际组织，且部分成员国与美国保持着密切的盟友关系或伙伴关系，这就使得欧盟的政策措施或多或少会受到

① 曾向红、罗金:《从人类命运共同体角度看上海合作组织的发展》,《海外投资与出口信贷》2021年第1期，第8—12页。

美国因素的影响。与之不同的是，上合组织和东盟都属于非西方的区域性合作组织，其成员国也是非西方的国家。

上合组织与东盟都倾向于独立自主地决定自身的发展战略，推进具有自主性的合作进程，这一点在上合组织中反映得尤为明显。上合组织的中小成员国大多聚集于中亚地区，而中亚地区一直是美国所关注的战略要地，美国一直都期望通过广泛参与中亚事务增强自身的战略存在，同时也试图通过反恐、经济合作等加强与中亚国家的合作，从而削弱俄罗斯、中国对中亚的影响力，进而达到牵制上合组织的目的。但事实上，美西方在上合组织内部的影响力较小，大多数时期，上合组织都是在成员国的共同协商与自主性意见之下推进合作进程，有效避免了域外大国对上合组织议程的干预。而东盟虽然一方面会借助大国力量来解决某些问题，但另一方面又会避免大国势力的过度干预，以保持东盟对于自身议程的主导地位。总的来说，东盟的核心组织原则并非发生改变，即在东盟框架内保证自身的中心地位与自主性。①

第三，上合组织和东盟制度设置与主导性规范有一定的相似性。上合组织在发展过程中已形成了一套较为完备的组织机构和制度机制，而东盟内部机制的建设也与上合组织具有相似性，东盟内部不仅有首脑会议、外长会议、常务委员会、经济部长会议和其他部长会议等定期或不定期的会晤机制，而且还签署了一系列宣言、部长声明、条约、安排、谅解备忘录以及诸多议定书等，从而为其安全合作提供了坚实的法律保障。② 东盟地区论坛虽不是正式的东盟常设机构，但在东盟的领导下为成员国间的安全合作提供了对话和协商的平台。从这方面来看，上合组织与东盟的制度设计十分相似，它们在地区安全合作的实践中都强调协商一致和渐进性的合作模式，偏向对话与谈判，不要求制定具有约束力的制度，并尽量照顾好各方的舒适度。③

---

① 李垣萤：《背景知识、关系情境与东盟安全合作实践》，《外交评论》2019年第4期，第121页。

② Geoffrey B. Cockerham, "Regional Integration in ASEAN: Institutional Design and the ASEAN Way," *East Asia*, vol. 27, no. 2 (2010): 165-185.

③ 这一部分内容在提炼上海合作组织制度框架时会重点论述，此处不做详细探讨。

（二）上合组织与东盟的差异点

虽然上合组织和东盟之间存在着一定的相似性，但是我们仍有必要对二者之间的具体差异进行分析，并在借鉴东盟经验的过程中加以辨别和区分。第一，上合组织与东盟的组织架构存在区别。最为典型的便是二者在安全机构设置上存在的差异。上合组织内部设有负责协调成员国之间反恐安全合作的常设机构——地区反恐怖机构执行委员会（Regional Anti-Terrorist Structure，RATS）。地区反恐怖机构有效协调了成员国之间的安全合作，切实维护了上合组织成员国内部的安全与稳定。[①] 而地区反恐怖机构也在协调与沟通中促进了成员国之间的相互了解与信任，提高了成员国之间的互信水平及对上合组织的认同程度。[②] 地区反恐怖机构完全隶属上合组织，而与其职能相当的东盟地区论坛，在东盟安全合作的组织架构中则扮演着截然不同的角色。

就东盟与东盟地区论坛的关系而言，二者并不存在严格的隶属关系，东盟地区论坛也非东盟的常设机构。东盟将东盟地区论坛置于整个东盟安全体系的关键位置，并依托东盟地区论坛协调成员国之间、成员国与域外国家的安全关系。虽然东盟在东盟地区论坛中发挥着关键作用，同时东盟也是东盟地区论坛的重要驱动力量，但是东盟地区论坛并非东盟的下辖机构。这与上合组织的安全架构设置有着显著差别。

第二，上合组织与东盟在合作主体的选择上有所不同。上合组织的合作主体更多的是各国的官方机构，而东盟则吸纳了更多的民间力量。经过20年的发展实践，上合组织在打击“恐怖主义、分裂主义和极端主义”三股势力，整治毒品走私、跨国犯罪、非法武器流通，开展执法安全合作、防务安全合作等方面都取得了长足进展。然而，上合组织开展安全合作的

---

① “Interview: SCO Sets Example in Fighting Terror, Says Expert,” Xinhua, November 6, 2010, accessed on April 10, 2023, http://www.xinhuanet.com/english/2020-11/06/c_139496421.htm.

② Stephen Aris, “The Shanghai Cooperation Organisation: ‘Tackling the Three Evils’. A Regional Response to Non-traditional Security Challenges or an Anti-Western Bloc?” *Europe-Asia Studies*, vol. 61, no. 3 (2009): 469-470.

主体仍是地区反恐怖机构、各国防务部门等官方主体，虽然也有一些非官方的论坛、民间组织、智库机构等参与上合组织的安全合作，但总体而言，这些行为体的参与力度不够，成效也较为有限。

而东盟在安全合作时一直秉持“多轨道”运行的思路，吸纳了大量的非政府力量参与到东盟的合作之中。《东盟地区论坛：概念文件》中明确指出，东盟地区论坛的进程沿两个轨道运行：“第一轨道的活动将由各国政府开展，第二轨道的活动将由区域内的战略机构和非政府组织开展”。[①] 借助“多轨”运行的方式，东盟形成了一种全新的、开放的区域安全机制——“合作安全”（cooperative security）机制。这种合作模式的好处是显而易见的，即民间组织可以和国家、政府组织一起参与到区域安全合作进程中来，从而在一定程度上提升了区域安全合作的发展活力，而上合组织在这一领域还有很长的路要走。[②]

除此之外，上合组织与东盟之间还有很多明显差异。就诞生背景而言，两者毕竟是不同时代背景下的产物，东盟诞生于冷战格局下的国际环境，而上合组织成立于冷战之后，国际环境的差异会对两个组织的运行方式产生很大影响；东盟内部没有主导的国家，而上合组织则依赖于中国和俄罗斯两国的推动；上合组织的安全合作重点关注的领域是以反恐为中心的非传统安全合作，而东盟安全合作的重点领域除非传统安全威胁外，还特别关注成员国矛盾与地区冲突等方面。

本文之所以选择东盟与上合组织进行比较，主要是因为上合组织与东盟的相似性特征能够为参照“东盟模式”进而提炼“上合模式”提供可行性依据，且相似性明显多于相异性因素。而上合组织与东盟的差异说明，东盟在发展过程中的相关经验，不一定完全适用于上合组织，我们需要依据实际情况进行适当调整。总的来看，东盟能够为分析上合组织经验提供诸多借鉴。当然，如果能够形成多案例的比较研究，无疑能够进一步丰富“上合模式”的内容，至少能对“上合模式”的提炼有所帮助。

---

① “The ASEAN Regional Forum: A Concept Paper,” Asean Regional Forum, accessed on April 10, 2023, https://aseanregionalforum.asean.org/wp-content/uploads/2018/07/Concept-Paper-of-ARF.pdf.

② 郑先武:《区域间主义治理模式》，社会科学文献出版社，2014，第26页。

二、"东盟方式"的概念与内涵

对于东盟发展经验的总结和运行模式的提炼是东盟研究的重点内容，国内外学界都尝试对"东盟方式"进行多方面的解释和阐述。基于对既有研究的梳理与分析，本文尝试总结和提炼"东盟方式"的具体内涵，并为"上合模式"的提出提供思路借鉴。

（一）国内外学术界对"东盟方式"的界定

1967年8月，印度尼西亚、马来西亚、菲律宾、新加坡和泰国五个创始成员国共同创建了东盟这一国际组织。起初，它同上合组织一般，并不被国际社会所看好，一度被描述为混乱的"东方巴尔干半岛"（Balkans of the East）。[①] 不过经过半个多世纪的发展，随着东盟的版图的不断扩大和对柬埔寨问题的成功调解，以及在经济、安全合作方面的突出表现，东盟甚至一度被誉为欧盟之外唯一成功的区域合作典范。同时，东南亚地区也在东盟的积极努力之下，成为具有较大经济发展潜力和较为稳定的政治环境的地区。[②]

对于东盟的发展经验，有人用"东盟方式"（ASEAN Way）一词来加以总结。其中印度尼西亚的高级情报官员阿里莫厄多婆（Ali Moertopo）是最先使用这一术语的人士之一。不过，他所描述的东盟方式，更多类似一种发展的成就，主要是由于东盟成员国领导人之间良好的个人关系所形成的一种关系状态。随后，新加坡外长贾古马（Shunmugam Jayakumar）对这一概念做了进一步解释。尽管这一概念是一个松散、模糊且存在争议

① Mely Caballero-Anthony and Ralf Emmers, "Keeping the Peace in Southeast Asia: ASEAN and the Quest for Positive Peace," *The Pacific Review*, vol. 35, no. 6 (2022): 1079.

② Mikio Oishi, "Introduction: The ASEAN Way of Conflict Management under Challenge," in Mikio Oishi (ed.), *Contemporary Conflicts in Southeast Asia: towards a New ASEAN Way of Conflict Management* (Singapore: Springer, 2016), p.1; Mely Caballero-Anthony, *Regional Security in Southeast Asia: beyond the ASEAN Way* (Singapore: Institute of Southeast ASIAN Studies, 2005), p.1；张振江：《"东盟方式"：现实与神话》，《东南亚研究》2005年第3期，第22—23页。

的概念，且官方并没有对这一术语给出明确定义，[①] 但由于越来越多的官员公开使用“东盟方式”这一词汇，因此这也逐渐成为描述东南亚地区合作模式的代名词。

在这样的背景下，学术界也开始对这一概念的研究加以重视。许多学者都对此进行了多方面的界定，试图通过学术研究来揭开东盟成功的“秘密”。如加拿大学者阿米塔·阿查亚（Amitav Acharya）对“东盟方式”有比较经典的界定。即“东盟方式”是指由国家间行为准则组成，基于协商和共识的决策过程。此外，东盟方式还指，东盟成员国为确保区域和平与稳定而制定的一种独特的争端解决和区域合作方式。阿查亚还进一步论述了东盟做法的重要特征：包括非正式性和避免过度制度化、多边谈判中的共识和协商一致、东盟国家采取的“多边思维、双边行动”的政策等。[②] 不过，阿查亚并不认同将东盟方式理解为一种刻意构建的非正式的、非法律的、弱制度化的区域主义模式。根据他的理解，东盟是一个以规则为基础，具有高效组织结构且不具强制约束力的、具有法律人格的国际组织。[③]

美国犹他谷州立大学的杰弗里·科克勒姆（Geoffrey B. Cockerham）从建构主义视角来理解东南亚区域一体化进程，将其视为一个基于规范和价值观的过程。他认为，在时间的推移中，这些规范和价值观塑造了一种区域认同感。东盟刚成立时几乎不存在东南亚身份认同的概念，只是在多年反复的互动中创造了这种身份认同，同时这种互动也塑造了东盟国家之间的行为规范，即所谓的“东盟方式”。这些规范包括决策过程的共识性决策，强调协商、共识和不干涉内政。[④] 此外，也有人对此提出了不同的观点。例如，有学者认为“东盟方式”是定义东盟处理国家间关系的准则、

---

① 阿米塔·阿查亚：《建构安全共同体：东盟与地区秩序》，王正毅、冯怀信译，上海人民出版社，2004，第87—88页。

② Amitav Acharya, “Ideas, Identity and Institution-Building: From the‘ASEAN Way’ to the ‘Asia-Pacific Way’?” *The Pacific Review*, vol. 10, no. 3 (1997): 328-333.

③ Amitav Acharya, “Arguing about ASEAN: What Do We Disagree About?” *Cambridge Review of International Affairs*, vol. 22, no. 3 (2009): 493-499.

④ Geoffrey B. Cockerham, “Regional Integration in ASEAN: Institutional Design and the ASEAN Way,” *East Asia*, vol. 27, no. 2 (2010): 165-185.

原则和实践，也是东盟管理冲突、维护东南亚和平与安全的一种方式。[①]还有学者虽未明确对“东盟模式”进行界定，但却指出了这是东盟获得成功的重要原因。如有人指出，东盟之所以能够在东南亚这样一个充满争议的区域和国际环境中生存，在很大程度上要归功于它对内部安全的关注，[②]等等。[③]

国内学者也对“东盟方式”这一概念有比较深入的研究。如广东外语外贸大学陈寒溪指出，“东盟方式”是东盟特有的组织和决策方式，也是东盟得以维持和发展的一个重要基础。“东盟方式”强调主权的绝对平等，强调决策的非正式性、非强制性、强调不干涉原则等。“东盟方式”还具有包容性、开放性的特点，既照顾了东南亚国家在政治制度、传统文化方面的差异，也能够使各国走上共同合作的轨道，建设“大东盟”。[④]暨南大学张振江在考察西方学术界对“东盟方式”的定义后，将“东盟方式”界定为四个方面：对待正式机制建设十分谨慎的态度、在扩员进程中广泛的

---

① Mely Caballero-Anthony, *Regional Security in Southeast Asia: Beyond the ASEAN Way* (Singapore: Institute of Southeast ASIAN Studies, 2005), p.2.

② Mark Beeson, “ASEAN’s Ways: Still fit for Purpose?” *Cambridge Review of International Affairs*, vol. 22, no. 3 (2009): 333-343.

③ 国外学者对“东盟模式”的研究取得了较为丰富的成果。Peter Boyce, “The Machinery of Southeast Asian Regional Diplomacy,” in Lau Teik Soon (eds.), *New Directions in the International Relations of Southeast Asia: Global Powers and Southeast Asia* (Singapore: Singapore University Press, 1973), p.175; Estrella D. Solidum, “The Role of Certain Sectors in Shaping and Articulating the ASEAN Way,” in Ran Prakash Anand and Purificacion V. Quisunbing, ed., *ASEAN: Identity, Development and Culture* (Quezon City: University of the Philippines Law Centre and East-West Center Culture Learning Institute, 1981), pp.130 and 134-135; Agerico O. Lacanlale, “Community Formation in ASEAN's External Relations,” in Ran Prakash Anand and Purificacion V. Quisunbing ed., *ASEAN: Identity, Development and Culture* (Quezon City: University of the Philippines Law Centre and East-West Culture Learning Institute, 1981), p.399; Shaun Narine, “ASEAN and the ARF: the Limits of the ‘ASEAN Way’,” *Asian Survey*, vol.XXXVII, no.10 (1997): 961-978; Jose T. Almonte, “Ensuring Security the ‘ASEAN Way’,” *Survival*, vol. 39, no. 4 (1997-1998): 80-92; Sheldon W. Simon, “Security Prospects in Southeast Asia: Collaborative Efforts and the ASEAN Regional Forum,” *The Pacific Review*, vol. 11, no. 2 (1998): 197-200.

④ 陈寒溪:《“东盟方式”与东盟地区一体化》,《当代亚太》2002年第12期，第47—51页。

包容性、对共识的重视和运用以及互不干预成员国的内政。[①] 外交学院苏浩补充了“地区活力”（regional resilience）这一概念，该概念源于印度尼西亚的“国家活力”（national resilience）概念，即指东盟在保持独立和中立的前提下，通过协商调解防止内部动荡扩散，通过地区合作减少外部威胁，使地区能够保持和增强活力。[②] 云南大学卢光盛在谈到作为一种国际制度的东南亚经济地区主义时，从原则、规则和决策程度上对东盟的制度规范进行了分析，指出东盟奉行一种和平与繁荣、主权、自主性、协调一致、开放的原则，坚持专门规则、不成文规则和领导人发挥关键作用的决策机制。[③] 南京大学郑先武在谈到东盟区域间主义时，指出了东盟发展的一些现实特征，包括：东盟虽由政府主导，但却呈现出非政府组织、公民社会组织与官方机构“多轨道”并行的态势；在决策程度上，不采用投票表决的方式，而是以协商、共识为基础来讨论问题；在制度运行上，不运用强制性、有约束力的“硬法律”来管束成员国，而多采用没有约束力的“软法律”等政策工具；在合作方式中，也侧重非传统安全领域、军事安全工具或军事力量的非武力和非传统运用等“软安全”特征；在对外开放上，形成了一种区域间（跨区域）、区域、次区域、双边、全球多边等“多层次”互动的开放合作架构。[④]

综上所述，“东盟方式”的既有研究重点关注东盟独特的制度设计及组织运行方式，主要包含：组织理念、制度运行、决策程序以及内外关系的协调等方面。本文对于“东盟方式”的提炼和总结也将围绕这几个方面展开。

---

① 张振江：《“东盟方式”：现实与神话》，《东南亚研究》2005年第3期，第22—27页。

② 苏浩：《从哑铃到橄榄——亚太合作安全模式研究》，世界知识出版社，2003，第466页。

③ 卢光盛：《东盟经济合作的国际制度分析》，《东南亚南亚研究》2007年第1期，第7—14页。

④ 郑先武：《区域间主义治理模式》，社会科学文献出版社，2014，第318—335页；张义明：《区域间治理及其“东盟模式”——〈区域间主义治理模式〉评析》，《东南亚研究》2015年第6期，第97—107页。

（二）“东盟方式”的具体内涵

在对“东盟模式”或“东盟方式”进行总结之前，还需要注意一个问题，即对于东盟在20多年的发展历程中逐渐形成的这些原则和行为模式，有的学者将其概括为“东盟模式”，有的学者将其称为“东盟方式”（英语中大多译为“ASEAN Way”）。换言之，学者们对于这两个概念的使用往往是等同和混用的。

本文认为，英语中模式和方式都可以指“Way”一词，但在汉语语境中这两个概念之间还是具有一些细微的差别。这里的“模式”并非量化研究中严格意义上的具有明确目标、变量和关系的“模型”（model），而是一种具有较强规范效应的经验总结。而“方式”一词则相对宽松一些，侧重于对经验和方法的提炼。[①] 在上述对“东盟方式”这一概念的运用中，可以看出东盟更加强调通过非正式性的制度、非强制性的法律和松散、灵活的方式来处理成员国关系，“东盟方式”多集中于对这些经验的总结，因此用“东盟方式”（ASEAN Way）更为准确一些；而上合组织在发展过程中，虽然也强调尽量在灵活性的范围内尽可能保持成员国的舒适性，但更强调成员国合作的典范意义以及上合组织在理论和实践方面的创新价值，因此对于上合组织的发展和运行经验，用“上合模式”（SCO Way）更为合适。

基于对“东盟方式”概念的分析，本文将“东盟方式”概括为以下几个方面：

1. 从组织理念来看，东盟致力于构建一套具有共同文化成分的规范和价值观念，以增进对东盟和东南亚的区域认同，从而更好地促进成员国之间的合作。[②]

2. 从制度运行来看，强调制度的非强制性，不主张用有约束力的“硬法律”来管束成员国，而多采用没有约束力或有限约束力的“软法律”政策工具；强调制度的非正式性，不主张正式的机制化建设，会议召开次数

---

① 苏浩：《从哑铃到橄榄——亚太合作安全模式研究》，世界知识出版社，2003，第465页。

② 有学者对东盟的价值观进行了提炼，包括：坚持集体主义立场、崇尚和谐与秩序、尊重和维护成员国国家利益和主权、在国际社会中倡导多边主义、善守中庸和谐之道。吴金平、谭笑：《浅析东盟价值观的构建与实践》，《东南亚纵横》2008年第7期，第36页。

有限，避免过度的制度化，而是更多侧重于领导人个人的私人关系与非正式外交等；强调制度的“多轨道”并行，政府性机制或非政府组织、公民社会等机构都可以参与到东盟合作进程中来。

3. 从决策程序来看，重视在协商一致、共识的基础上来讨论和解决问题，在决策上具有松散和灵活的特点，无论成员国大小都可以平等参与协商。同时，注重运用“N-X”规则[①]、专门规则、不成文规则，目的在于“求同存异”，最大程度地推进合作的进行。

4. 在解决内部争端上来看，东盟更多关注内部安全，在充分尊重成员国的主权和领土完整的前提下，坚持以不干涉内政，不使用武力、和平解决争端的原则，有效避免内部争端的恶化。同时设立司法与仲裁机构，接受地区内友好第三方的调停，形成了东盟的冲突管理方式。

5. 从调适成员国关系来看，东盟具有广泛的包容性，对待成员国以及扩员国家，无论政治制度、社会文化和经济发展水平的差异，均采取不歧视和包容的态度，大度地接纳它们加入地区合作进程。

6. 从对外关系上来看，东盟形成了一种区域、跨区域、双边、全球多边等“多层次”互动的开放式合作架构。

7. 从合作方式来看，东盟致力于推进具有“多边思维、双边行动”的自主性合作；在安全合作方面，侧重于非传统安全领域的合作和非武力手段的运用，反对以军事威慑达成和平目的。

以上七个方面，大致对“东盟方式”有了一个较为全面和详细的概括，也能够为“上合模式”的提炼提供一些思路性的启发。

三、“东盟方式”对“上合模式”提炼的可能启示

综上所述，“东盟方式”涵盖了组织理念、制度运行、决策程序、解决内部争端、调适成员国关系、对外关系、合作方式七个方面的内容。基于

---

① 对于某一有争议的合作领域或问题，某个或某些东盟成员国可以将自己排除在外，不参加该领域或问题的合作，以使得其余的国家之间还能遵循协调一致的规则展开合作，这就是所谓“N-X”规则的主要内涵。N代表东盟全体成员数量，X代表不参与某项合作安排的东盟国家数目。卢光盛:《东盟经济合作的国际制度分析》,《东南亚南亚研究》2007年第1期，第11页。

上合组织与东盟之间所具有的广泛的相似性，上合组织的发展模式或许同样可以从以上几个方面进行分析。

从组织理念来看，东盟形成了一套以强化组织认同为目的的价值观或价值理念，蕴含着成员国共同的行为规范和价值观念。而在上合组织内部，则有一套更为明确的价值体系——“上海精神”。上海精神为上合组织成员国确立了行为规范与合作原则，以“上海精神”为核心，上合组织提出了一系列重大政治理念创新，丰富了上合组织价值体系，也增进了成员国对上合组织的认同。[①] 因而，可以考虑从“上海精神”着手，凝练出上合组织最核心的、最具创新价值和最有凝聚力的价值理念。

从制度运行来看，东盟强调制度的非强制性、非正式性和“多轨道”并行。这些特点可分别从东盟制度的约束力、机制的表现形式和运行层级三个方面来展开分析，如果将其运用到上合组织中来，可以发现，上合组织所签署的一系列条约和协定，都不具有法律意义上的强制约束力，而是以一种类似于“软制度”或“弱制度”的方式来指导上合组织成员国在各领域的合作。同时，上合组织虽未如东盟建立起广泛的“多轨道”运行机制，但近些年民间力量的广泛参与也使得上合组织的制度建设丰富了层级安排，特别是一些智库、论坛在促进上合组织建设方面作用明显。与东盟所强调的非正式性、避免过度制度化的特征不同，上合组织更多地在加强自身的组织制度建设，无论是元首理事会、政府首脑（总理）理事会的定期召开，还是组织机构功能的日趋完善，上合组织都在不断地强化自身的组织建设，以提升合作水平和组织影响力。[②] 可以说，上合组织的制度建设，既满足了组织发展的需要，又保持了灵活性，尽可能照顾成员国参与合作的舒适度。因而，在对上合组织制度运行过程进行考察时，应尤其注意上合组织与东盟之间的区别，在契合上合组织实际运行的基础上对其进

---

① 曾向红：《上合实践：国际关系理论的重大创新》，今日中国网，2018年6月11日，http://www.chinatoday.com.cn/zw2018/rdzt/2018shzz/pinglun/201806/t20180611_800132515.html，访问日期：2023年4月10日。

② 《上海合作组织成立宣言》第三条明确指出，上海合作组织除每年举行一次成员国元首正式会晤外，定期举行政府首脑会晤，除业已形成的相应部门领导人会晤机制外，可视情组建新的会晤机制。外交部欧亚司编《顺应时代潮流 弘扬“上海精神”》，世界知识出版社，2002，第88页。

行概括。

从决策程序和调适成员国关系来看，东盟与上合组织都存在解决组织内部各成员国就某些问题上有不同态度的问题。东盟对待成员国一直秉持着包容性和平等性的态度，既对不同成员国之间的差异表示尊重，又强调成员国具有平等参与协商的权利。这一点对于上合组织来讲同样适用。上合组织本身起源于边界问题的解决机制，成员国具有较大的制度、文化差异，正是在“尊重多样文明、谋求共同理念”的指导下，上合组织既尊重成员国的意愿，又在具体的协商环节对大国、中小国家的权利予以平等尊重，这为我们理解“上合模式”带来了思路上的启发，比如可以就上合组织内部权力运行的方式、上合组织对待成员国的态度等方面展开进一步分析。

从合作方式来看，上合组织与东盟在推动成员国合作的过程中，均或多或少地透露着“多边思维、双边行动”的行动逻辑，这一点在上合组织的经济合作中尤为明显。如上合组织经贸领域合作文件的签署，都是经过成员国多边协商后达成的合作共识，但在实际运行的过程中，多边经济合作的潜力却未充分发挥出来，成员国之间的双边经贸合作远多于多边合作，而上合组织作为多边合作机制或平台的作用发挥有限。同时，上合组织的合作进程也体现着自主性思维。以安全合作为例，上合组织的安全合作并不被域外国家所看好，甚至一开始就被唱衰。的确，对于一开始便将打击“三股势力”作为发展目标并致力于推动“安全合作”的上合组织而言，其成效褒贬不一。幸运的是，上合组织不仅顶住了压力，而且在非传统安全合作方面开创了一条新型合作之路，甚至对其他合作领域也有一定的带动和促进作用。在这一过程中，上合组织始终坚持自主性，保持了独立自主的发展风格。因此，在思考“上合模式”的过程中，有必要对上合组织的合作思维，特别是安全领域的合作经验进行有效提炼，这是上合组织既体现着“东盟方式”又有别于东盟路径的重要实践创新。

需要强调的是，之所以将解决内部争端和对外关系这两个方面的内容放在最后，并不是说这二者对上合组织没有启发意义（详见表5.1），而是相较于东盟，上合组织目前因奉行不干涉内政、尊重主权等原则而不介入成员国内部争端，但对于成员国之间的纠纷以及上合组织与其他国际组织之间的交往，还没有形成一种较为完善且能被成员国普遍接受的解决路径，因而从这两个方面对上合组织的发展经验进行总结的必要性不是太高。不过，这也从另一个侧面反映了上合组织存在问题或“上合模式”存有潜在缺陷。未来，上合组织要实现全方位、多领域、多层次的发展，则要更加重视对外交往，特别是在处理与其他国际组织的关系时形成自身特色；而要在合理范围内管控成员国冲突，则需要考虑上合组织是否能够也形成一套妥善处理成员国之间冲突，但却不会干涉到成员国内政的冲突调解机制。

表5.1　东盟方式对“上合模式”的可能启发

<table>
<tr><th>类别</th><th>东盟方式的内容</th><th>对“上合模式”的启发</th></tr>
<tr><td>组织理念</td><td>形成了一套独有的价值理念，蕴含着成员国共同的行为规范</td><td>从“上海精神”着手，凝练出上合组织最核心的价值理念</td></tr>
<tr><td>制度运行</td><td>强调制度的非强制性、非正式性和“多轨道”并行</td><td>注意区分上合组织“软制度”、强化组织制度的特点与东盟制度建设的异同</td></tr>
<tr><td>决策程序</td><td>在协商一致、共识基础上解决问题，具有松散和灵活的特点，并注重运用“N-X”等规则</td><td rowspan="2">可以从上合组织内部权力运行方式，上合组织对待成员国态度方面展开分析</td></tr>
<tr><td>调适成员国关系</td><td>具有广泛包容性，对成员国的政治制度、社会文化和经济水平差异，采用不歧视的态度</td></tr>
<tr><td>合作方式</td><td>推进“多边思维、双边行动”的自主性合作，侧重于非传统安全领域的合作和非武力手段的运用，反对以军事威慑促和平</td><td>上合组织成员国的合作也多以双边合作为主，且安全合作过程具有显著的“自主性”倾向，因此，有必要对上合组织的合作思维，特别是安全领域的合作经验进行提炼</td></tr>
<tr><td>解决内部争端</td><td>更多关注内部安全，坚持不干涉内政、不使用武力、和平解决争端的原则，并设立司法和仲裁机构，进行合理调节</td><td rowspan="2">上合组织奉行不干涉内政原则，对于成员国内部纠纷以及上合组织的对外交往，尚未形成一种较为成熟的模式，因而无法进行有效总结</td></tr>
<tr><td>对外关系</td><td>形成了一种区域、跨区域、双边、全球多边等“多层次”互动的开放合作架构</td></tr>
</table>

总之，对“上合模式”进行总结，可在学习和借鉴“东盟方式”的基础上准确且简约地总结上合组织的发展经验。在此过程中需要注意，不能简单地将“东盟方式”的特点粗暴地移植到“上合模式”之中。简言之，本文对东盟与上合组织的发展经验进行比较的意义在于，通过借鉴“东盟方式”的归纳方法，可为提炼“上合模式”提供启发，这实质上是一种理论模式“本土化”的过程。

Канцепция модели АСЕАН и поучительное значение для модели ШОС

Цзэн Сянхун, Ло Цзинь

Аннотация: За более чем двадцать лет существования ШОС добилась заметных результатов сотрудничества во многих областях и создала новую модель регионального сотрудничества. Обобщение опыта в развитии ШОС поможет понять траекторию развития ШОС, формировать политический шосовский язык, а также укреплять способность Китая на участие в управлении многосторонних международных организаций. При этом АСЕАН может оказать важное просвещение. Как влиятельная незападная международная организация в Евразийском регионе, АСЕАН достигла определенных результатов в области обобщения опыта развития и выбора режима работы, которые могут послужить нам ориентиром для понимания и осмысления модели ШОС. В статье на основе сравнения ШОС и АСЕАН рассматриваются суть моделя АСЕАН и возможное вдохновение для усовершенствования модели ШОС.

Ключевые слова: Формат АСЕАН, ШОС, Модель ШОС, региональное сотрудничество.

Автор: Цзэн Сянхун, профессор Института Центральной Азии Ланьчжоуского университета, Института политики и международных отношений Ланьчжоуского университета; Ло Цзинь, аспирант Института политики и международных отношений Ланьчжоуского университета.

The Concept of "ASEAN Way" and its Reference for the SCO

Zeng Xianghong, Luo Jin

Abstract: In more than 20 years since its establishment, the Shanghai Cooperation Organization (SCO) has achieved remarkable cooperation outcomes in various fields and pioneered a new model of regional cooperation. Refining and summarizing the development experience of the SCO helps explain its development trajectory, build a political discourse with the SCO characteristics, and provide valuable experience for China's participation in and management of multilateral international organizations. In the future, ASEAN can provide important inspiration. As an influential non-Western international organization in the Southeast region, ASEAN has achieved certain results in summarizing development experience and refining its operational model, which can serve as a reference for SCO. Based on a brief comparison between the SCO and ASEAN, this article explores the connotation of the "ASEAN Way" and its potential implications for us to refine the SCO.

Keywords: ASEAN Way, Shanghai Cooperation Organization, SCO model, regional cooperation

Authors: Zeng Xianghong is a professor at the Institute of Central Asian Studies and the School of Politics and International Relations at Lanzhou University; Luo Jin is a graduate student at the School of Politics and International Relations at Lanzhou University.

东盟对外合作对上海合作组织的启示

韩　璐

【内容提要】20余年来，上海合作组织以“上海精神”为指引，秉持开放透明的对外合作原则，逐步加强同其他国际组织的联系和往来，赢得了国际社会的广泛认同。但鉴于上合组织是个新生组织，多年来发展重心都放在内部建章立制和深化成员国间合作上，对外合作并未形成成熟的模式，在内容、范围和质量上都存在上升的空间。随着成员国的数量增加，国际地位和影响力的不断提高，拓展伙伴关系网将是该组织未来发展的要务之一。相比较之下，东盟的对外合作比较成熟，形成了区域、跨区域、双边、全球多边等“多层次”互动的开放合作架构。上合组织完全可以从东盟对外合作探索进程中吸取经验，助力未来一段时期对外合作的开展。

【关键词】东盟；上合组织；对外合作

【作者简介】韩璐，中国国际问题研究院欧亚所副所长，副研究员

东盟，即东南亚国家联盟，于1967年成立。东盟虽然是在冷战时期建立的地区性合作组织，但和上海合作组织（以下简称“上合组织”）一样，都属于非西方国际组织，成立的目的在于实现域内成员国的经济增长与社会稳定。围绕这个目标，东盟积极拓展对外关系，创新对外合作模式，深化与域内域外主要国家、地区组织的合作，取得丰硕的成果。上合组织发展至今，对外合作并未形成一定规模，但随着两轮扩员的演进，上合组织进入新的发展阶段，拓展对外伙伴关系网也被提上日程。本文将在总结东盟对外合作特点的基础上，针对上合组织国际合作存在的不足，探究东盟对外合作模式和方法对上合组织的启发。

一、东盟对外合作特点

在半个多世纪的发展历程中，东盟无论是在自身的一体化建设方面，还是在主导东南亚区域合作方面都取得了举世瞩目的成就。其中，东盟的对外合作发挥了重要作用。从对外合作机制来看，东盟建立起了首脑会议、外长会议等决策机制，且决策方式也比较灵活。从对外合作战略来看，东盟实行“大国平衡”战略，推行多边外交。从对外合作的内容来看，主要侧重于经济。

第一，对外合作机制和法律基础较为完善。东盟外交的主要决策机构有东盟峰会、东盟协调理事会、东盟共同体理事会。东盟峰会每年召开一次，是东盟组织的最高决策机构，至今已召开41次。峰会机制的设立为从最高层次决定东盟的对外政策创造了条件，也使由峰会宣布实施的东盟对外政策更具权威性；东盟协调理事会由东盟各国外长组成，是综合协调机构，负责处理东盟内外关系事务，每年至少举行两次会议；东盟共同体理事会包括政治安全共同体、历史、经济共同体理事会和社会文化共同体理事会，协调其下设各领域工作，由东盟轮值主席国相关部长担任主席，每年至少举行两次会议。此外，东盟还设立了东盟与对话国和国际组织的联络委员会，派驻在对话国的首都。

《东南亚国家联盟成立宣言》《东南亚国家联盟协调一致宣言》《东盟宪章》和《东南亚合作条约》是东盟对外合作的法律基础，明确了东盟对外合作的目标、准则。如《东南亚国家联盟成立宣言》《东南亚国家联盟协调一致宣言》明确了东盟是公认的对外独立行为主体，赋予了东盟制定对外政策的权力，比如东盟可以以一个整体参加国际组织；《东盟宪章》则进一步规范了东盟对外关系，包括坚持不干涉内政的基本原则；坚持以和平手段解决纷争；依照东盟条约和国际惯例解决纷争，棘手问题交由东盟首脑会议协商决定。《东南亚合作条约》也确定缔约国之间以相互尊重彼此的独立、主权、平等、领土完整、民族特征和互不干涉内政为原则；规定缔约国要有决心和诚意防止出现争端，如果发生争端，相关方应不使用武力或以武力相威胁，应通过友好磋商加以解决。同时，缔约国对国际性和地区性问题应保持定期的接触和磋商，以求协调立场、行动和政策。

东盟对外决策比较灵活，一直遵循三项基本原则：一是全体一致原则，即任何议案只有在全体成员都没有反对意见时才能够被通过而成为东盟的决议，同时又规定只能依靠相互协商和寻求共同点来消除分歧意见；二是“10—X”原则，如果个别或少数几个成员国表示将暂不参加某项议案所定的集体行动，但却又并不反对该议案，而其他成员国都表示不仅支持，而且愿意参加该议案所规定的集体行动，则该议案可以作为东盟决议予以通过；三是在主要涉及东盟成员国同本组织以外国家或国际组织关系的重大问题上，在作出决议时各成员国通常向在该问题上利害关系最大的那个成员国所持的立场靠拢。

第二，坚持不“选边站”，推行多边外交。截至目前，东盟已搭建了一种区域、跨区域、全球等多层次、多边、多元的互动开放合作架构。1994年7月，东盟成立东盟地区论坛（ARF），主要就亚太地区政治和安全问题交换意见，该论坛是亚太地区首个政治安全对话多边机制，也是东盟多边外交战略的首次实践。[①] 1994年10月，东盟倡议召开亚欧会议（ASEM），促进东亚和欧盟的政治对话与经济合作。亚洲金融危机后，东盟利用对话伙伴国等机制，以“10+”为主要抓手，大力拓展和加强与大国的关系。东盟发起建立与中日韩“10+3”机制，推动东亚地区合作。2005年启动的东亚峰会（EAS）成为东亚合作机制的重要补充。东亚峰会是指东盟10国与中国、日本、韩国、印度、澳大利亚、新西兰、美国和俄罗斯8国的合作机制。自成立以来坚持东盟主导、协商一致、照顾各方舒适度等既定原则，为增进各方互信、推进区域合作发挥了积极作用，不仅成为推动东亚合作的大平台，而且也成为连接太平洋和印度洋区域合作的大桥梁。以2006年召开的东盟防长会议（ADMM）为基础，2010年东盟邀请中国、美国、俄罗斯、日本、韩国、澳大利亚、新西兰和印度等国参加ADMM+。此外，东盟还进一步加强和其他地区国际组织的合作，特别是与欧盟、上合组织、南亚区域合联盟、海湾合作组织、太平洋联盟、拉

---

① Evan Berman, M. Shamsul Haque (eds.), *Asian Leadership in Policy and Governance* (Bingley: Emerald Insight Publisher, 2015), pp.45-68.

美共同体等的合作都取得长足的进展。

东盟秉持的“大国平衡”战略是形成上述架构的重要因素。东盟成立伊始既是为了应对冷战时期大国对抗所造成的严峻地区环境，也是为了维持成员国的团结。冷战结束后，亚太地区政治安全环境发生沧海桑田的变化，东盟认识到让大国参与本地区的合作进程是利地区发展，遂在维护其独立自主的同时，转而积极构建多边合作机制（详见表5.2），甚至有意借助大国参与来构建自己所主导的新的地区秩序。[①]具体而言，东盟的“大国平衡”指的是：大国已经深度介入东南亚国际关系；追求本国和平与繁荣时必须考虑大国的存在；在大国关系复杂的情况下，东盟国家要确保应对各种局面的灵活性；最能增强东盟国家地位的策略在于避免卷入大国竞争，与所有大国维持友好关系，形成大国多边均衡状态。[②] 2013年，印尼外长马蒂提出“富有魅力的平衡”战略，这印证了东盟国家为实现上述目的所采取的策略。[③]

表5.2　以东盟为中心的多边合作机制

合作机制	成员	合作重点
“10+1”	东盟10国分别与中国、日本、韩国（即3个“10+1”）合作	农业、信息通信、人力资源开发、相互投资和湄公河流域开发
“10+3”	东盟10国、中国、日本、韩国	已建立65个对话与合作机制，其中包括外交、财政、经济、劳动、农林、旅游、环境、卫生、打击跨国犯罪、文化、能源、信息通信、社会福利与发展、科技、青年、新闻及教育共17个部长级会议机制

① 山影進編《新しいASEAN—地域共同体とアジアの中心性を目指して—》，千葉：アジア経済研究所，2011，第149頁。

② Bilahari Kausikan, “Standing up to and Getting Along with China,” Today Online, May 18, 2016, accessed on May 21, 2023, http://www.to-dayonline.com/chinaindia/standing-and-getting-along-china.

③ Marty M., Natalegawa, “An Indonesian perspective on the Indo-Pacific,” May 16, 2013, Keynote address, CSIS, Washington DC.

续表

合作机制	成员	合作重点
10+8（东亚峰会）（EAS）	东盟10国、中国、日本、韩国、印度、澳大利亚、新西兰、美国、俄罗斯	能源、金融、教育、公共卫生、灾害管理、东盟互联互通为重点合作领域，并初步形成经贸、能源、环境、教育部长的定期会晤机制
东盟地区论坛（ARF）	东盟10国、中国、日本、韩国、朝鲜、蒙古、印度、巴基斯坦、孟加拉国、斯里兰卡、俄罗斯、美国、加拿大、澳大利亚、新西兰、巴布亚新几内亚、东帝汶和欧盟	亚太地区主要的官方多边安全对话与合作平台
东盟防长扩大会议（ADMM+）	东盟10国和澳大利亚、中国、印度、日本、新西兰、俄罗斯、韩国、美国	人道主义援助和救灾、海上安全、军事医学、反恐、维和和人道主义扫雷行动
区域全面经济伙伴关系（RCEP）	东盟10国和中国、日本、韩国、澳大利亚、印度、新西兰	世界上人口最多、经贸规模最大、最具发展潜力的自由贸易区

注：上述内容由作者自行整理总结

第三，助力各国经济发展为对外关系主轴。东盟初创伊始，东南亚国家多为贫穷落后的发展中国家，为摆脱经济困境，促进经济发展，东盟把经济合作作为其对外政策的主要内容之一，努力使自身成为稳定和良性外国投资目的地，成为一个更具凝聚力和有能力应对共同挑战的实体，并为自身开辟一个战略和经济空间，以应对其他地区大国在该地区的竞争。[①]尽管东盟地区出现过一些重大安全挑战，但东盟始终注重其成员国的经济发展，并致力于加强与域外国家及区域合作组织的经济贸易合作。比如，20世纪80年代初，东盟与美国就经贸合作进行了对话，并达成几项协议：

① Dr. Frank Frost, “ASEAN’s Regional Cooperation and Multilateral Relations: Recent Developments and Australia’s Interests,” October 9, 2008, accessed on May 21, 2023, https://www.aph.gov.au/About_Parliament/Parliamentary_Departments/Parliamentary_Library/pubs/rp/rp0809/09rp12#concluding.

一是建立“东盟—美国经济协调委员会”，与美国定期磋商经济事务；二是建立共同基金，美国出资1亿美元，帮助东盟发展中小企业；三是5年内美国进出口银行拨款20亿美元，用于促进美国私人企业对东盟的贸易和投资。冷战结束后，东盟的对外经贸合作进一步加速。亚洲金融危机后，东盟更加注重其经济的开放性和对外合作的重要性，不仅制定了改善商业和投资环境的共同框架，确定了在竞争政策、知识产权和消费者保护等诸多领域的合作措施，同时加强参与建立双边或多边的经贸安排。东盟先后与中国、日本、韩国、澳大利亚、新西兰和印度进行自贸区谈判，形成了以东盟为中心的自贸区网络。近年来，为了将“10+1”自贸区建成更强大的多边自贸区，东盟与上述6国就缔结《区域全面经济伙伴关系》（RCEP）[①]展开谈判，以东盟为中心的点线结构将由此演变为立体多维结构。《区域全面经济伙伴关系协定》（RCEP）的提出，为东盟参与区域经济一体化及其成员国的经济发展开辟了新的空间。总之，东盟积极开展经济外交，为东盟国家成功实施外向型经济提供了保障，创造了东盟经济奇迹，维持了地区的安全与稳定，扩大了国际影响力。

二、上合组织对外合作亟须突破的难点

作为一个摒弃冷战思维的新型国际组织，加强国际合作始终是上合组织发展的重要组成部分。成立至今，上合组织的国际合作步伐不断加大，成员国之间就重大地区和国际问题相互支持，捍卫了自身的核心利益。同时，上合组织还与认同组织宗旨和原则的国际机制，包括联合国及其专门机构、独联体、东盟、集安条约组织、经济合作与发展组织等多个国际和地区组织建立了伙伴关系，加强了往来，极大增强了上合组织的影响力、生命力和吸引力。但不可否认的是，虽然上合组织在多部法律文件中都明

① 2011年11月，东盟提出“区域全面经济伙伴关系”（RCEP）倡议，旨在构建以东盟为核心的地区自贸安排。2012年11月，在第七届东亚峰会上，东盟国家与中、日、韩、印、澳、新（西兰）6国领导人同意启动RCEP谈判。2017年11月，首次RCEP领导人会议在菲律宾马尼拉召开。2020年11月，第四次RCEP领导人会议以视频方式举行，中国、日本、韩国、澳大利亚、新西兰和东盟十国在会上正式签署RCEP协定。2022年1月1日，RCEP正式生效。

确了要扩大与国际和地区性组织的合作，但在具体实践操作中，真正具有实质性内容的合作尚未有效展开。总体看，上合组织对外合作仍处于初步阶段。

第一，合作质量有待提升。上合组织与许多国际组织建立了正式联系，签署了各类合作文件，还互派代表参加各自组织的各类会议，但双方的合作更多停留在信息的对话与交流中，很少涉及建立合作机制及其实践的问题。这是因为上合组织是一个年轻的国际组织，20年来的发展重心多在建章立制以及推动安全与经济等各领域务实合作上。迄今为止，上合组织已基本理顺组织机构设置及其职能，建立了多领域、多层次、多级别的合作机制。近年来，上合组织在扩员问题上殚精竭虑，力图解决扩员后上合组织的可持续发展问题。从这个角度来看，这也是上合组织与国际组织合作交流多、合作不够深入的重要原因之一。

第二，合作内容有待扩大。一直以来，上合组织对外合作的重点主要集中在安全和经济领域。由于上合组织目前并不是一个一体化组织，各合作领域的发展水平远不如那些超国家一体化机构或者专业性极强的国际组织，导致双方合作难以有效展开。比如集安条约组织是一个具有军事同盟性质的地区安全组织，军事合作水平远远高于上合组织，双方安全合作具有不对称性和不均衡性的特点，两者安全合作很难充分展开。再比如，东盟是东南亚国家的经济一体化组织，其经济一体化程度显然高于上合组织，两者之间的经济合作也一直处于较低的水平。

第三，合作对象的范围有必要进一步拓展。目前来看，上合组织对外合作的主要对象是国际组织，虽然存在观察员国和对话伙伴，但并未形成“上合组织+”这种模式。同时，合作的国际组织中，除联合国及其专门机构外，大部分都是欧亚的区域性组织，更确切地说，是俄罗斯主导的区域性组织。无论从所处地理环境，还是组织成员国构成来看，上合组织与这些区域性组织的合作非常方便，特别是部分组织的成员构成，大体相当于X+1模式，即某一俄罗斯主导的区域性国际组织加中国的模式。[①] 但这

---

① 李中海：《上海合作组织与其他国际组织的合作》，《上海合作组织发展报告（2015）》，社会科学文献出版社，2015，第85页。

种合作模式有很强的内敛性，限制了上合组织与更多域外国际组织和机制的交往和对话，并不利于本组织国际影响力的提高。同时，合作对象局限在欧亚地区，也易引发西方社会对上合组织的猜忌，即使上合组织已明确提出了奉行不结盟、不针对第三方以及对外开放的原则。美西方判断，上合组织是中俄主导的反西方集团，甚至是"东方北约"。上合组织扩员后，美西方的非议更是明显增多，认为上合组织的扩员是在壮大俄罗斯的实力，是在支持俄罗斯与西方国家对抗等。①

第四，决策机制的低效决定了对外合作难以深入展开。上合组织发展进程中始终面临着异质性难题，成员国彼此之间在政治制度、经济水平、文化传统以及意识形态方面都存在较大的差异。随着扩员的推进，上合组织内部更加复杂，异质性凸显，客观上进一步加大了组织内部协调的难度，"协商一致"的决策原则面临着重大挑战。

上合组织的"协商一致"原则，即上合组织框架内的协议和法律文件需经由全体成员国一致同意方能生效。② 这体现了"上海精神"中的平等、协商思想，保障了各成员国在组织内基本政治权力和地位的平等，避免多数强加少数、一方强加另一方的情况出现，这也是各成员国这么多年来始终能坚定如一地参与上合组织发展的重要原因。虽然这种决策方式有自己的优势，但由于成员国之间异质性的存在，这一决策机制反而对上合组织的凝聚力、决策力和执行力造成冲击，导致组织发展渐有"论坛化"倾向，在对外合作方面往往不能大步向前，更不用说对热点问题及时发出自己的声音，极其不利于维护上合组织的声望。

此外，上合组织秘书处的规模、权责和经费十分有限，与一个拥有广大地域、众多人口的国际组织不相匹配。秘书长所肩负的职能有待进一步扩大，上合组织秘书长无论是在国际场合还是地区事务中的影响力不够，极大限制了该组织在处理对外事务方面的及时性和合理性。

---

① 李进峰：《上海合作组织扩员：挑战与机遇》，《俄罗斯东欧中亚研究》2015年第6期。

② 《上海合作组织宪章》，上海合作组织秘书处网，http://chn.sectsco.org/load/43921/，访问日期：2023年5月30日。

三、东盟对外合作对上合组织的启示

观察东盟对外合作的特点可得出这样一个结论，即东盟的决策机制灵活，对外合作目标和战略明确，决定了该组织对外合作具备一定的广度和深度。经历两轮扩员的上合组织，毋庸置疑，国际影响力得到了一定提升，但对外合作仍停留在表面，并未形成规模。对东盟对外合作经验进行总结，更多意义上是通过学习和借鉴来促进上合组织对外合作的进一步发展。

第一，坚持“不结盟、不对抗、不针对第三方”的“三不原则”。冷战结束以来，无论国际风云如何变幻，东盟始终采取不选边站的大国平衡战略，这也是该组织得以顺利发展的重要原因。无论是从东盟的发展经验来看，还是从上合组织二十多年来发展壮大的历程来观察，未来上合组织也应毫不动摇地坚守“三不原则”这一底线。大国平衡仍是当下各国对外战略的基本取向，上合组织应充分考虑和尊重这一现实，不走冷战对抗的老路。上合组织必须继续弘扬“上海精神”，坚持不结盟、不对抗、不针对第三方的原则，力避陷入新冷战。上合组织还应妥善处置美西方因素，共同维护上合组织这一摈弃并超越冷战思维的新型国际组织形象。

第二，加快“上合意识”和内部相关机制建设。当前东盟共同价值观基本得以确立，即“东盟方式”，包含三方面内容，一是主权平等，强调互不干涉内政；二是注重协商一致，倡导多边主义；三是不干涉成员国自由外交。或者说，东盟的价值不在于实现地区的高度一体性，而在于在保持多样性的前提下，推进协商与合作。“东盟”方式这种统一价值理念的形成有利于东盟对外合作的广泛而深入地展开。上合组织也应根据扩员后的新形势，明确共同奋斗目标，将得到各方一致认同的上合共同价值理念，明确地写入正式的条约文本中，以夯实“上合意识”的法律性和权威性，确保上合组织对外合作的稳步发展。

前文已提到，东盟的决策方式比较灵活，在强调一致性的同时又允许差异性的存在，从而凝聚了各国力量，增强了内部团结，保证了东盟各项合作事业的顺利展开。在对外合作方面，东盟总体上遵循相互尊重、平等互利、协商一致、自主自愿的原则：对内是在集体制定的共同目标的指导下，各成员根据各自的不同情况，做出自己的努力；对外是在强调一致性的原则基础上，努力实现单边行动与集体行动的相互促进与结合。众所周知，上合组织成员国现已扩充至9国，地理范围延伸至中东地区，成为全球最大的综合性区域合作组织，国际影响力提高到了一个空前高度。在此背景下，扩大对外交往，加强国际合作已成为今后一段时期内组织发展的重要任务。参考东盟经验，上合组织应着手制定国际合作文件，对新形势下该组织国际合作的宗旨、原则、任务和目标做出更加详细的规定，以便统一认识和行动。同时，完善决策表决方式，提高合作效率，在解决重大或原则性问题时，应坚持“协商一致”原则，在其他需要落实的具体问题上，特别是在涉及多边经济合作的问题时可采取“简单多数”的原则。上合组织还应扩大秘书长的权限。秘书长作为上合组织对外形象的代表，应赋予其更大权限，以利于上合组织对外工作的开展，包括对地区和国际突发事件的及时发声，与更多国际组织开展交流等。

第三，进一步扩大对外交往伙伴。从对外合作对象来看，东盟一直将自身打造成一个实施多边主义的平台，先后成立“10+1”“10+3”和“10+8”等多边合作机制，还与不少国际组织展开了合作，这也是冷战后东南亚地区长期保持稳定，经济腾飞的重要推动力量。上合组织核心地区——中亚地区，与东南亚地区一样，历来也是多种域外力量踏足之地。俄罗斯、美国、中国、土耳其、欧盟、印度都是经略中亚地区的主要力量，而中亚国家推行多元平衡外交，也增大了上合组织作为多方力量交流平台的可能性。无论是从维护地区稳定还是从促进地区繁荣的角度出发，该地区也非常需要一个对话机制，为各域外力量相互交流、合理表达诉求提供平台，以有效化解潜在的危机和矛盾，避免出现不必要的冲突。作为抛弃冷战思维的新型国际组织，上合组织完全可以充当各方对话交流的平台，构建“上合组织+”机制。当然，这样的平台也要制定一些参加的条件，比如东盟所提出的参加东亚峰会的三个基本条件是：应是东盟的全面对话伙伴；已加入《东南亚友好合作条约》；与东盟有实质性的政治和经济关系。[①] 此外，越来越多的国际组织和机构表现出与上合组织深化合作的强烈愿望，上合组织应利用这一契机，与金砖国家、欧安组织、南亚区域合作联盟、环印度洋联盟、亚洲合作对话、亚太经合组织等国际和地区性组织建立联系，展开合作。

① 《东亚峰会》，中国政府网，2007年11月19日，https://www.gov.cn/test/2007-11/19/content_809138.html，访问日期：2023年5月30日。

Поучительное значение внешнего сотрудничества АСЕАН для Шанхайской Организации Сотрудничества

Хань Лу

Аннотация: На протяжении более 20 лет Шанхайская Организация Сотрудничества, руководствуясь «Шанхайским духом» и придерживаясь принципа открытости и транспарентности во внешнем сотрудничестве, постепенно укрепляла связь и обмен с другими международными организациями, что завоевало широкое признание международного сообщества. Однако, по поводу того, что ШОС является молодой организацией, на протяжении многих лет основное внимание в ее развитии уделялось институциональному строительству и углублению сотрудничества между государствами-членами, во внешнем сотрудничестве зрелой модели не оказалось, так что недостатки существуют как в содержании и объеме, так и в качестве внешнего сотрудничества ШОС. По мере дальнейшего расширения членского состава и повышения международного статуса и влияния расширение сети партнерских связей стало приоритетной задачей для развития Организации. Внешнее сотрудничество АСЕАН, в свою очередь, оказывается относительно зрелым и имеет многоуровневую открытую структуру сотрудничества, при которой развивается региональное, межрегиональное, двустороннее и многостороннее взаимодействие. ШОС может заимствовать опыт у АСЕАН во внешнем сотрудничестве, в содействие развитию внешнего сотрудничества в нынешний период.

Ключевые слова: АСЕАН, ШОС, внешнее сотрудничество

Автор: Хань Лу, заместитель директора Института Евразии Китайской академии международных проблем, ведущий научный сотрудник.

Implications of ASEAN's External Cooperation for the Shanghai Cooperation Organization

Han Lu

Abstract: Over the past two decades, guided by the "Shanghai Spirit" and adhering to principles of openness and transparency in external cooperation, the Shanghai Cooperation Organization (SCO) has gradually strengthened its connections and interactions with other international organizations, gaining widespread recognition from the international community. However, being a relatively young organization, the SCO has primarily focused on establishing internal institutional rules and deepening cooperation among member states. As a result, a mature model of external cooperation has not yet been fully established, leaving room for improvement in terms of content, scope, and quality. With the further expansion of its member states and the continuous enhancement of its international status and influence, expanding the network of partnerships will be one of the key tasks for the organization's future development. In contrast, ASEAN's external cooperation is relatively mature, and it has formed an open "multi-level" structure through regional, trans-regional, bilateral and global multilateral interaction. The SCO can draw lessons from ASEAN's exploration of external cooperation processes to facilitate its own future endeavors in this regard.

Keywords: ASEAN, Shanghai Cooperation Organization, external cooperation; multilateral cooperation mechanism

Authors: Han Lu is the Deputy Director and Associate Research Fellow at the Department for European-Central Asian Studies, China Institute of International Studies.

俄罗斯外交政策中的上合组织与金砖国家

〔俄罗斯〕谢尔盖·亚历山德罗维奇·卢科宁

【内容提要】本文研究了俄罗斯外交政策中关于对上海合作组织和金砖国家发展的基本目标和路径。俄罗斯对上海合作组织和金砖国家的关注出于其对构建多极世界格局及建立各类平台机制的愿望，这些机制有望在保留联合国和安理会领导地位的前提下，成为七国集团（G7）、二十国集团（G20）、国际货币基金组织、世界银行的替代选择。诚然，上海合作组织和金砖国家的未来发展面临许多严峻的制约因素，主要涉及国家间的矛盾、成员国经济潜力差异性、功能重复等问题。但这些问题随着时间的推移有朝一日终会解决，而世界上百年未有的新变化也提高了上合组织和金砖国家成员国深化合作的兴趣。

【关键词】国际关系；俄罗斯外交政策；中亚；上合组织；金砖国家

【作者简介】谢尔盖·亚历山德罗维奇·卢科宁（Луконин Сергей Александрович），俄罗斯科学院普里马科夫世界经济与国际关系研究所中国政治与经济处主任，经济学副博士。

一、引　言

上海合作组织（以下简称“上合组织”）以及金砖国家在俄罗斯外交政策中的地位越来越重要。这首先归因于俄罗斯对构建多极化世界格局的追求，这一点在2023年发布的《俄罗斯联邦外交政策构想》（以下简称《构想》）中得到确认。[①]

具体来说,《构想》中指出，构建更加公正的多极世界的进程仍在继续，因此俄罗斯努力增强其深度参与的国家间组织、国际机构和各类机制的实力并提升其国际地位，例如上合组织、金砖国家、欧亚经济联盟、中俄印合作机制（РИК）等。[②]

苏联解体之后形成了以美国为主导的单极世界格局，俄罗斯寻求构建多极世界秩序是为了限制美国及其盟友对世界进程几乎垄断性的影响力。尽管苏联解体后单极世界的论点值得商榷（比如说存在不结盟运动），但无法否认以美国为首的发达的资本主义国家拥有对全球治理体系经济部分和政治部分的主导作用，以至于发展中国家的利益被忽视。

俄罗斯与美国之间矛盾在于俄罗斯试图削弱以美国为首的所谓西方集体的影响力，而美国恰恰相反，希望维持其世界最强超级大国的地位，这一矛盾具体体现就是乌克兰危机，乌克兰危机在2014年和2022年最为激化。

同时，这也可以被看作不断加剧的美中全球战略竞争的一部分，美国试图通过削弱中国最大和最密切的合作伙伴俄罗斯，以遏制中国日益增长的政治、经济和意识形态影响力。军事失败或制裁导致的经济衰退都有可能引发俄罗斯的内部政治危机，理论上可能导致俄罗斯以某种方式发生政权更迭，并随之改变与中国的合作伙伴关系与友好外交政策方针。

上合组织和金砖国家在俄罗斯外交政策中占据核心地位，它们对俄罗斯的重要性将不断增加，首先是作为全球治理体系现有组成部分的替代机制，诸如七国集团（G7）、二十国集团（G20）、世界货币基金组织、世界银行等；其次是作为俄罗斯实施“向东转”政策框架内某些方向的机制；最后是俄罗斯设想的在遥远未来构建的“大欧亚伙伴关系”的必要组成部分。

---

① Концепция внешней политики Российской Федерации (утверждена Президентом Российской Федерации В.В. Путиным 31 марта 2023 г.). Сайт Министерства иностранных дел Российской Федерации: https://www.mid.ru/ru/detail-material-page/1860586/(дата обращения: 01.06.2023).

② Как выше указано.

当然，这两个组织的发展进程并不一帆风顺。例如，上合组织迅速扩展到中亚地区以外，吸纳了印度和巴基斯坦这样相互对立的国家，而且组织内缺乏无可争议的领导者，可能会造成组织活动重心模糊、缺乏聚焦以及出现内部矛盾，最终可能导致组织的低效率。

金砖国家的发展面临着若干潜在的制约因素。第一，缺乏现有西方体系之外的、自己独立的贸易和金融基础设施，比如统一货币、支付系统以及任意一个银行协会等。第二，地理上巴西和南非的领土与俄罗斯、中国和印度相距甚远。第三，不仅金砖成员国之间的经贸关系比重存在差异，每个金砖国家与美国和欧盟之间的经贸关系也存在温差。总的来说，这些障碍可能会阻滞金砖国家内部的一体化进程，从而拖慢金砖国家在国际舞台地位的提升速度。

同时，上合组织和金砖国家的这些“增长疾病”有可能在中长期的未来被克服，主要的路径选择有可能是发展新技术，发展物流业，实现管理流程的数字化等，推动这两个组织内部的政治和经贸合作提质升级。

二、上合组织

上文提及的确立俄罗斯外交政策的一系列文件指明了俄罗斯在上合组织中的主要利益和目标。比如《构想》中写道，俄罗斯力求将欧亚大陆变成一个统一的和平、稳定、互信、发展和繁荣的泛大陆空间。[①]

为实现这一目标，必须加强上合组织在维护欧亚大陆安全方面的能力和作用，并根据当前地缘政治的现实，通过改进本组织的活动，促进本组织的可持续发展。

《构想》进一步提出，有必要在欧亚经济联盟、上合组织、中国的“一带一路”倡议和东南亚国家联盟（东盟）的基础上，聚合所有国家、区域组织和欧亚联盟的潜力，形成一个广泛的一体化版图，即大欧亚伙伴

① Концепция внешней политики Российской Федерации (утверждена Президентом Российской Федерации В.В. Путиным 31 марта 2023 г.). URL: https://www.mid.ru/ru/detail-material-page/1860586/(дата обращения: 01.06.2023).

关系。

在另一份文件——2021年发布的《俄罗斯联邦国家安全战略》中也指出，俄罗斯对外政策的目标的实现路径之一是深化上合组织、金砖国家、俄罗斯—印度—中国等机制中与其他国家的多领域合作。[①]

根据上述文件，俄罗斯在上合组织中的目标和利益可归纳为以下几个具体方面：

第一，降低上合组织成员国之间发生冲突的可能性，例如，防止因领土争端或其他分歧发生军事冲突；

第二，支持维护上合组织国家的政治稳定，包括反对分裂主义或通过“颜色革命”颠覆政权；

第三，打击各种宗教激进主义、极端主义和恐怖主义，从整体上保持本组织成员国政权的世俗性；

第四，支持上合组织国家的经济发展，经济是国家政治稳定的根基，也是本地区政治稳定和战略稳定的基础。

总而言之，俄罗斯在上合组织中的实际利益与该组织的主要目标不相矛盾，并且与中国打击恐怖主义、分裂主义、极端主义和反对第三方干涉内政的主要政策方向完全相符，与上合组织其他成员国、观察员国和对话伙伴的利益相吻合。

因此，关于俄罗斯与中国，或者印度与巴基斯坦在上合组织框架内相互竞争这一广为流传的论调失之偏颇，因为上合组织所有国家切身的、关键的利益通常是一致的。

当然，不能排除为占领中亚国家的销售市场而在企业之间存在竞争，但这与国家间的竞争没有直接关系。[②]

除此之外，成员国间的双边分歧将按照本组织在初创阶段达成的协议

---

① Стратегия национальной безопасности Российской Федерации от 02 июля 2021 г. URL: https://www.mid.ru/ru/foreign_policy/official_documents/1784948/ (дата обращения: 01.06.2023).

② Лукин А.В., Кашин В.Б. Российско-китайское сотрудничество и безопасность в АТР. Сравнительная политика. 2019;10 (2): 135-151. https://comparativepolitics.elpub.ru/jour/article/view/969 (дата обращения: 05.06.2023).

来解决，即上合组织不是一个解决双边争端的平台，双边分歧应自行协商解决。[①]

有一种普遍的观点认为，俄罗斯谋求将上合组织变成一个反西方的集团，这一看法也不尽准确。当然，俄罗斯政府很可能会欢迎所有上合组织成员国秉持更明显的反美反欧的综合立场，特别是在乌克兰危机方面。但俄方也清楚这是不可能的，因为上合组织的所有主要国家几乎都有自己的政治和经济利益，以及与美国和欧盟长期以来发展的关系（如参与全球性组织，大规模投资和经贸联系等）。

此外，如果俄罗斯在上合组织内积极推动反西方的议程，则很可能会受到其合作伙伴的严厉批评，因为这样的行为违背了该组织的基本思想，即“互信、互利、平等、协商、尊重多样文明、谋求共同发展”的“上海精神”。[②]

与此同时，这与俄罗斯坚决反对任何西方组织（尤其是北约）在中亚出现或部署美国军事基地的立场并不排斥。在俄方看来，这可能导致该地区的剧烈动荡，对上合组织的任何一个成员国都没有好处。

总的来说，上合组织至少在运作的早期阶段已经展示出可持续性和有效性。它成功赢得了国际威望和认可，并保持着进一步发展壮大的潜力。

截至2023年7月，上合组织共有9个成员国，3个观察员国和14个对话伙伴。上合组织的地理范围得到了扩展，除中亚外，组织的利益范围涵盖了南亚、东亚、东南亚和西南亚国家。

截至2022年底，上合组织成员国的总人口接近33亿，占世界总人口的40%以上；成员国GDP总量超过23.3万亿美元，约占全球总量的24.1%；货物出口总额超过4.7万亿美元，进口总额超3.8万亿美元，分别

---

① ШОС стала жизнеспособным объединением с обширными планами и большим будущим, 23.12.2022. URL: https://rg.ru/2022/12/23/strategicheskoe-reshenie.html (дата обращения: 05.06.2023).

② ШОС стала жизнеспособным объединением с обширными планами и большим будущим. URL: https://rg.ru/2022/12/23/strategicheskoe-reshenie.html (дата обращения: 05.06.2023).

约占世界货物出口、进口总额的20%和15%。[①] 上合组织8个成员国领土总面积超过3400万平方公里，占亚欧大陆总面积的60%以上。[②]

然而，这些粗看十分宏大的指标以及本组织过去取得的成绩，并不能够自动转化成为上合组织在世界舞台上进一步做大做强的未来，要想达到这个目标上合组织还要克服扩员过程中出现的一些困难。

上合组织“协商一致”的决策方式对组织而言似乎既是“福”也是“祸”。在“上海五国”建立的初期阶段，基于这些原则的合作是卓有成效的，那时候参与合作的地区国家数量以及问题的范围都是有限的，较容易达成妥协。

然而，随着组织扩员，上合组织的地理范围从中亚扩展到了整个欧亚大陆，其所关注的问题也更加宽泛，实际上已然不可能达成妥协。由于组织中存在诸如印度和巴基斯坦这样相互对立的国家，并且新成员不断提出一些新的、组织最初所确立目标之外的问题，进一步加剧了达成妥协的难度。

不妨做一个假想实验，提出一系列问题来说明上述矛盾。比方说，作为“深化本地区安全和信任”措施的一部分，巴基斯坦是否会向印度提供任何有价值的军事信息？反之亦然；塔吉克斯坦、乌兹别克斯坦和阿富汗是否能够就共同利用阿姆河的水资源找到一个折衷方案？阿富汗当局能否防止伊斯兰宗教激进主义输出到中亚、俄罗斯南部或中国新疆维吾尔自治区？到目前为止，这些问题都没有明确的答案。

深化上合组织内部合作还面临着另外一个老生常谈的难题，那就是成员国经济实力的差异性，它使得组织无法形成坚实的经济基础来进一步加强内部联系。

在这个问题上，俄罗斯和其他一些中亚国家对中国经济扩张的担忧在一定程度上起到了负面作用。正是出于这样或那样的担忧，在建立上合组

---

① Рассчитано по данным статистической базы данных Конференции ООН по торговле и развитию, URL: https://unctadstat.unctad.org/wds/TableViewer/tableView.aspx (дата обращения: 05.06.2023).

② Рассчитано по данным базы данных Мирового банка: https://databank.worldbank.org/reports.aspx?source=2&country=AFG (дата обращения: 05.06.2023).

织自由贸易区、上合组织开发银行、上合组织发展基金，以及其他中国有着无可争议引领能力的倡议上没能达成一致意见，尽管显然只有中国能成为本地区的投资人和融资方。

最终，中国政府开始一边利用现有的合作机制，一边与中亚国家形成了新的双多边经贸投资合作机制，比如“一带一路”倡议、亚洲基础设施投资银行、中国+中亚五国（哈萨克斯坦、吉尔吉斯斯坦、塔吉克斯坦、土库曼斯坦、乌兹别克斯坦）论坛。这样一来，上合组织的经济议程能否重振就成为问题，因为该领域的主要成员中国已经在该组织之外建立了经济贸易合作的替代机制。

在上合组织的主要关注领域——维护地区安全和稳定方面也存在一些困难。一方面，上合组织的联合反恐演习定期举行，负责交流关于打击恐怖主义、分裂主义和极端主义相关信息的联合中心也在运转。另一方面，上合组织在2005年乌兹别克斯坦安集延事件、[①] 2010年吉尔吉斯斯坦奥什事件，[②] 以及2022年哈萨克斯坦的未遂政变中都缺乏存在感，[③] 也没在调解吉尔吉斯斯坦和塔吉克斯坦间时不时发生的边境冲突上有所作为。[④]

上合组织的发展道路上面临另一个障碍，那就是本地区存在着一些与其职能部分重复，涉及区域更有限，规模更小的联盟、机制和组织，如欧亚经济联盟、集安条约组织和“一带一路”倡议。换言之，上合组织所宣布的功能实际上被分散到一些更高效的机制中：集安条约组织专注于安全，欧亚经济联盟和“一带一路”倡议则关注经济。

然而，上述的发展问题并不意味着上合组织的重要性降低或没有发展的必要。上合组织一个最重要的功能是欧亚大陆最强大的国家之间讨论热

---

① Уроки «Андижанского расстрела». Военное обозрение: https://topwar.ru/75486-uroki-andizhanskogo-rasstrela.html (дата обращения: 08.06.2023).

② На грани, или четыре дня длиною в жизнь. Архивные кадры июньских событий. Спутник Кыргызстан: https://ru.sputnik.kg/20160610/1026402373.html (дата обращения: 05.06.2023).

③ Токаев заявил о попытке госпереворота в Казахстане. РБК: https://www.rbc.ru/politics/10/01/2022/61dbe3519a79471ffb313e6c.

④ Хронология конфликтов на киргизско-таджикской границе. ТАСС: https://tass.ru/info/13548077.

点问题和举行初步对话谈判的平台。此外，尽管目前组织架构和分量尚有不足，上合组织还是为非西方国家提供了一个不受发达资本主义国家操纵的替代选项。另一种文明选项的存在增大了发展中国家取得社会经济成就的机会。同样重要的是，在上合组织框架内欧亚三大强国中国、印度和俄罗斯的互动正在逐步建立，尽管也存在着一些明显的问题。为提高上合组织的效率和推动进一步发展，可以采取以下行动：

第一，加强与集安条约组织的合作，逐渐实现两个组织的规范性文件和边界的同步化。例如，将来有可能建立上合组织的军事反恐快速反应特遣队。

第二，也可以与欧亚经济联盟和“一带一路”倡议实施类似的同步化。其中，“一带一路”倡议有望被形象地当作未来经济一体化机制的“骨架”（各种基础设施项目），欧亚经济联盟则是“肌肉”（贸易、生产和投资），而上合组织可作为共同的“身体”（法律文件、标准等）。

第三，希望能强化中国、印度和俄罗斯在上合组织内的合作与协调，以便为组织发展提供更强劲的动力。从总实力和综合国力的指标看，此三国是欧亚大陆最强的国家，将它们在各个领域（经济、科学、文化等）的潜力结合在一起，可以成为区域和全球发展的引擎。

比如说，可以先在某一领域制定中、印、俄的三方标准、规范或建议，然后将上合组织其他国家纳入其中。

上合组织和金砖国家之间的合作互动有着很好的发展前景，金砖国家可以成长为类似于国际货币基金组织或世界银行的组织。

显然，这些建议更像是理想化的未来，因为在实施任何一项建议时都可能出现看似不可调解的分歧和矛盾，但是随着时间的推移可以尝试解决它们。

三、巴西、俄罗斯、印度、中国和南非的国家间联盟

金砖国家机制也是俄罗斯外交政策的优先方向之一。与上合组织一样，俄罗斯对国家间联盟的总体方针载于上文提到过的2023年《俄罗斯外交政策构想》。同时还有一个内容更加具体、目前仍具效力的文件，名

为《俄罗斯参与金砖国家机制的构想》,[①] 为俄罗斯设立了以下长期目标和任务：

一、通过金砖国家的合作使现有的国际货币金融体系更加公平、稳定和可持续，更加照顾到非西方的、发展中国家的利益；[②]

二、在尊重国际法、不干涉内政、尊重主权和领土完整的基础上扩大金砖国家在维护和平与安全方面的合作；

三、通过参加金砖国家机制增强俄罗斯外交政策的多元特性，以提高俄罗斯国际地位的稳定性；

四、依托金砖成员国身份，与其他成员国深入发展双边关系，在各领域发挥成员国之间的互补优势；

五、扩大俄罗斯在金砖国家中的语言、文化和信息的传播；

六、与金砖其他成员国在具体问题上的合作不应取代俄罗斯与中国、印度、巴西和南非的现有双边关系。

此外,《俄罗斯参与金砖国家机制的构想》还指出，有必要更密切金砖五国在联合国安理会框架内的互动协作；在维护战略稳定、不扩散大规模杀伤性武器、打击恐怖主义和海盗、打击非法贩毒、保障信息安全等领域协调立场并开展合作。

然而，经济领域才是该构想关注的焦点。尤其是文件中提到了有必要改革国际货币金融体系，以建立一个更具代表性、稳定和可预测的国际储备货币体系；提高金砖国家间双边贸易结算的本币化水平；推进在金融市场领域的合作，以加强五国的金融稳定和在国际原则、标准等基础上的有效合作。

俄罗斯主要的长期战略目标是将金砖国家从一个对话平台、在一小部分问题上协调立场的工具，逐步转型为在国际政治和经济的关键问题上进行协作的战略合作和例行互动的全面机制。这实际上将它作为对国际货币基金组织、世界银行、二十国集团、七国集团等机制的某种替代选项。

---

① Концепция участия Российской Федерации в объединении БРИКС. Информационно-правовой портал Гарант.ру: https://www.garant.ru/products/ipo/prime/doc/70257510/#review (дата обращения: 10.06.2023).

② Как выше указано.

乍看起来，金砖国家的综合经济表现足以实现这一目标。金砖国家经济总量占全球的23%，商品贸易占18%，服务贸易占13%，农业产量占45%，世界经济所吸引投资总额中金砖五国占比为25%。[①]

金砖国家务实合作取得的重要成果当属组建总额2000亿美元的外汇储备池，以及成立并启动新开发银行（NDB）。截至2023年上半年末，新开发银行累计批准了96个投资项目，投资总额达328亿美元。该银行在南非、巴西、俄罗斯和印度设有区域中心。[②] 孟加拉国、埃及和阿联酋已经加入新开发银行。

与此同时，在数量上取得可观成就的背景下，质量上的不足也逐渐显现，而后者可能会深刻影响到这一机制未来的发展。

各成员国能力参差不齐似乎是金砖国家的主要问题之一。金砖四国“BRIC”这个缩略语（当时还没有字母“S”，即没有南非）本身最早是在2001年由美国金融投资公司高盛公司的全球经济研究主管吉姆·奥尼尔提出的，用来指代四个预计将保持GDP高增速的经济体。

但是，只有中国和印度保持了国民经济的中高速增长。大约从2010年起，俄罗斯、巴西和南非以不稳定且不高的GDP增速在发展。

同上合组织的情况一样，金砖国家另一个难题是可能会扩员。据说有大约20个国家希望加入金砖国家，包括伊朗、埃及、沙特阿拉伯、阿尔及利亚、阿联酋、阿根廷、印度尼西亚等。[③] 显而易见，潜在的成员国数目如此之多，很难就任何超国家性质的问题达成普遍共识。除此之外，即使考虑到金砖国家的扩员进程将是渐进的，仍然会在组织内形成竞争关系。

---

① «Дружественная» торговля: как изменилась структура экспорта и импорта между Россией и странами БРИКС в 2022 году. Открытый журнал: https://journal.open-broker.ru/research/druzhestvennaya-torgovlya-chast-2/ (дата обращения: 12.06.2023).

② Об участии России в межгосударственном объединении БРИКС. Сайт Министерства иностранных дел Российской Федерации: https://www.mid.ru/ru/foreign_policy/vnesnepoliticeskoe-dos-e/mezdunarodnye-organizacii-i-forumy/deatelnost-briks-v-kontekste-zaversivsegosa-predsedatel-stva-rossii-v-etom-obedinenii/ (дата обращения: 08.06.2023).

③ Сергей Михневич. «Путь БРИКС»: ключевые аспекты и задачи расширения состава объединения: https://ru.valdaiclub.com/a/highlights/put-briks-klyuchevye-aspekty-i-zadachi-rasshireniya/?sphrase_id=633485 (дата обращения: 13.06.2023).

例如，最有可能成为金砖新成员的阿根廷可能会在某些领域开始与巴西竞争。

金砖国家未来发展道路上另一个同样重要的制约因素就是各国之间遥远的距离，尽管它能够在未来某天通过扩员被克服。在金砖五国中，只有俄罗斯和中国，以及中国和印度拥有共同边界，巴西和南非完全位于两个不同的大陆。

一些研究人员还认为，金砖国家终究没能实现对其而言最重要的一个目标，即增强发展中国家在世界舞台上的代表性，因为五国关于影响现有全球治理机构，更多地考虑发展中国家利益的声明大多都停留在口号上。① 实际上，金砖国家并没有成为类似于西方全球治理体系机制的替代者。金砖国家框架内也实施了对俄制裁就是例证之一。2022年3月，新开发银行暂停在俄罗斯的业务。②

需要补充的是，除了潜在的挑战，金砖国家现有成员国之间也存在着现实的利益矛盾，或将妨碍该机制成为西方全球治理机构的替代。比方说，印度谋求推行以G7和G20国家为重点的多元外交政策，并参与了反华的四边机制（QUAD），而金砖潜在成员国阿根廷由于其严重的债务问题高度依赖国际货币基金组织。

同时，金砖国家存在着内部矛盾，这是任何一个复杂体系发展和扩张过程中显而易见的、自然而然的问题，是可以逐步克服的。金砖不再是一个经济增长领头羊们的俱乐部，现下必须聚焦于提高合作质量和实施中的联合项目的质量。

鉴于当前的全球政治经济环境，建立和发展一套金融体系来替代现行的西方体系是金砖国家框架下最富前景的合作领域之一。

比如说，应加紧创建金砖国家支付系统“BRICS Pay”，以某种形式组建金砖国家统一储备货币（有可能类似于国际货币基金组织的特别提款权或某种数字支付单位）。此外，金砖国家与其他一体化组织，诸如欧

---

① Дмитрий Разумовский. Что может послужить драйвером роста для БРИКС?: https://nkibrics.ru/posts/show/62629a856272699b15620000 (дата обращения: 14.06.2023).

② Банк БРИКС приостанавливает новые транзакции в России. ТАСС: https://tass.ru/ekonomika/13960239 (дата обращения: 14.06.2023).

盟、南方共同市场、东盟和其他组织，开展正式化的、深化的合作也极具前景。

四、结　语

总而言之，无论是上合组织还是金砖国家，都在俄罗斯对外政策中发挥着主要作用。甚至早在2014年和2022年俄罗斯与西方关系恶化之前，这两大平台对俄罗斯的重要性已经开始呈现上升趋势。

俄罗斯有意扩大和增强上合组织与金砖国家在世界舞台上的影响力，其战略基础是俄罗斯谋求构建多极世界，希望建立一些机制来替代既有的、受西方支配的全球治理体系的机制。

与此同时，在以某种形式增强发展中国家代表性的条件下，俄罗斯坚定支持维护联合国和安理会的主导作用。

显然，与任何一个复杂的系统一样，上合组织和金砖国家都有与内部矛盾相关的增长性问题。然而这些问题并不是决定性的，是可以解决的，实现路径是加强俄罗斯、中国和印度的协作，通过合作的数字化（支付系统、数字结算设施等）来深化和提高合作质量。

考虑到目前在中美战略对抗的背景下，以及这种竞争可能加剧的前景，上合组织和金砖国家的重要性日益增长已经不单是俄罗斯的立场使然。对于其他发展中国家来说，拥有一个替代方案和有保障的选择权同样也很重要，特别是在这种选择权受到限制，以至于被迫重返既往的集团对抗老路的情境下。

ШОС и БРИКС во внешней политике Российской Федерации

[Россия] Луконин Сергей Александрович

Аннотация: В статье рассматриваются основные цели и подходы российской внешней политики в отношении Шанхайской организации сотрудничества и межгосударственного объединения БРИКС. В общих чертах, заинтересованность России в ШОС и БРИКС определяется стремлением к формированию многополярного мирового устройства и создания разных форматов, которые могли бы быть альтернативой группам семи (G7) и двадцати (G20), МВФ или Мировому банку, но при сохранении лидирующей роли ООН и Совета безопасности. Естественно, что существуют достаточно серьезные препятствия для дальнейшего развития ШОС и БРИКС, которые связанны, в основном, с межгосударственными противоречиями, разным экономическим потенциалом государств-участников, дублированием функций и др. Вместе с тем, эти проблемы могут быть решены со временем, а новые перемены в мире, которых не было в течение ста лет повышают заинтересованность стран-участниц ШОС и БРИКС в углублении качественного сотрудничества в рамках указанных форматов.

Ключевые слова: международные отношения; Внешняя политика России, Центральная Азия, ШОС, Страны БРИКС

Автор: Луконин Сергей Александрович, зав. Сектором экономики и политики Китая Национального исследовательского института мировой экономики и международных отношений им. Е. М. Примакова Российской академии наук, кандидат экономических наук.

Shanghai Cooperation Organization and BRICS in Russian Foreign Policy

[Russia] Sergei Alexandrovich Lukonin

Abstract: This article examines the basic goals and paths of Russian foreign policy regarding the development of the Shanghai Cooperation Organization (SCO) and BRICS. Russia's interest in the SCO and BRICS is motivated by its desire to build a multipolar world order and to establish various platform mechanisms that can potentially serve as alternatives to the Group of Seven (G7), Group of Twenty (G20), the International Monetary Fund, or the World Bank while preserving the leadership of the United Nations and the Security Council. Certainly, the future development of the SCO and BRICS faces various severe constraints, including conflicts between member states, differences in economic potential, and functional overlaps. However, over time, these issues are likely to be resolved, and the unprecedented changes in the world increase the interest of SCO and BRICS member states in deepening cooperation.

Keywords: International relations, Russian foreign policy, Central Asia, SCO, BRICS

Authors: Sergei Alexandrovich Lukonin is the Director of the China Political and Economic Department at the Primakov National Research Institute of World Economy and International Relations, Russian Academy of Sciences.

全球治理变革中的建设性力量

——上海合作组织与金砖国家机制发展历程与合作模式比较

刘艺潼

【内容提要】上海合作组织和金砖国家机制历经多年发展，已由区域性合作机制发展成为国际性交流平台。作为新兴市场与发展中国家主导的合作机制，上合组织与金砖国家机制虽在功能定位、合作重点和机制建设等方面存在差异，但也有较多共性。随着上合组织与金砖国家机制发展的壮大，国际影响力与日俱增，在全球治理变革上发挥着更为重要的作用，二者交融相通之处也在不断增加。上海合作组织和金砖国家机制为动荡不安的国际形势注入了更多稳定性和正能量，促进世界和平繁荣发展和全球治理体系变革，是广大发展中国家的共同期望，也是上海合作组织和金砖国家机制必须要肩负的使命。

【关键词】上合组织；金砖国家机制；全球治理

【作者简介】刘艺潼，中国国际问题研究院世界经济与发展研究所助理研究员。

在当前复杂多变的国际形势下，上海合作组织（以下简称“上合组织”）和金砖国家机制面临严峻考验，也迎来了新的发展机遇。新兴市场和发展中国家团结合作的意愿更加强烈，越来越重视政策沟通和立场协调，参与上合组织与金砖国家机制合作的积极性日益高涨。作为促进全球治理变革的建设性力量，上合组织与金砖国家机制应优势互补，相互借鉴，探索区域与跨区域合作的新路径，强化在国际事务中的对接与协作，共同实现更高水平发展。

一、上合组织与金砖国家机制的发展历程

上合组织于2001年成立，同年“金砖国家”概念问世。在发展壮大的过程中，上合组织和金砖国家机制经受住了国际风云的考验，展现出了强大的韧性和生命力，影响力、行动力、吸引力和凝聚力显著增强。

（一）金砖国家机制发展历程

第一个阶段是由概念转为机制。“金砖国家”最初为一个商业投资概念，于2001年由英国学者、高盛全球经济研究主管吉姆·奥尼尔首次提出，指的是中国、俄罗斯、巴西、印度这四个主要新兴经济体。“金砖国家”概念提出后，在国际市场引起轰动。2006年9月，“金砖四国”外长在联合国大会会议期间会晤，成为“金砖国家”由概念到机制的重要转折点，金砖国家合作进程由此开启。随后于2008年和2009年，“金砖四国”财长分别在两次二十国集团峰会前夕会晤，协商应对全球金融危机及改革国际金融体系。在上述部长级会议的基础上，2009年“金砖四国”领导人首次在俄罗斯叶卡捷琳堡举行正式会晤，标志着金砖国家合作机制成立。

第二个阶段是合作机制实体化。2011年是金砖国家发展的重要节点，在这一年南非正式加入金砖国家合作机制，“金砖四国”（BRIC）成为“金砖五国”（BRICS）。自2011年金砖国家领导人三亚会晤后，金砖国家在共同宣言中增加了行动计划，在下届会晤时回顾行动计划的开展情况，金砖国家合作开始逐步落到实处。[①] 自2011年起，历次二十国集团领导峰会召开期间，金砖五国领导人都会按惯例举行非正式会晤。2013年金砖国家领导人德班会晤决定成立金砖国家新开发银行和应急储备机制，2014年金砖国家领导人福塔莱萨会晤签署成立金砖国家新开发银行和应急储备安排协议。2015年金砖国家新开发银行正式落户上海，成为金砖国家机制发展

---

① 卢静：《金砖国家合作机制的演进、特点及意义》，《秘书工作》2022年第8期，第70页。

史上的里程碑，标志着金砖国家合作机制走向实体化。[①]

第三个阶段是完善制度建设。2017年金砖国家领导人厦门会晤使金砖国家人文交流走向制度化，推动金砖合作从传统的经济、政治“双轨并进”，向政治安全、经贸财金、人文交流“三轮驱动”转变，金砖合作架构更加全面均衡。厦门会晤还开创“金砖+”模式，举行新兴市场与发展中国家对话会，建立更广泛的伙伴关系。2021年金砖国家通过了修订版《金砖国家建章立制文件》，对金砖国家合作的工作方法、参与范围和主办国职权等进行了规范。2022年，中国举行了“金砖+”外长对话会，推动金砖合作机制成为最具影响力的南南合作平台。随着金砖合作机制影响力的持续增强，吸引力也不断提升。2021年，金砖国家新开发银行接纳了孟加拉国、埃及、阿联酋和乌拉圭4个新成员。2022年，阿尔及利亚正式申请加入金砖国家。2023年，沙特阿拉伯就加入金砖国家新开发银行展开商谈，另有十余个国家正申请加入金砖国家机制。

（二）上合组织发展历程

一是初创建设期。上合组织由解决边境问题的“上海五国”机制演变而来。1996年4月26日，中国、哈萨克斯坦、吉尔吉斯斯坦、俄罗斯、塔吉克斯坦五国元首在上海会晤，签署《关于在边境地区加强军事领域信任的协定》，这成为“上海五国”机制建立的基础。[②] 2001年，乌兹别克斯坦加入“上海五国”机制，中、俄、哈、吉、塔、乌六国签署了《上海合作组织成立宣言》，上合组织正式成立。2002年各国签署《上海合作组织宪章》，规定了上合组织的宗旨、任务、原则、合作方向、机构设置及和技术性条款。2003年上合组织举行首次多国联合军事演习，并通过了《上海合作组织成员国多边经贸合作纲要》。2004年上合组织秘书处和上合组织地区反恐机构先后启动，上合组织机制化建设阶段结束，开始进入全面合

---

① 陈文玲、李锋等:《重塑金砖国家合作发展新优势》，中国经济出版社，2017，第232页。

② 李进峰:《上海合作组织15年发展历程回顾与评价》,《俄罗斯学刊》2017第6期，第47页。

作阶段。[1]

二是全面合作期。上合组织全面启动各领域合作，合作领域和目标更加具体，并向外拓展合作空间，获得了联合国大会观察员地位，与东盟和独联体等多边机构建立合作关系。2005年至2014年，上合组织成员国签署《上海合作组织成员国长期睦邻友好合作条约》作为规范上合组织发展的基本法律文件；通过《上海合作组织成员国合作打击恐怖主义、分裂主义和极端主义构想》《上海合作组织反恐怖主义公约》等协议，合力维护地区安全稳定；成立上合组织实业家委员会、银联体，批准了《上海合作组织成员国多边经贸合作纲要》《上海合作组织成员国政府间国际道路运输便利化协定》，以促进地区经贸合作和道路互联互通；签订《上海合作组织成员国间教育合作协定》《上海合作组织成员国政府间文化合作协定2012政府间文化合年执行计划》和《上海合作组织成员国政府间科技合作协定》等，成立上合组织大学，不断深化人文交流。

三是发展新阶段。2015年上合组织乌法峰会通过《上海合作组织至2025年发展战略》，为未来发展规划蓝图。同年上合组织开启扩员进程，启动接收印度、巴基斯坦加入上合组织程序的决议，给予白俄罗斯观察员国地位，给予阿塞拜疆、亚美尼亚、柬埔寨和尼泊尔对话伙伴地位。2017年，上合组织阿斯塔纳峰会通过《上海合作组织反极端主义公约》，进一步完善打击“三股势力”的法律基础。2022年上合组织撒马尔罕峰会签署伊朗加入上合组织的备忘录，启动了接收白俄罗斯成为成员国的程序，给予埃及、沙特、卡塔尔等8个国家对话伙伴地位，上合组织的组成更趋多元。

二、全球治理变革中的上合组织和金砖国家

上合组织成员国和金砖国家在联合国、二十国集团、世界银行、国际货币金融组织等国际多边机构内加强沟通协调，推动建设更公正合理的国

① 庞大鹏：《上海合作组织二十年：发展历程与前景展望》，《人民论坛·学术前沿》2021年第15期，第92页。

际政治经济新秩序，已成为完善全球治理体系、促进国际关系民主化的重要力量。当前金砖国家面积占世界领土总面积的四分之一，人口超世界总人口的四成。2021年金砖五国GDP总量约占世界的25.24%，贸易总额占世界的17.9%。[①] 上合组织成员国面积占欧亚大陆面积的五分之三，人口占世界的近一半，2021年成员国经济总量约为23.3万亿美元，比成立之初扩大了13倍多，约占世界经济总量24.1%，占全球贸易额的30%左右。[②] 随着上合组织和金砖国家机制不断发展壮大，其在全球治理体系中的话语权也持续提升。

（一）推动国际金融体系的改革

推进国际多边机制改革是金砖国家机制成立的初衷之一，金砖国家历次领导人峰会公报中都包含支持推动国际金融体系改革的内容，并以实际行动促使国际货币基金组织、世界银行等主要国际金融机构向新兴市场和发展中国家转移份额。2009年金砖国家财长会上，金砖四国同意共同投资八百亿美元购买国际货币基金组织的债券，以在该组织中拥有更大话语权。2010年，在金砖国家的推动下，发达国家同意在世界银行中向发展中国家转移3.13%的投票权，在国际货币基金组织中向发展中国家转移6%的份额。2015年成立的金砖国家新开发银行对国际金融体系改革和完善全球经济治理具有重要意义。作为首个由发展中国家发起设立的全球多边开发银行，金砖国家新开发银行成员国具有相同的出资和投票比例，强调平等共治，改变了西方主导的传统多边银行依靠经济总量决定出资和投票的原则，并对其业务形成一定竞争，为发展中国家提供了更多融资渠道选择。

上合组织作为区域性组织，成立初期的议题主要集中在地区层面。随

① 《金砖国家概况》，中华人民共和国外交部网站，2022年9月，http://svideo.mfa.gov.cn/wjb_673085/zzjg_673183/gjjjs_674249/gjzzyhygk_674253/jzgj_674283/gk_674285/，访问日期：2023年5月31日。

② 李自国:《上海合作组织再扩"朋友圈"引领全球治理行稳致远》，人民网，2022年9月16日，http://world.people.com.cn/n1/2022/0916/c1002-32528073.html，访问日期：2023年5月31日。

着上合组织的发展壮大，其影响力已远超欧亚地区范畴，上合组织的议程也从区域性问题扩展至全球治理问题。2017年上合组织政府首脑理事会第十六次会议的联合公报指出，应进一步完善国际货币和金融体系，支持二十国集团为落实国际货币基金组织份额及治理的改革共识，维护世贸组织规则和多边贸易体系，反对贸易保护主义。2021年《上合组织二十周年杜尚别宣言》强调，上合组织与国际金融机构和开发机构建立合作关系具有重要意义。

上合组织和金砖国家顺应国际货币多元化趋势，推行去美元化及本币结算。中国先后与金砖国家巴西、俄罗斯、南非签署双边本币互换协议。俄罗斯还呼吁打造“金砖支付”体系，从而在金砖国家内部贸易中实现去美元化。上合组织内部已有多国达成双边本币互换协议，自 2002年以来，中国已与上合组织部分成员国、观察员国和对话伙伴签署了双边本币互换协议，包括俄罗斯、哈萨克斯坦、乌兹别克斯坦、巴基斯坦、白俄罗斯、蒙古、土耳其和阿塞拜疆等。[①] 2022年9月，上合组织撒马尔罕峰会上通过了成员国扩大本币结算份额路线图，各国同意在成员国间贸易中增加本国货币的使用，逐步扩大本国货币在相互结算份额当中的比例，上合组织去美元化进程加速。

（二）维护世界和平稳定

在国际安全风险不断积聚的当下，上合组织和金砖国家机制有望在维护地区安全稳定、应对危机中发挥更大作用。维护地区安全稳定是上合组织合作的重点。近年来，上合组织成员国在共同打击“三股势力”、毒品、跨国有组织犯罪，维护信息安全和解决阿富汗问题上密切协作，为维护地区及世界的和平稳定作出突出贡献。同时，上合组织积极适应时代及现实需要，坚持“共同、综合、合作、可持续”的新安全观，安全合作的范围和形式不断拓展和丰富，安全机制及相关法律基础不断完善，已成为欧亚地区可靠的安全屏障，为世界注入源源不断的稳定力量。与此同时，上合

① 周浩:《探索上海合作组织区域金融合作的新路径》,《国际商务财会》2019第7期，第23页。

组织始终从维护各国的发展稳定大局出发，在涉及彼此核心利益和重大关切问题上相互支持，维护国际公平正义，反对霸权主义、强权政治和冷战思维，反对外部势力蓄意制造动荡、插手地区事务、干涉别国内政、策动"颜色革命"，支持地区国家维护本国主权、保障国家发展。

金砖国家安全合作涉及国际形势、全球治理、地区热点问题、网络安全、能源安全、生物安全等议题。此外，金砖国家共同制定了《金砖国家反恐战略》和《金砖国家反恐行动计划》，召开金砖国家反恐工作组会议，共同应对恐怖主义威胁。金砖国家通过安全事务高级代表会议在伊拉克、阿富汗、利比亚、叙利亚和伊朗等热点问题上交换意见、协调立场。金砖国家曾对叙利亚问题和伊朗问题作出表态，提倡通过外交努力政治解决有关冲突，反对单边制裁和干涉他国主权内政，曾表态支持联合国和非盟为结束中非共和国和刚果民主共和国的冲突的努力。2014年，金砖国家外长发表联合声明反对利用制裁手段和强权政治解决乌克兰危机。2022年4月金砖国家协调人第二次会议上，各国高度关注乌克兰局势，尊重各国合理安全关切，支持所有对乌人道援助努力，支持俄乌持续对话和谈判，以寻求乌克兰问题的全面解决。①

（三）携手应对全球性挑战

上合组织和金砖国家承担了防范化解地区危机、团结域内国家应对全球挑战的职能。2020年，新冠疫情席卷多国。面对这一罕见的公共卫生危机，上合组织和金砖国家团结一致，大力加强抗疫合作。上合组织召开成员国卫生部长会议，筹备建立协调理事会，通过了《上海合作组织成员国应对新冠肺炎传播的有效措施综述》，加强联防联控和科研攻关，中国积极为上合组织国家提供疫苗援助。金砖国家加强防疫信息交流，支持世卫组织抗疫努力，成立金砖国家疫苗研发中心。金砖国家新开发银行承诺为卫生和经济领域的相关需要提供100亿美元援助，并向金砖国家提供紧急

---

① 《外交部副部长马朝旭就金砖国家第二次协调人会议接受媒体采访》，中华人民共和国外交部网站，2022年4月14日，https://www.mfa.gov.cn/wjbxw_new/202204/t20220414_10667756.shtml，访问日期：2023年5月31日。

融资。

上合组织和金砖国家还就应对气候变化展开积极合作。早在2009年气候变化大会上，金砖四国就采取一致立场，争取权益，与美国为首的发达国家展开博弈，促使最终达成的《哥本哈根协议》明确了发展中国家和发达国家在保护环境和减少温室气体排放上的责任区别。在之后的历次气候谈判中，金砖国家团结一致，维护发展中国家利益，协力改变全球气候治理格局。2021年，上合组织成员国批准通过《上海合作组织绿色之带纲要》《〈上海合作组织成员国环保合作构想〉2022—2024年落实措施计划》，展现了应对气候变化的共识和行动方案。2022年《上海合作组织成员国元首理事会撒马尔罕宣言》指出，各国应就应对气候变化开展合作，加强经验交流。

三、上合组织与金砖国家机制比较

上合组织与金砖国家机制都是新兴市场与发展中国家主导的合作平台，虽存在各种差异，但也有较多共性。随着上合组织与金砖国家机制的发展壮大，二者的国际影响力与日俱增，在全球治理变革上发挥着更为重要的作用，二者交融相通之处也在不断增加。

（一）上合组织与金砖国家机制的差异

从地理区位和成员构成看，上合组织是区域性组织，成员国集中在欧亚大陆，多互相接壤，彼此间经济体量和发展水平差距大，上合组织核心区中亚国家相对封闭，经济体量小，结构普遍单一，发展潜力大但基础差，因此上合组织开展经贸合作的难度较高。而金砖国家机制则是跨区域合作机制，横跨亚洲、非洲、南美洲三大洲，超越了传统意义上的地理边界。金砖各国经济体量虽也存在差异，但均是已深度融入世界经济体系的新兴大国，发展水平较高，经济基础较好，资源禀赋互补性强，彼此经贸联系密切，在区域和世界经济中拥有较强影响力。

从功能定位和合作领域看，上合组织起初是为了解决边界问题和成员国的安全需求，虽然上合组织自成立伊始就将经贸合作视为重要方向，但因种种因素限制，经贸合作一直较为滞后，与安全合作呈现出不对称的发展局面。而金砖国家合作机制建立于2008年金融危机之后，旨在共同抵御外部冲击，推动区域经济的发展，联合发展中大国力量推动国际金融体系改革，因而其合作呈现出明显的经济导向。直到2017年在厦门举行的金砖峰会上，各国宣言中才首次明确提及“加强政治安全合作”。[①] 虽然上合组织和金砖国家机制正逐步发展成为多领域、全方位的合作机制，安全合作和经济合作仍分别是上合组织和金砖国家机制的重点和合作主线。

在制度建设和内部结构上，上合组织由合作机制升级为国际组织，而金砖国家是从商业概念发展为合作机制，二者起点不同，机制化建设的程度和水平也不同。与上合组织相比，金砖国家机制相对松散，上合组织有常设机构上合组织秘书处和上合组织地区反恐怖机构执行委员会，而金砖国家机制无章程、无明确宗旨、无常设秘书处和纲领性制度性文件。但在金融合作领域，金砖国家机制拥有金砖国家新开发银行这一实体金融机构，而上合组织中类似机构上合组织银联体并非法律实体。从会议设置上，上合组织通常在每年夏季举行国家元首峰会，秋季举行政府首脑会议。金砖国家通常在每年二十国集团会议前举行领导人非正式会晤，之后再举行一次领导人峰会。从内部结构看，中俄两国在上合组织中占据主导地位，是上合组织的“双引擎”和“火车头”，而金砖国家机制展现出更均衡的“去中心化”倾向。[②]

（二）上合组织与金砖国家机制的共性

一是上合组织与金砖国家机制发展轨迹有交织重叠之处。上合组织和金砖国家机制的发展历程虽不相同，但都经历了创立、机制建设、扩员和合作领域拓展进程。上合组织与金砖国家机制曾两次同时同地举行“双峰会”，2009年6月，首次金砖国家领导人正式会晤和上合组织成员国元首理事会第九次会议在俄罗斯叶卡捷琳堡举办。2015年7月，第七次金砖国

① 朱天祥、谢乐天：《金砖国家政治安全合作的内涵与挑战》，《拉丁美洲研究》2020年第6期，第32页。

② 杨成：《制度累积与上合、金砖发展的“中段陷阱”》，《世界知识》2015年第15期，第38页。

家领导人会晤和上合组织成员国元首理事会第十五次会议在俄罗斯乌法举办，其间金砖国家领导人首次与上合组织成员国领导人举行对话会，就联合国改革、国际货币基金组织改革、全球发展议程谈判、气候变化等问题展开全面深入的磋商。上合组织和金砖国家机制的合作领域都从发展初期的政治安全、经贸“双轮驱动”拓展到人文、科技、气候变化等多领域合作，合作形式和内容不断完善、丰富和提升。随着上合组织和金砖国家机制更多地参与到全球治理中，二者在关注议题、制度建设和发展轨迹上有越来越多的交集。

上合组织和金砖国家机制的发展过程并非一帆风顺，都曾遭遇挑战和瓶颈。近年来，金砖国家经济增速有所放缓，“金砖褪色”的唱衰言论此起彼伏，而上合组织自成立初期就被质疑为“纸老虎”“空谈俱乐部”，甚至被描述成与西方对抗的政治军事集团。上合组织和金砖国家机制不断发展壮大，为全球治理作出了贡献，以实际行动对上述唱衰、看空言论作出了有力回击。

二是上合组织和金砖国家机制为新兴大国搭建了合作平台。随着上合组织和金砖国家的对话机制和合作平台的不断丰富，成员国间内向联系持续加强，为提升新兴大国双边关系的水平创造了有利条件。在上合组织成员国与金砖国家中，都有中国、俄罗斯和印度三国，其中中俄都是倡导国。中俄在上合组织中具有示范和引领作用，成熟坚韧的中俄关系为上合组织的发展提供了有效保障。而作为金砖国家成员的印度加入上合组织，成为两大组织交融的一个缩影。上合组织框架下的合作使中俄、中印双边关系内涵更加丰富，发展空间得到拓展。中俄、中印就重大国际和地区议题保持沟通协调，有助于维护上合组织的团结合作、互利共赢大局，为上合组织和金砖国家机制的发展注入强大内生动力。

三是上合组织和金砖国家机制的建立标志着发展中国家的区域一体化规模和层次进入新高度。上合组织对本地区及整个欧亚大陆的经济发展和互联互通都具有十分重要的地缘战略意义。[①] 金砖国家虽然是跨区域合作

---

① 孙壮志：《上海合作组织命运共同体：时代内涵与路径选择》，《欧亚经济》2021年第1期，第15页。

机制，但一向秉持“开放的区域主义”，致力于突破地理局限，推动“开放的区域一体化”，“金砖+”对话机制更是彰显开放性和包容性，将更多发展中国家和区域组织汇聚过来。此外，上合组织国家与金砖国家几乎都是“一带一路”共建国家，上合组织成员国多分布于丝绸之路经济带上，而金砖国家多分布于21世纪海上丝绸之路沿途，因此“一带一路”倡议自提出以来，得到了上合组织国家和金砖国家的积极响应和支持。上合组织和金砖国家机制与“一带一路”倡议这一全球最大区域合作平台协同发展，成为弥合区域国家差距、促进共同繁荣的重要力量。

四是上合组织和金砖国家机制都坚持真正的多边主义，树立了新型国际关系典范。在逆全球化浪潮下，全球治理体系碎片化、区域化趋势更加明显，国际组织和国际机制的作用被不断削弱，上合组织和金砖国家作为多边主义合作机制的重要性更加凸显。在当今仍被西方主导的国际政治经济格局中，上合组织和金砖国家机制是最活跃的具有非西方特征的多边合作平台，代表了广大新兴市场和发展中国家的利益和诉求。上合组织和金砖国家机制都坚定维护以联合国宪章宗旨和原则为核心的国际秩序，维护多边贸易体系，反对单边主义、保护主义。上合组织和金砖国家机制的名称中均没有区域、范围等字眼，因而脱离了地理区位和合作领域的限制，具有极强的开放性和包容性。“互信、互利、平等、协商、尊重多样文明、谋求共同发展”的上合精神与“开放、包容、合作、共赢”的金砖精神存在较高契合度和一致性，是多边主义的集中体现。

四、结　语

当今世界团结与分裂、合作与对抗的矛盾日益突出，传统和非传统安全威胁叠加，全球贸易和产业链供应链遭受巨大冲击，世界经济前景不容乐观，乌克兰危机复杂延宕，其负面影响不断溢出，各国发展面临前所未有的严峻挑战和风险。复杂的内外环境带来的巨大压力，对上合组织和金砖国家的治理能力和机制建设提出了更高的要求。对于金砖国家而言，机制化建设是目前迫切需要解决的问题，只有建章立制，加快机制化建设，才能更好地将金砖各国的经济影响力转化成为政治影响力。在机制化建设上，金砖国家机制可借鉴上合组织作为一个国际组织的成熟经验。

对于上合组织而言，经济合作仍是薄弱环节。上合组织可以金砖国家经济合作经验为借鉴，在区域经济合作中充分发挥作用。上合组织国家与金砖国家经常面临流动性压力和资本外流的风险，且上合组织国家中多国经济体量较小，抵御外部风险能力较差。随着上合组织合作项目的不断增多，加上上合组织国家庞大的基础设施投资和社会发展需求，资金问题越来越成为上合组织合作的瓶颈。因此应借鉴金砖国家新开发银行建设的经验，加快推动建立上合组织开发银行和发展基金（专门账户），为上合组织地区基础设施和可持续发展项目提供融资支持；建立经济危机协商协调机制，发展援助功能，在发生经济危机时通过协作共渡难关；建立健全贸易结算支付体系，稳步扩大成员国间本币结算规模，扩大双边和多边货币互换规模，减少贸易壁垒，促进区域经济一体化。

作为上合组织和金砖国家机制中的最大经济体和起引领作用的大国，中国在上合组织和金砖国家机制中都发挥了建设性的引领作用，中国的主导和参与为上合组织和金砖国家机制在国际舞台上带来更多威望，使其更具有吸引力。中方提出的“一带一路”倡议、人类命运共同体及全球发展倡议、全球安全倡议和全球文明倡议与上合组织及金砖国家机制的发展理念和合作精神高度契合。上合组织和金砖国家机制也成为中国发挥独特作用的舞台，助力中国进一步提升国际影响力。中国将和其他成员国一道，充分发挥上合组织和金砖国家的独特优势和巨大潜力，共同推动上合组织和金砖国家机制实现高质量的发展，以进一步提升发展中国家在全球治理中的话语权，推动建立更加公正合理均衡可持续的全球政治经济新秩序，为世界注入积极、稳定、建设性的力量。

Конструктивные силы в реформировании глобального управления

—Сравнение процесса развития и моделей сотрудничества ШОС и БРИКС

Лю Итун

Аннотация: ШОС и механизма БРИКС в ходе многолетнего развития превратились из региональных механизмов сотрудничества в международные платформы обмена. Как механизмы сотрудничества, доминированные развивающимися странами и государствами с формирующимся рынком, ШОС и БРИКС имеют много общего, хотя они различаются в функциональном характеристике, приоритетном сотрудничестве и институциональном строительстве. По мере того, как ШОС и БРИКС развиваются и расширяются, их международное влияние растет с каждым днем, они играют все более важную роль в реформировании глобального управления, конвергенция указанных форматов также растет. ШОС и БРИКС придают больше стабильных и конструктивных факторов тревожнной международной обстновке, содействуя мирному и процветающему развитию и реформированию системы глобального управления, что является общим чаянием широких масс развивающихся стран и миссией и задачей, возложенной перед ШОС и БРИКС.

Ключевые слова: ШОС, Механизм БРИКС, Глобальное управление

Автор: Лю Итун, старший научный сотрудник Института мировой экономики и развития Китайской академии международных проблем.

Constructive Forces in Global Governance Transformation: A Comparative Study of the Development Process and Cooperation Models between the Shanghai Cooperation Organization and BRICS

Liu Yitong

Abstract: The mechanisms of Shanghai Cooperation Organization (SCO) and the BRICS have undergone years of development and have evolved from regional cooperation mechanisms to international exchange platforms. As cooperation mechanisms led by emerging markets and developing countries, the SCO and BRICS differ in their functional positioning, cooperation priorities, and mechanism construction, but they also share many commonalities. With the development and growth of the SCO and BRICS, their international influence is increasing, and they are playing a more important role in global governance transformation, and their convergence and interconnection are also increasing. It is the common aspiration of the developing countries and the mission of the SCO and BRICS to inject more stability and positive energy into the turbulent international situation, and to promote world peace, prosperity and development, as well as the reform of the global governance system.

Keywords: SCO, BRICS, global governance

Authors: Liu Yitong is A Assistant Research Fellow at the Department for World Economy and Development, China Institute of International Studies.

简析阿拉伯国家联盟的表决机制与内外危机应对

——兼论对上海合作组织的启示

李　亮

【内容提要】阿拉伯国家联盟在成员构成、发展历程和目标使命上与上海合作组织存在巨大差距，但同为区域性国际组织，均需要应对在运行机制、行为规范和成员国间关系等方面的挑战。阿盟处理这些挑战的经验与教训，对上合组织来说，虽无法直接借用，但不失为一种有意义的参考。本文挑选出表决机制、成员国间冲突调解和地区危机管控这三个区域性组织最常遭遇挑战的领域，分析阿盟在这三个领域中的探索与实践，与上海合作组织的做法进行简单对照，并提炼出可供后者适当借鉴之处。

【关键词】阿拉伯国家联盟；决策机制；冲突调解；上合组织

【作者简介】李亮，兰州大学政治与国际关系学院讲师，兰州大学中亚研究所、上合组织研究中心助理研究员。

美国著名政治学教授迈克尔·巴奈特（Michael Barnett）曾提出，阿拉伯国家联盟（League of Arab States，以下简称“阿盟”）是研究泛阿拉伯安全问题的“起点”和“最高点”。[①] 二战结束后，阿拉伯世界长久以来

① Michael N. Barnett, “The End of the Arab States System?” in Michael N. Barnett (ed.), *Dialogues in Arab Politics: Negotiations in Regional Order* (Columbia University Press, 1998), pp.120-148.

建立阿拉伯统一国家的尝试宣告失败，各阿拉伯国家希望通过组建一个国际组织，以维护地区安全稳定，实现阿拉伯世界的联合自强，阿盟因此在1945年诞生。作为全世界第一个区域性政府间国际组织，阿盟几乎参与了战后中东所有民族矛盾、宗教冲突和领土纷争，但受制于地区复杂局势、组织决策方式和内部分歧等因素，它的作用发挥得不尽如人意，被外界认为“没有牙齿”“无声无息”。[①]

当前关于上海合作组织（以下简称“上合组织”）与其他国际组织的对比研究通常是基于相似性展开的。如最常与上合组织比较的东南亚国家联盟，两者同为亚洲的区域性国际组织，组织架构同样追求相对低制度化与弱约束力，也均在维护地区和平与稳定方面发挥了重要作用。集安组织、欧亚经济联盟则与上合组织在成员国上有较高重合度，分别致力于上合组织也重视的欧亚地区安全与经济一体化。欧盟则是结构架构最严密、超国家化水平最高的区域性国际组织，被奉为区域性国际组织的“范本”。但在阿盟与上合组织展开比较时，需要从相似性与异质性两方面着手。两个组织在成员构成、发展历程和目标使命上完全不同，但均面临着运行机制、行为规范和成员国间关系等的挑战。阿盟处理这些挑战的经验与教训，对上合组织来说，虽很难直接借用，但不失为一种有意义的参考。本文将聚焦阿盟在表决机制、成员国间冲突调解和地区危机管控上的实践，与上合组织在这三方面的做法进行简单对照，并提炼出可供上合组织适当借鉴之处。

一、一致还是多数？表决机制的演变

国际组织的表决机制直接影响决策成本和议事效率，也关乎成员国的主权完整和利益实现，并且一直是国际组织最根本也最敏感的议题之一。它包含表决权重和表决方式两个方面。表决权重包括一国一票和“加权表

① “What’s behind Syria’s Return to the Arab League after 12 Years of Ostracization?” Republic World, May 8, 2023, accessed on June 1, 2023, https://www.republicworld.com/world-news/middle-east/whats-behind-syrias-return-to-the-arab-league-after-12-years-of-ostracization-articleshow.html.

决”，表决方式则大致有三种。第一种为一致同意，即所有成员国均投出赞成票，无反对票、无弃权票，表决才能予以通过。其优点是确保了每个成员国的诉求都能受到尊重，每次表决都能形成“统一意志”，所有成员国均可获得一定收益，即类似帕累托最优，但缺点在于决策成本较高。在成员国数量较多、利益各异、存在双边冲突的组织中，就某一议题能达成一致同意可能十分困难，任何一国的犹疑和反对，均会使一个颇有潜力的议题被搁置。即便在此议题中获益预期较高的成员国能对获益较少甚至会受损的成员国进行补偿，以换取后者的赞成票，但相关决策的周期势必会大大延长。第二种为协商一致，即成员国通过事前协商和谈判的方式达成一致同意，不经表决而直接发布决议和声明。其优点是确保各国平等且不公开内部分歧，也免除表决过程的曲折，缺点则是前期外交沟通的成本较高，容易使重要议题尚未进入议程便被否定。第三种为多数同意，即多数成员国赞成即可使表决通过，其中又分为简单多数、三分之二多数、五分之四以上的“超级多数”和特定成员国赞成的特定多数，优点是决策成本较低，缺点在于少数国家的意志会被忽视，形成多数对少数的“剥削”（exploitation）。[①]

1945年的《阿盟宪章》规定，阿盟基于国家主权平等，采取一国一票的表决权分配原则，表决方式则视不同的情况而定。当某一成员国或多个成员国面临侵略，组织应采取一致同意的方式来决定以何种方式反击；当某一成员国不履行义务，阿盟应采取一致同意将其开除。在管理成员国间冲突、制定预算、出台行政规章、休会以及修改宪章等程序性议题上，采取多数同意即可的表决机制。[②] 一致同意的决策对全体成员国均具有约束力，多数同意的决策只对投赞成票的成员国具有约束力。由于阿盟实行首脑会议、理事会与秘书长三重互动决策机制，首脑会议只就重大问题进行磋商，秘书长则拥有个人裁量权，因此上述表决主要运用于理事会和各级专业委员会的决策中。

---

① Eric Posner, Alan O. Sykes, “Voting Rules in International Organizations,” University of Chicago Public Law and Legal Theory Working Paper, No. 458 (2014), p.4.

② “Charter of Arab League,” League of Arab States, March 22, 1945, accessed on June 1, 2023, https://www.refworld.org/docid/3ae6b3ab18.html.

虽然一致同意原则在阿盟的适用范围并不算广，然而中东地区战乱频仍，针对成员国的侵略时有发生，一致同意原则往往会使阿盟在面临这些问题时难以做出有效反应。因此2005年阿盟峰会通过第290号决议，对《阿盟宪章》进行了修订，规定在难以达成一致同意的情况下，可以按下述方式处理：一是推迟至下次会议表决。若下次会议仍无法达成一致同意，则采取多数同意。在事关成员国和平、安全、主权和领土完整，阿拉伯国家间冲突，阿拉伯世界高层政策战略以及抵制阿拉伯国家或其他外国等"重大政治事务"上，需达至三分之二以上的多数，其他普通事务达至普通多数即可。此外，修订案还移除了此前关于决策只对投出赞成票的成员国具有约束力的条款，[①] 可见，阿盟此次宪章修订案进一步缩小了一致同意的适用范围，同时将多数同意的适用情景予以细化和具化。这也符合阿盟20世纪90年代以来的制度改革方向，即强化组织功能，向"强效决策机制"迈进，[②] 从而更好地发挥地区安全治理功能。

即使表决机制已做出重大调整，阿盟在实践中仍频频突破现有机制。如在1990年8月的海湾战争中，阿盟便随意在不同表决方式中切换。8月2日伊拉克入侵科威特后，10日阿盟便在开罗举办首脑会议，由于各国对战争意见不一，首脑会议决定首次采用简单多数制，最终通过决议，重申支持联合国安理会第660号和661号决议，要求伊拉克立即、无条件地从科威特撤军。[③] 在21个与会国家和地区代表中，有12个国家投了赞成票，只有3个代表投了反对票，2个国家投了弃权票，约旦等其他阿拉伯国家没有参加投票。显然这次表决不仅不符合阿盟1945年宪章规定的在决定反击侵略方式时必须采取一致同意的要求，也突破了《阿盟宪章》修订后对重大事务表决必须达至三分之二多数的要求。2023年5月，阿盟外长理事会宣布恢复2011年被开除的叙利亚的成员国资格。在被问到表决票数

---

① "Charter of the Arab League," League of Arab States, accessed on June 1, 2023, https://www.cihrs.org/wp-content/uploads/2015/12/league-arab-states-manual-en-20151125.pdf.

② 程星原、孙冉：《阿拉伯国家联盟地区影响力上升评析》，《国际研究参考》2013年第6期，第11页。

③ Michah Sifry and Christopher Cerf (eds.), *The Gulf War Reader: History, Documents, Opinions* (New York: Random House, 1991), pp. 137-156.

时，约旦外长只含糊回答有“足够票数”，[①] 阿盟发言人也表示，阿盟通常通过一致同意来进行决策，但每个国家都有权提出其保留意见（submit its reservations）。[②] 据此可以推断，这一决定并未获得成员国的一致同意，而是由多数同意达成的。《阿盟宪章》虽然只规定了开除成员时需要一致同意而未提及恢复成员身份的表决方式，但这两者显然是同一类事务，理应采取同一表决方式。

上合组织一直坚守协商一致的决策与表决原则，从未动摇。《上合组织宪章》规定，上合各机构的决议以不举行投票的协商方式举行。如在协商过程中无任一成员国反对（协商一致），决议被视为通过。这种原则赋予所有成员国完全均等的决策权，充分保障小国在上合内的意愿能受到充分的尊重、免受强权政治与霸权主义控制之忧。这是上合在成立之初基于成员国的需求做出的正确决策，彼时，组织最优先的考量不是决策效率，而是吸引中亚中小成员国参与，保证全体成员利益，防止组织成为某一个国家的政策工具。然而，随着组织的发展尤其是多次扩员，这一原则的消极影响有所凸显。各成员国间的利益分歧，使组织在决策时经常出现大部分成员国已达成一致，却因某国运用自己的否决权而使集体行动无法推进的现象。俄罗斯学者卢金认为，这种机制限制了上合的决策和行动效率，必须改革，让那些重要的联合行动不至于因某一个国家的反对而流产。[③]

笔者认为，阿盟在表决机制上的实践可为上合组织提供两方面的启示。第一，在现有决策机制对组织的运行和功能的发挥构成了明显阻碍后，阿盟立刻对其进行调整，上合组织也适时而动，从全球的国际组织来看，表决制度存在三大发展趋势，即全体一致规则适用的情形下降，平等

---

① “Arab League May Have Enough Votes to Bring Syria Back into the Fold,” CNN, May 4, 2023, accessed on June 1, 2023, https://edition.cnn.com/2023/05/04/middleeast/syria-jordan-arab-league-intl/index.html.

② “Arab Diplomats to Hold Emergency Meeting on Syria’s Return to Arab League,” Jordan News, May 6, 2023, accessed on June 1, 2023, https://www.jordannews.jo/Section-20/Middle-East/Arab-diplomats-to-hold-emergency-meeting-on-Syria-s-return-to-Arab-League-28483.

③ Alexander Lukin, “Should the Shanghai Cooperation Organization Be Enlarged?” Russia in Global Affairs, June 22, 2011, accessed on June 1, 2023, http://eng.globalaffairs.ru/number/Should-the-Shanghai-Cooperation-Organization-Be-Enlarged---15245.

投票权原则出现变动，多数票规则呈现多样性。[①] 事关上合组织所有成员国的重大事务，如接收新成员、成立上合开发银行和参与地区重大事务时，可延续现有的协商一致原则，确保决策的民主与平等。在需要某些成员国承担较重责任的事务上，还可引入加权表决模式，将经济责任或其他贡献率折算成该国的投票权。决议的通过与否，取决于支持与反对的国家的各自权重，而非国家的数量对比。而在具体合作项目上，可采取“多边与双边相结合”及“能者先行”（2+X）的合作方式，即根据各成员的具体需求和能力，决定是否参与项目合作。其他成员可选择不参与或者以后再参与。这是东盟推进项目合作时常采用的模式，上合组织也明确鼓励成员国之间以双边合作带动多边合作。

第二，坚守相关决策机制，绝不擅自逾越。不同国际组织基于自身定位和发展的需要会在决策成本和决策效率两者之间谋求自己的平衡点，阿盟显然偏向于后者。它屡屡违背现有决策机制的做法，确实提升了它应对地区危机的效率，但也造成了组织的集体意志不断被削弱、决策信誉不断受到腐蚀等一系列负面影响。对上合组织而言，有必要加快推动表决机制的改革，但具体路径和时间表必须慎重考虑、科学设计。

二、调解组织内部成员国间冲突的探索

区域性国际组织在地区治理中的主体地位，很大程度上体现在它们对成员国间冲突管理的贡献上。从组织发展的角度来讲，区域性组织的议题领域比全球性组织更加狭窄，合作更为务实，对成员国间团结和互信水平的要求也相应会更高。一旦产生内部矛盾，会对组织合作成效及发展动力造成严重伤害。从地区责任来讲，区域性组织在维护本地区和平稳定方面，承担着天然且不可推卸的责任。回避这些责任可能招致外界质疑，而主动承担责任、积极管控地区冲突，则可能收获丰厚回报，包括树立地区声誉、夯实地区治理引导者的地位等。相比促进经济合作，调解冲突对组

---

① 梁小燕:《浅议国际会议和国际组织的表决制度》,《法制与社会》2009年第28期，第37页。

织地位的提升更加立竿见影。此外，与全球性国际组织相比，区域性国际组织在调解冲突时具备一些额外的优势，比如更接近冲突地点，有更畅通的信息获取和沟通渠道，有一个或多个地区强国确保调解秩序等。① 因此，欧盟、东盟、欧安组织、非盟等区域性组织逐渐取代以联合国为代表的全球性组织和美、俄等强国，成为地区冲突调解的主力军。

阿盟或许是全世界范围内成员国间矛盾最多、冲突最频繁、烈度最高的国际组织之一，自成立至今经历了1963年阿尔及利亚与摩洛哥边界冲突、1982年的伊拉克与伊朗战争、1991年海湾战争等一系列大规模战争，其他成员国间的小摩擦则不可胜数。《阿盟宪章》强调了阿拉伯国家之间和平解决冲突和不使用武力的原则，但并未创建相关的冲突调解机制或机构，只提出在“不涉及国家独立、主权和领土完整”且“争端各方提请理事会解决分歧”的情况下，理事会可以介入。基于这种制度上的模糊，阿盟首脑峰会、理事会和秘书处在实践中均以一种高度灵活甚至随意的方式来阐释这些条款。下文就阿盟参与解决且结果不同的三类成员国间冲突予以详述。

第一类是成功案例。1963年10月，摩洛哥与阿尔及利亚因边界纠纷爆发大规模武装冲突。阿盟迅速反应，先由秘书长和理事会主席举行了内部磋商，随后向摩阿双方提出派代表访问两国以使争端在阿盟框架内得以解决的建议。但摩阿双方对此未予理会，冲突进一步升级。对此，阿盟理事会果断通过决议，要求两国武装部队撤回到战前实控区，同时建立一个由黎巴嫩、利比亚、突尼斯、阿盟理事会主席和秘书长为首席代表的五方仲裁委员会，为摩阿争端提供仲裁。最终，摩阿两国接受了五方委员会的仲裁，签署了停火协议并开始进行双边谈判。在1964年阿盟首脑会议期间，两国在前段谈判的基础上划定了边界，彻底解决了争端。此外，1961年6月25日，在伊拉克对刚刚独立的科威特提出领土要求时，为防止英国借机重回科威特，阿盟也曾为科威特提供安全保护，最终使伊拉克承认了科威

① “Regional Organizations in Conflict Mediation: Lessons of Experience & Cooperation with the United Nations,” Organization for Security and Co-operation in Europe, March 30, 2016, accessed on June 1, 2023, p.21, https://www.osce.org/secretariat/230526.

特的独立。

第二类是参与但成果不尽如人意的案例。1990年8月2日，伊拉克悍然对科威特开火，阿盟当天便在开罗举行紧急会议，但成员国的立场出现了极大分歧。除科威特代表要求阿盟采取行动阻止伊拉克外，大多数阿拉伯国家均采取了观望态度，约旦则明确反对阿盟谴责伊拉克。3日，阿盟召开外长特别理事会会议。虽然会议通过了谴责伊拉克的决议，但在20个与会国家中，埃及、叙利亚以及海合会国家等14国投了赞成票，约旦、苏丹、也门和巴勒斯坦4国投了反对票，毛里塔尼亚弃权，伊拉克代表没有参加投票。10日，阿盟召开首脑会议，由于各国分歧难以克服，会议决定采取简单多数制进行表决。在12国赞成、3国反对的情况下通过一项决议，重申支持联合国安理会第660号和661号决议，要求伊拉克立即无条件地从科威特撤军，同时授权成员国各自派兵参与对伊拉克的战争。[①] 随后，摩洛哥、埃及、阿联酋等阿盟成员国参加了美国领导的联合国对伊行动。在阿盟框架下解决海湾危机的努力宣告失败，这也成为阿盟集体安全体系遭遇的“滑铁卢”。[②]

第三类是阿盟未发挥显著作用的案例。2009年11月，埃及和阿尔及利亚因争夺2010年世界杯出线资格引发球迷冲突，从而引起两国关系恶化。阿盟提出予以调停，但被双方同时拒绝。随后，阿盟寻求利比亚总统卡扎菲的帮助，期望他凭借与埃阿领袖的友好关系进行调停，但也遭到拒绝。摩洛哥与西撒哈拉人民解放阵线围绕西撒哈拉的争端，也屡次拒绝阿盟和非洲联盟的调解要求，冲突各方坚持由联合国而非当地组织来调解。

可以看出，阿盟管控成员国间冲突的态度十分积极，形式也较为多样，但结果并不理想。摩阿冲突调解中，阿盟秘书长多次主动召集理事会特别会议，体现出个人及组织强烈的调解意图；阿盟理事会制订出详细的调解方案，从撤军停火、设立仲裁委员会提出了详细可操作的调解方案；1964年的阿盟首脑会议为摩阿首脑会晤及谈判提供了制度平台，促使争端

---

① Michah Sifry and Christopher Cerf (eds.), *The Gulf War Reader: History, Documents, Opinions,* pp. 137-156.

② 赵军:《阿盟集体安全机制的理论与实证研究》，硕士学位论文，上海外国语大学，2007，第42页。

双方最终达成和解。可以说，三者的互动和配合构成了解决争端的关键。但在海湾战争中，尖锐的内部分歧曾使阿盟难以形成强有力的决议，更无从采取集体行动。冲突双方对阿盟能力或公正性的质疑也限制了阿盟的施展空间。此外，阿盟在调解成员国冲突时，也屡与《阿盟宪章》存在出入。比如在调解摩阿冲突时，阿盟秘书长在1963年10月17日主动召集包括摩阿代表参加的理事会会议，这便违背了宪章关于冲突相关方主动邀请、理事会才能介入的规定。在海湾战争中，阿盟不断突破宪章对表决方式的限制，从一致同意到多数同意，最后采取简单多数，以尽快通过调解决议。

虽然上合组织成员国间的冲突无论从数量、频率和烈度来说均无法与阿盟相比，但其存在也已不容忽视。中亚各国之间本就存在漫长的未定边界、复杂的跨界民族和水资源争端等问题，2018年扩员后，成员国数量的增加和印巴冲突、中印竞合的存在，更使组织内部存在多对矛盾冲突。笔者曾撰文论述建立“上合特色”成员国间冲突调解机制的可行性与路径，从阿盟的经验中也可提炼出对上合组织的一些可借鉴之处。第一，调解成员国间冲突时，阿盟较少对问题的是非曲直做出评判，只是呼吁停火、提出理事会仲裁和提供交流平台。这与笔者的建议不谋而合，即上合组织调解成员国冲突时应以预防而非解决问题为目标，要求存在领土争端及各类矛盾的成员国在冲突发生前建立信息备案机制、和平承诺机制和冲突事件日常信息交流机制；在冲突后建立冲突协商机制，商议撤军、停火和边界裁军等技术问题。而问题的最终解决必须交由冲突当事方自行完成。[①]第二，阿盟秘书长在冲突调解中拥有较强的政治主动性和较大的自由裁量权。无论冲突相关方是否将冲突提交理事会，秘书长均可以个人名义“绕过”理事会，进行广泛的斡旋和调查活动。上合组织也可考虑挖掘秘书长在这方面的潜力，在暂不正式创建冲突调解机制的情况下，不缺席成员国间冲突管控。第三，为提高解决冲突的能力，阿盟一直积极与其他国际组织合作。比如与欧盟共建危机管理平台，以解决早期预警、危机管理和冲突后需求评估等领域的问题；与联合国和欧盟合作，为秘书长和秘书处工

① 李亮:《上海合作组织建立成员国间冲突调解机制初探》,《俄罗斯研究》2020年第3期，第48—49页。

作人员提供冲突调解的专业技能培训；与欧安组织合作，致力于建立全球范围内的调解人员网络、汇编冲突调解的经验等。[①] 上合组织可参考这种做法，积极与其他拥有丰富冲突调解经验的国际组织合作，探索适合自身的冲突调解路径。

三、应对地区重大危机的路径

在中东地区的持续乱局中，阿盟各成员国既是始作俑者，同时也是受害者。阿盟成立的初衷系维持地区和平稳定，因此它一直致力于履行地区安全治理使命，在地区突发安全危机时全力应对。下文将以三个案例分析阿盟在此过程中的成果与缺陷。

第一个案例是2003年3月的伊拉克战争。早在当年2月，美国就有出兵伊拉克的消息传出，3月1日阿盟首脑峰会就这一针对成员国的入侵威胁展开商议，然而科威特、沙特阿拉伯、阿联酋和巴林等国基于与美国在经贸、能源、军事上的密切合作关系，拒绝公开反对美国的政策。因此，会议未能如叙利亚建议的那样通过一项反对任何军事行动的宣言，只在声明中表示反对战争，并呼吁阿盟组成高级别代表团赴伊拉克。[②] 2日，阿盟秘书长阿姆尔–穆萨（Amr Moussa）个人表达了对战争的强烈反对，并要求各成员国不要加入美国发起的军事行动。3月20日，美国悍然发动对伊拉克的军事行动。24日，阿盟第119次外长会议发表声明，要求美英“立即、无条件地”从伊拉克撤军，并呼吁联合国安理会就伊拉克问题举行紧急会议。这成为自伊拉克战争爆发以来，阿盟向美英两国发出的最强烈的谴责。除科威特持保留态度外，其他阿拉伯国家一致支持这一声明。[③] 然

① Hesham Youssef, “Mediation and Conflict Resolution in the Arab World: The Role of the Arab League,” in IFSH (ed.), OSCE Yearbook 2013, Baden-Baden 2014, https://ifsh.de/file-CORE/documents/yearbook/english/13/Youssef-en.pdf, p.309.

② “Arab Leaders Declare Opposition to War in Iraq,” CNN, March 2, 2003, accessed on June 1, 2023, http://edition.cnn.com/2003/WORLD/meast/03/01/sprj.irq.arab.ministers/.

③ 马海兵:《阿盟外长会议强烈谴责美英对伊拉克的战争》，光明网，2003年3月26日，https://www.gmw.cn/01gmrb/2003-03/26/03-8A75D0BC0C6C2CC548256CF400814E42.htm，访问日期：2023年6月3日。

而当年9月，阿盟便在沙特等强势成员国的推动下承认了伊拉克临时政府。虽然2005年穆萨代表阿盟发起了“伊拉克和解会议”以推动伊拉克境内不同政治力量、种族和教派的和解，但无论在战前、战中还是战后，其作用都十分有限。[①]

第二个案例是利比亚战争和叙利亚危机。面对2010年底至2011年初席卷整个西亚和北非的“阿拉伯之春”，阿盟起初致力于在其中发挥重要作用。2011年2月22日，由于利比亚国内发生政府与抗议者的流血冲突，阿盟在开罗召开紧急会议，暂停利比亚的成员国身份。3月12日，阿盟再次召开外长紧急会议，在叙利亚和阿尔及利亚两国投出反对票的情况下，通过了支持联合国在利比亚设立禁飞区的决议。利比亚问题由此迅速国际化。卡塔尔和阿联酋随后派出战机参加北约对利比亚的作战。但是，当年10月，利比亚前总统卡扎菲被杀，阿盟在利比亚战争中的和谐时刻就此结束，以卡塔尔和沙特为代表的两个阵营分别支持利比亚的不同政治力量，阿盟在利比亚局势中日渐边缘化。[②]

阿盟应对叙利亚危机中的过程也经历了先扬后抑的演变。危机爆发后，阿盟强烈谴责叙利亚政府的行为，并在2011年11月12日中止叙利亚的成员国身份，并对叙利亚政权实施政治和经济制裁。12月19日，阿盟与叙利亚当局签署议定书，向叙利亚派出观察团，以监督叙利亚当局与反对派的停火、保障和平示威和民众安全等。但由于叙利亚局势的恶化，观察团于2012年1月26日暂停活动。随后，阿盟与联合国合作，前后派出前联合国秘书长科菲·安南和拉赫达尔—卜拉希米作为叙利亚危机的调解人，但均无果而终。随着俄罗斯介入叙利亚危机的力度渐增，美国又几乎缺席，阿盟也逐渐失去了作为空间。2012年2月12日，阿盟外长呼吁组建联合国—阿盟维和部队进驻叙利亚维稳，也因叙利亚的反对而作罢。[③]

---

① Michael Moran, “The Arab League and Iraq,” Council of Foreign Affairs, October 20, 2005, accessed on June 1, 2023, https://www.cfr.org/backgrounder/arab-league-and-iraq.

② “The Arab League’s Many Failures,” Arab Center Washington DC, October 8, 2020, accessed on June 1, 2023, https://arabcenterdc.org/resource/the-arab-leagues-many-failures/.

③ “The Arab League’s Many Failures,” Arab Center Washington DC, October 8, 2020, accessed on June 1, 2023, https://arabcenterdc.org/resource/the-arab-leagues-many-failures/.

第三个案例是也门内战。2009年3月，因观察到也门什叶派胡塞武装对也门局势的冲击，阿盟秘书长向也门总统萨利赫提出举办一场包容性对话，以和平方式解决也门政府与胡塞武装之间的武装冲突。但萨利赫拒绝了这一提议，称当前也门政府有能力处理这一事务，不想使危机“阿拉伯化”和“国际化”。[①] 但随后胡塞武装不断壮大，在也门滑向内战之际，也门外长于2015年3月25日向阿盟求助，要求阿盟对也门进行“紧急政治与军事干预”。[②] 3月29日，由沙特主导的阿盟部队派出约4万名士兵和大量战机、海军舰艇、轻型装甲部队，对胡塞武装展开袭击。[③]

随着埃及在20 世纪70年代末被暂停阿盟成员国身份，阿盟陷入了前所未有的松散。经济发展水平较高、立场较为一致的6个海湾地区成员国则另起炉灶，于1981年组建海湾合作委员会（以下简称“海合会”），使阿盟进一步被架空。1991年阿盟多个成员国参加联合国对伊拉克的战争，已使阿盟集体安全机制成为“一种虚妄”。[④] 在“阿拉伯之春”后，阿盟并未如外界的乐观预期那样在变局中大显身手，而是将内部矛盾进一步国际化。阿盟在实践中更加依赖西方，更加依赖联合国，也使得中东问题更加国际化，成员国更加不信任阿盟，联合国则在中东问题中的作用更加显著。2009年有学者统计，1945—2008年阿拉伯地区曾发生56次地区冲突和危机，阿盟只调解了19次，而成功解决的只有5次。其中完全归因于阿盟的只有1次，即2007年至2008年的黎巴嫩总统危机，其他4次的成功另有原因。[⑤] 与之相比，脱胎于阿盟的海合会似乎行动更为有效，如2011年

① Hesham Youssef, “Mediation and Conflict Resolution in the Arab World: The Role of the Arab League,” p.303.

② “Yemen Appealed to Arab League for Military Intervention: FM,” Anadolu Agency, March 25, 2015, accessed on June 1, 2023, https://www.aa.com.tr/en/politics/yemen-appealed-to-arab-league-for-military-intervention-fm/63735.

③ “Arab League Agrees to Create Joint Military Force,” BBC, 29 March 2015, accessed on June 1, 2023, https://www.bbc.com/news/world-middle-east-32106939.

④ Dina Ezzat, “No Two Ways about the League,” *Ahram Weekly*, June 26-July 2, 2003, Issue No.644. 转引自赵军：《阿盟集体安全机制的理论与实证研究》，第16页。

⑤ Marco Pinfari, “Nothing but Failure? The Arab League and the Gulf Cooperation Council as Mediator in Middle Eastern Conflicts,” Crisis States Research Centre Working Paper, No. 45 (2009, series 2), p.10.

派遣部队帮助巴林平息国内动乱，2012年讨论构建海湾联盟的设想，旨在构建统一的外交、国防和安全政策，2015年4月出兵介入也门危机等。[①] 有人认为，海合会“成功地探索出了一个适合中东区域特点的地区主义发展模式”。[②]

自2001年以来，欧亚地区历经阿富汗战争、中亚“颜色革命”、吉尔吉斯斯坦南部种族冲突、俄格战争、哈萨克斯坦“一月事件”和乌克兰危机等重大事件。上合组织将它们一律排除于议事日程之外不予讨论。这反应出上合组织当前的机制建设、行动能力等尚未达到应对这类事件的水平，贸然介入不符合组织与成员国的利益。虽然西方用参与地区维和、对成员国突发事件进行“人道主义干预”和危机管理来衡量多边组织有效与否的标准并不足为上合组织所采纳，这些危机与突发事件对上合组织所产生的负面影响却不能不引起重视。与上合组织相比，同在欧亚地区的集安组织介入地区重大危机的能力已远超上合。此前中亚各国在遭遇内部动乱和国家间冲突时，均第一时间向集安组织求助，如2010年吉尔吉斯斯坦内乱、2020年纳卡冲突、2021年塔吉克斯坦–吉尔吉斯斯坦边境冲突等，集安组织均未采取行动。2022年哈萨克斯坦“一月事件”发生后，哈再次向集安组织求助，后者迅速出兵入哈，协助哈方维护社会秩序，其反应之快，效率之高，说明俄十几年来对集安组织军队的建设很有实效，其集体防卫功能已基本成熟。

当前，欧亚地区的安全挑战持续凸显，如乌克兰危机、阿富汗局势、印巴关系、中印摩擦以及突厥语国家组织的发展等。虽然上合组织是弱制度化组织，如集安组织般组建军队、介入成员国内政的可能性不大，但有必要在地区重大安全事件中彰显影响力，提升地区治理的话语权。阿盟的经验或为上合组织提供几点借鉴：一是进一步提升共同体意识。阿盟的成立是阿拉伯统一运动的巨大成就，但各成员国通常根据教派、民族与现实利益进行站队而罔顾阿拉伯民族主义，埃及1979年曾因单独与以色列媾和

---

① 金良祥:《试析中东地区主义的困境与前景》,《西亚非洲》2017年第4期。

② 陈万里、杨明星:《海合会一体化中的优势与困境》,《西亚非洲》2006年第6期，第42—45页。

而被驱逐出阿盟，叙利亚曾在两伊战争中支持伊朗而反对伊拉克，叙利亚和埃及在海湾战争中曾与美国结盟，均对阿盟参与地区安全治理构成了根本性障碍，这又会转而损伤全体成员国的利益。上合组织内部的异质性本就偏高，扩员后，加速构建命运共同体意识更是当务之急。2018年上合组织峰会已明确各成员国共同构建人类命运共同体。当前，应以经济重振、地区安全稳定和阿富汗局势等共同需求为引导，使成员国的共同体意识得到深层次巩固，进而提升"用一个声音说话"的凝聚力。二是派出观察团作为应对地区重大事务的重要途径。阿盟在参与地区重大事务时，曾派出调解员、观察团，还组建过军队。其中观察团对上合组织而言颇具参考意义。上合组织自2004年以来已经向俄罗斯、哈萨克斯坦、阿塞拜疆等成员国、观察员国和对话伙伴派出了40余个观察团，考察当地的选举活动，受到广泛好评。可以考虑拓展选举观察团的功能，组建突发事件观察团等，前往突发事件当地，进行停火监督、促进谈判和落实人道主义政策等。三是与联合国适当开展合作。阿盟一直致力于在阿盟框架内解决地区事务，但受能力所限，最后仍需求助于联合国。

阿盟作为阿拉伯世界最重要的国际组织，其表决机制、成员国间冲突调解和地区危机治理的实践均有其独特风格和路径。虽难以与上合组织构成精确类比，但确能为上合组织在这三个领域的探索提供重要的参考。随着沙伊和解带动地区和解潮流，阿拉伯世界重现联合自主迹象以及美国在中东影响力的持续下降，阿盟即将迎来前所未有的发展机遇。[①] 应密切关注阿盟的发展动向，寻求两个组织更深层次的交流互鉴。

① 刘中民:《阿盟峰会后，阿拉伯世界团结自主仍有赖"思想再造"》，澎湃新闻网，2023年5月23日，https://www.thepaper.cn/newsDetail_forward_23189355，访问日期：2023年6月1日。

Краткий анализ механизма голосования Лиги арабских государств и её контрмера на внутренние и внешние кризисы, с обсуждением касательно вдохновения для ШОС

Ли Лян

Аннотация: Лига арабских государств сильно отличается от Шанхайской Организацией Сотрудничества по составу членов, истории развития, целям и задачам. Однако как региональным международным организациям, им необходимо преодолеть вызовы в функциональных механизмах, нормах поведения и в отношениях между государствами-членами. Опыт и уроки, извлеченные Лигой арабских государств в решении этих задач, не могут быть напрямую заимствованы для ШОС, но являются значимым справочным материалом. В этой статье выделяются три области для изучения практики ЛАГ, т.е. механизм голосования, посредничество в конфликтах между государствами-членами и региональное кризисное управление, в которых региональные организации чаще всего сталкиваются с проблемами. Сравнивая практики ЛАГ и ШОС, автор пытается найти места и опыт, которые ШОС сможет заимствовать.

Ключевые слова: Лига арабских государств, механизм голосования, урегулирование конфликтов, Шанхайская Организация Сотрудничества

Автор: Ли Лян, преподаватель Института политологии и международных отношений Ланьчжоуского университета, старший научный сотрудник Института Центральной Азии и Исследовательского центра Шанхайской организации сотрудничества при Ланьчжоуском университете.

Research on the Voting Mechanism and Internal and External Crisis Response of the League of Arab States: Implications for the SCO

Li Liang

Abstract: The League of Arab States (LAS) is vastly different from the Shanghai Cooperation Organization (SCO) in terms of its membership, history and missions, but as regional international organizations, they both have to deal with the challenges of operational mechanisms, behavioral norms and the relationship among member states. Therefore, the experiences and lessons the LAS learned when dealing with these challenges are of valuable reference for the SCO, thought cannot be directly borrowed. This paper selects three areas where regional organizations most often encounter challenges, namely voting mechanism, conflict mediation among member states and regional crisis management, and analyzes the exploration of the LAS in these three areas. After briefly comparing them with the practice of the SCO, this paper also tries to bring up suggestions for the latter.

Keywords: The League of Arab States (LAS), voting mechanism, conflict mediation, Shanghai Cooperation Organization

Authors: Li Liang, Lecturer in School of Politics and International Relations, Associate Research Fellow in Institute for Center Asian Studies and Shanghai Cooperation Organization Research Center, Lanzhou University

第六部分　上海合作组织与发达国家地区合作组织之比较

Chapter 6: The SCO in Comparison with Regional Cooperation Organizations of Developed Countries

中亚地区善治想象与塑造
——上海合作组织与欧盟的比较

孙　超

【内容提要】百年未有之大变局下，上海合作组织和欧盟围绕中亚地区善治提出不同的共同体叙事，呈现出两种不同的地区治理路径。欧盟推动的“欧洲化”进程旨在依靠国际制度的刚性和规范扩散，运用条件性约束塑造欧盟—中亚共同体。而上海合作组织则注重巩固成员国互信，以功能合作培育成员国认同，在大国引领下中小国家平等地塑造上合组织命运共同体，推动中亚地区的善治。欧盟与上海合作组织在中亚地区的治理存在广泛共识，可相互支持推动中亚的稳定、发展与繁荣。

【关键词】中亚；地区治理；命运共同体；上合组织；欧盟

【作者简介】孙超，中共江苏省委党校国际问题研究中心副教授，华东师范大学俄罗斯研究中心青年研究员。

2020年，新冠病毒疫情席卷全球，给中亚地区带来巨大冲击。中亚各国不同程度地出现了经济倒退、体制失灵和社会矛盾等问题。与此同时，乌克兰危机加速了百年未有之大变局的动荡调整，强化俄罗斯与美西方的直接对抗，这令同俄罗斯关系极为密切的中亚各国的经济困境凸显。在日益复杂的“大博弈”背景下，中亚地区治理赤字凸显，国内政局面临的经济和社会挑战突出，极端民族主义情绪抬头，大国在中亚地区的竞争态势加剧，中亚地区不稳定因素增多，中亚一体化内在动力不足，一些地区合作的举措走向形式主义化。

作为维护中亚地区和平和稳定的多边组织，上海合作组织（以下简称“上合组织”）不仅让世界看到了“上海精神”引领下的地区合作成就，更为地区一体化与区域合作的深入开展开拓了新路径。相比之下，作为规范性力量的欧盟，在乌克兰危机之际却面临着新一轮难民危机，并因能源紧张问题加剧，以及经济和政治形势的持续恶化，而导致在全球的地位滑落。2021年12月，欧盟发布了“全球门户”（Global Gateway）战略，以所谓的欧盟价值观为引领，力图加速推动欧盟的国际区域治理进程。上合组织和欧盟都在以各自的方式影响着中亚地区的治理进程。与欧盟不同的是，上合组织的中亚治理经历了一个从内向外的过程。超越了西方一体化路径中固有的议程和相对保守的身份构建，通过积极组建具有区域治理功能的国际机制，注重发挥多轨多边的合作优势，塑造了上合组织新安全观和新型区域合作模式。这也为疫情后中亚地区走出经济和政治失序，持续推进地区一体化提供了可能。

因篇幅所限，本文将重点分析和评估上合组织与欧盟在中亚治理中的不同模式。全文结构安排如下：首先评估上合组织与欧盟作为国际治理主体在中亚地区推动的共同体想象；其次比较上合组织与欧盟在中亚展开区域治理的不同思路；再次是分析欧盟与上合组织存有的共识与合作空间；最后进行全文总结。

一、中亚区域的国际治理与共同体想象

当前，区域治理正日益成为学术界的焦点。区域治理可以分为两大类：一类是区域各国关切的共域问题，这一问题具有超国家性；另一类则是国别问题扩散成为区域问题。[①] 而区域治理，是指国际治理主体围绕特定的地域空间而展开的符合一定规则，意图达成特定目标的国际治理实

① 张蕴岭：《区域国别学视阈下的国际区域治理》，《上海交通大学学报》2023年第3期，第62页。

践，其本质是为构建特定方式的权力结构与认同。[①] 在不同的国际治理主体视阈下，构建蓝图和路线图需要有区域想象，即目标中的区域治理将应形成一个什么样的权力结构与治理理念。除中亚各国的积极参与外，还应看到大国和国际组织在中亚地区区域治理中的角色及其影响力。毫无疑问，大国是影响中亚区域治理成效和区域秩序类型的重要推动力。中俄美三国都认识到稳定是中亚发展的重要基础，三国的政治默契有助于与中亚各国更为深入地开展各领域的合作，有助于为中亚创造有利的外部条件。中俄美三国正在以各自独特的治理实践塑造着中亚各国对地区“稳定和繁荣”的想象。

中亚各国自独立以来，在保障国家主权和领土完整的同时，热切期待着国际社会的承认。但这条路并非一帆风顺。首先是苏联解体以来，一些中亚国家部族势力迅速成长，中央政府难以控制，甚至爆发内战。其次，中亚各国缺少处理国家间争端或摩擦的经验（如边界划分和水资源问题），往往容易积累矛盾，埋下隐患。[②] 再次，苏联解体后中亚地区出现了政治真空，西方国家通过各种方式介入到了中亚的发展进程之中，形成了新“大博弈”局面。最后，非传统安全威胁日益成为中亚地区繁荣与稳定的大敌，解决这些威胁成为中亚各国普遍关心的核心议题。

独立之初，中亚各国对域外大国和国际组织的区域治理有着不同程度的期待，积极邀请域内外大国和国际组织参与区域治理。例如，哈萨克斯坦、吉尔吉斯斯坦和塔吉克斯坦加入独联体和集体安全条约组织，为的是稳定国内政局，加强安全合作。哈萨克斯坦与吉尔吉斯斯坦参与“一带一路”倡议与欧亚经济联盟，为的是推动经济合作与“五通”（政策沟通、设施联通、贸易畅通、货币融通与民心相通），推动同中俄之间建设更为

① Barry Buzan and Ole Waver, *Region and Powers: The Structure of International Security* (Cambridge: Cambridge University Press, 2003); Peter Katzenstein, *A World of Regions: Asia and Europe in the American Imperium* (Ithaca, New York: Cornell University Press, 2005); Amitav Acharya, “The Emerging Regional Architecture of World Politics,”*World Politics* 59, No.4 (2007): 629-652.

② 曾向红：《无声的协调：大国在中亚的互动模式新探》，《世界经济与政治》2022年第10期，第48页。

密切的合作关系。美国则在其“新丝绸之路计划”的倡议下试图推动同中亚的跨国合作，诸如CASA-1000输电网项目，TAPI天然气管道项目及青金石项目（Lapis Lazuli Corridor），美国还力推中亚与南亚的互联互通，推动中亚融入“全球经济体系”之中。此外，美国利用大量的非政府组织加强对中亚的政治与社会的渗透，努力推动中亚的民主化变革。相较于美国，欧洲更青睐于与中亚建立和保持能源和贸易的往来，通过经济与技术支持，推动软性的规范输出。而日本与韩国则没有意愿与中亚建立紧密的政治合作联系，更愿意在文化、宗教以及经济往来方面构建友好关系。这些域外力量的实践塑造着中亚各国对国际社会、国际制度以及其共同体想象的认知。

对于中亚区域治理，各大国所代表的国际制度的战略利益和方向不同，往往形成了不同的路径，也衍生出多种共同体话语。在中亚区域治理的新“大博弈”中，各大国均有各自倚重的国际机制，形成了既合作又竞争的局面。例如，美欧等西方国家倚重北约的“和平伙伴关系计划”、欧安组织等平台；俄罗斯倚重独联体和2015年启动的欧亚经济联盟等组织；中国倚重上合组织以及“一带一路”倡议；土耳其倚重突厥国家组织等。[①]这些国际制度均有其相应的政治经济具体目标。美国将中亚视为俄罗斯的“后院”，首要目标是“打开”中亚大门，塑造“新丝绸之路愿景”，以达到遏制中俄的效果。欧盟则执着于“联通”中亚，以获取能源并推动西式现代化的输出。俄罗斯倾向于“稳定”中亚，通过具有约束力的国际制度安排巩固合作，以确保其在中亚地区的主导地位和绝对影响力。而中国则更青睐于“和而不同”，试图通过“一带一路”倡议推动中亚地区的发展，帮助中亚地区实现长期的稳定与繁荣。至于中亚国家，除了2018年开始的中亚元首峰会以外，各国并未就解决地区事务建立专门的地区合作机制。中亚经济一体化的发展遭遇到了多重障碍和阻力，反而给大国的国际制度扩张和互动提供了场域，形成了制度均势的局面，激发了中亚各国以共同体构建为终极目标的政治想象。

---

① 曾向红：《中亚地区治理三十年：一项研究议程》，《东北亚论坛》2021年第5期，第9页。

二、“欧洲化”还是命运共同体：中亚区域治理的身份选择

尽管欧盟声称自己是中亚地区的“非地缘政治”玩家，但2019年欧盟新中亚战略却揭示了欧盟的竞争策略，使之成为真正的竞争者。欧盟同中亚各国紧密联系，认为推动欧盟—中亚深度合作可缓解欧盟的价值观危机，减缓欧盟的全球地位下降的压力。欧盟深信以“欧盟为中心”的周边治理，特别是“民主推进”的欧洲化进程已经在南地中海、非洲及后苏联空间地区取得了成就。[①] 在彼得·卡赞斯坦等人看来，欧洲化进程不仅是自上而下的社会化过程，更应该是注重国内的政治化进程。[②] 欧盟若要在中亚发挥更大的影响力，必须让中亚各国内化西方的政治认同，模仿西方制度，认可西式价值观或规范的影响力。欧盟在中亚地区推行欧式区域治理的关键在于中亚各国支持“欧洲化”政治共同体，由此学习并内化欧盟的价值规范。自欧盟出台第一份中亚战略以来，欧盟始终对中亚地区治理抱有狂热使命（missionary zeal）的冲动，迫切期待中亚各国认同欧盟的规范以及实践意义。2007年欧盟公布了第一份中亚战略，有近一半的内容涉及中亚国家的规范构建。欧盟在中亚的政策目标虽然存在优先排序上的差别，但基本内容集中在民主和人权，法制与善治，以及推动能源合作三

---

① Dimier Veronique, *The Invention of a European Development Aid Bureaucracy: Recycling Empire* (Basingstoke: Palgrave Macmillan, 2014); Raffaella A. Del Sarto, “Normative Empire Europe: The European Union, Its Borderlands, and the ‘Arab Spring’,” *Journal of Common Market Studies* 54, No.2 (2016): 215-232; Laure Delcour, *Shaping the Post-Soviet Space? EU Policies and Approaches to Region-Building* (Farnham: Ashgate, 2011); Vera Axyonova, *The European Union's Democratization Policy for Central Asia, Failed in Success or Succeeded in Failure?* (Stuttgart: Ibidem, 2014); Vera Axyonova, *European Engagement under Review: Exporting Values, Rules, and Practices to the Post-Soviet Space* (Stuttgart: Ibidem, 2016).

② Jeffrey Checkeland, Peter Katzenstein, “The Politicization of European Identities,” in Jeffrey Checkeland, Peter Katzenstein (eds.), *European Identity* (UK: Cambridge University Press, 2009), p.10.

个方面。[①] 2019年欧盟制定的新中亚战略聚焦在“连通性”，并以欧洲一体化为参照：一方面消除人员、货物和服务自由流通的障碍；另一方面减少非物理（规范）障碍，在广泛领域推动合作，构建自由贸易区和单一市场。[②] 欧盟为推动中亚的地区治理投入了大量资金，并发挥了自身的组织优势，全面介入中亚地区治理（例如欧盟成为中亚水治理领域的核心倡导者），以提升在中亚地区的影响力。

此外，欧盟还为提升中亚各国的“民主和人权”水平做了大量工作。欧盟发挥经济援助优势，创设“欧盟民主与人权工具”（European Instrument for Democracy and Human Rights, EIDHR）和“非国家行为体与地方政府发展项目”（Non-state Actors and Local Authorities in Development, NSL/LA）等与民主推进密切相关的项目，尤其是支持哈萨克斯坦、吉尔吉斯斯坦和塔吉克斯坦的非政府组织的发展。[③] 欧盟外交与安全政策高级代表博雷利（Jose Borrell）表示，欧盟在2014—2020年累计向中亚提供了11亿欧元援助，2021—2024年将再援助至少3.9亿欧元，在“欧洲团队倡议”（Team Europe Initiative）框架下推动欧盟—中亚的互联互通以及中亚的可持续发展。这一政策的实质是欧盟全球门户战略（Global Gateway）的衍生，旨在劝诱中亚各国“逐优而非比烂”地向欧盟靠拢，以此抗衡中国的“一带一路”倡议。

欧盟对在中亚推行欧式区域治理颇为自信，甚至将“民主建设与人权改善”作为中亚各国发展援助的前提和附加条件。这自然引起了中亚各国的反感和不安。与欧盟联系较为紧密的中亚大国哈萨克斯坦一直强调欧盟在介入中亚事务时需注意界限，而乌兹别克斯坦自安集延事件之后对欧盟的疑虑加剧甚至是反感，土库曼斯坦亦对欧盟在其社会生活中的渗透产生防备心理，塔吉克斯坦也开始“抵触”欧盟肆无忌惮的渗透，就连吉尔吉

① 赵会荣：《欧盟的中亚政策》，《俄罗斯中亚东欧研究》2008年第6期，第59—67页；徐刚：《欧盟中亚政策的演变、特征与趋向》，《俄罗斯学刊》2016第2期，第17—28页；吴宏伟：《俄美欧中亚政策及其演变》，《俄罗斯学刊》2017年第2期，第45—51页。

② 孙超：《上海合作组织与欧盟中亚治理的比较——构建命运共同体还是规范性改变》，《俄罗斯研究》2021年第6期，第148页。

③ 同上书，第157—158页。

斯斯坦也希望欧盟的支持不应只局限在政治和社会领域。乌克兰危机迫使中亚国家在俄罗斯与西方之间做出选择。[①] 例如，乌克兰危机爆发以来，欧盟提出与中亚的合作项目应绕过俄罗斯倡导的“南北国际运输走廊”；欧洲复兴银行（EBRD）2022年7月宣布投资价值500亿坚戈（约1亿欧元）给哈萨克斯坦国家铁路公司（KTZ）；2022年11月欧盟与中亚举办“互联互通”会议，欧盟外交与安全政策高级代表博雷利声称，欧盟准备参与执行发展中亚区域运输基础设施的项目。欧盟所倡导的中亚“欧洲化”的共同体建设将愈益呈现出权力制衡和战略竞争的倾向，将“韧性”提升而非“善治”视为中亚共同体建设的关键思路。

同欧盟自我标榜为“文明灯塔”不同，上合组织成立之初常被污名化为“中俄主导的反西方的政治军事集团”“西方激起的共同战线”。[②] 上合组织参与中亚地区的治理是一个渐进过程。上合组织在参与地区合作时，首先聚焦于边境争端的管控和安全领域。当一个领域合作成熟时，上合组织就向新的领域拓展，同时逐步提升成员国的合作水平，以承担新的使命与责任。[③] 功能性合作的推进逐步内化了“上海精神”的价值规范。“上海精神”是成员国在成功处理地区问题时逐步阐发的“合作规范”，即“互信、互利、平等、协商、尊重多样文明、谋求共同发展”。上合组织成立之初，成员国就在地区治理的进程中占据着主导地位，其首要功能在于满足成员国的共同利益诉求，形成了“梯次”布局。[④] 各项制度的构建均围绕着“上

---

① Cristian Nitoiu and Monika Sus, “The Rise of Geopolitics in the EU’s Approach in Its Eastern Neighbourhood,” *Geopolitics* 24, No.1 (2018): 2-9.

② Richard Weitz, “Strategic Parallelism without Partnership or Passion?” in Strategic Studies Institute US Army War College, 2008, pp.65-77; Alyson J. K. Bailes and Pal Dunay, “The Shanghai Cooperation Organization as a Regional Security Institution,” in Alyson J. K. Bailes, Pál Dunay, Pan Guang and Mikhail Troitskiy, *Shanghai Cooperation Organization* (Stockholm: Stockholm International Peace Research Institute, 2007), pp.1-29.

③ Timur Dadabaev, “Shanghai Cooperation Organization Regional Identity Formation from the Perspective of the Central Asia,” *Journal of Contemporary China* 23, No.85 (2014): 106.

④ 所谓“梯次”布局，指的是上海合作组织围绕中亚地区治理形成了不同级别的合作机制，如最高层级是上海合作组织元首理事会，其次是外交部长会议、国家协调员理事会，以及常设秘书处，地区经济和安全合作机构等平行常设机构。李孝天、陈小鼎：《上海合作组织参与地区安全治理的特征、限制与改进路径》，《太平洋学报》2021年第9期，第32页。

海精神”展开。成员国普遍接受了“上海精神”，并自觉内化成组织行为规范，而这一规范也成为上合组织的灵魂。“上海精神”融入上合组织的发展进程之中，并不断在元首、首脑、外长等各层级所通过的宣言、公报中得到重申，对上合组织推动成员国认同起到了至关重要的作用。[①] 在“上海精神”的引领下，上合组织不断开拓新议题，从边境争端的解决拓展到了打击“三股势力”等安全领域的合作；从推动贸易往来发展成为共同建设“一带一路”倡议；从安全与经济合作的“双轮驱动”，发展到经济、农业等多领域多维度合作；从传统双边合作发展到双边和多边合作的并立；从传统领域合作扩展到了绿色合作、数字合作等。“上海精神”与地区治理实践紧密结合，既适用于中亚地区的复杂治理形势，又满足了中亚各国合理的利益诉求。在中俄两国的引领下，上合组织积极引导中亚成员国平等参与组织内部的合作，努力维持本组织“协商一致”原则的稳定。

上合组织非常善于关注中亚区域治理的热点议题，积极推动各方早日达成早期收获计划。这些合作增强了成员国的互信，也为上合组织赢得了国际声誉，有利于扩员工作。上合组织接纳印度和巴基斯坦为成员国，不仅有助于稳定中亚地区的局势，同时可服务于中亚地区经济发展的共同目标，促进新的经济发展可能性与贸易扩展。[②] 而伊朗被纳入上合组织成员国将推动伊朗与中亚的贸易活动，加速中东—中亚能源与贸易运输通道的建设。当前，上合组织已经形成了由中俄大国引领，中小成员国平等参与，协调解决地区治理问题的机制。这一合作机制不同于欧盟居高临下的以一体化为方向的“欧洲化”合作模式。上合组织成员国发展程度不同、文化各异，难以在短期内实现一体化，通过贸易便利化和投资自由化，可以实现各方广泛受益的基本目标，特别是有助于中小国家在多边合作中受

① 张蛟龙：《扩员后的上海合作组织的挑战与应对——基于国际组织与国际规范关系的视角》，《区域与全球发展》2021年第6期，第45页。

② David Erkomaishvili, “Making Sense of the Shanghai Cooperation Organization’s Enlargement,” June 20, 2016, accessed on April 5, 2023, https://neweasterneurope.eu/2016/06/20/making-sense-of-the- shanghai-cooperation- organisations-enlargement/.

益。[1] 此外，上合组织还践行了“不结盟、不对抗、不针对第三方”的合作原则，打消了中亚国家的合作顾虑，二十年来合作成绩斐然。

中国是上合组织最主要的引领者。中国加入上合组织以来，一直将上合组织视为促进地区安全与推动区域合作的重要平台。中国一直照顾中亚成员国的合理关切，助其在多边合作谋求共赢。自2018年上合组织“青岛峰会”以来，上合组织承担着改革完善全球治理体系，携手成员国共建人类命运共同体的光荣使命，为区域善治提供了经验和规范。[2] 在2019年上合组织比什凯克峰会上，习近平主席又提出将上合组织打造成为团结互信、安危共担、互利共赢、包容互鉴的典范的远景目标，内容覆盖政治、安全、经济与人文四大领域，实际上是为上合组织命运共同体的具体发展提示了实施方案与远景目标。[3] 习近平主席在2020年莫斯科峰会上提出的“卫生健康、安全、发展、人文”四个共同体建设，在2021年杜尚别峰会上提出的“走团结合作、安危共担、合作共赢、包容互鉴、公平正义”的五条道路，以及在2022年撒马尔罕峰会上提出的“坚持政治互信、坚持互利合作、坚持平等相待、坚持开放包容、坚持公平正义”五大坚持，逐步深化着上合组织命运共同体的构建方式与路径。[4] 2023年5月，在西安中国—中亚峰会上，习近平主席指出，中国同中亚各国始终相互尊重、睦邻友好、同舟共济、互利共赢，国家关系实现了从睦邻友好到战略伙伴，再到命运共同体的历史性跨越。[5] 在中国的引领下，上合组织将持续聚焦中亚区域治理，继续推动中亚地区成为构建国际政治经济新秩序的“和谐

---

① 孙壮志：《上海合作组织命运共同体：时代内涵与路径选择》，《欧亚经济》2021年第1期，第4页。

② 《习近平在上海合作组织元首理事会第十八次会议上讲话（全文）》，中国政府网，2023年5月5日，http://www.gov.cn/gongbao/ content/2018/content_5301804.htm，访问日期：2023年6月2日。

③ 《习近平在上海合作组织元首理事会第十九次会议上讲话（全文）》，中国政府网，2023年5月5日，http://www.gov.cn/xinwen/ 2019-06/14/content_5400330.htm，访问日期：2023年6月12日。

④ 邓浩：《大变局下上海合作组织的新使命》，《当代世界》2022年第10期，第38页。

⑤ 《习近平和彭丽媛为出席中国—中亚峰会的中亚国家元首夫妇举行欢迎仪式》，中国政府网，2023年5月19日，http://www.gov.cn/yao wen/liebiao/202305/content_6874811.htm，访问日期：2023年6月18日。

地区”。

三、上合组织与欧盟：同行渐近的合作伙伴

欧盟在2019年版的中亚战略中罕见地提及了上合组织，重申欧盟的利益在于持续“监督”地区安全结构——上合组织与集体安全条约组织——的发展。[①] 欧盟至今依然将上合组织视为参与中亚地区治理的主要障碍，强调以促进中亚地区、国家和社会的韧性（resilience）和繁荣作为战略支撑，帮助中亚各国应对内外压力，推动各领域的互动提升合作水平。[②] 近年来欧盟对中亚的区域治理政策越益地缘政治化，乌克兰危机更是致使欧盟对中亚政策陷入两难困境。一方面，欧盟陷入到与俄罗斯全面对抗的安全困境，迫使欧盟在中亚地区采取对抗中俄的姿态；另一方面，欧盟长期以自身为蓝本在中亚推广区域治理理念，并在中亚主张协调一致原则，致使资源分散，无法处理优先事项，反而招致中亚各国的不理解甚或反感。

欧盟在中亚区域治理中要成为一个受欢迎的实践者其实并不容易。欧盟与中亚各国的价值观和期待并不一致，欧盟对中亚过于苛求反而呈现出闭门造车的特性。欧盟必须承认现实，即欧盟无力从根本上改变中亚各国的政治结构，对中亚善治的“欧洲化”想象也限制了欧盟与上合组织合作的可能性。与此同时，中亚各国领袖抓住机会广泛欢迎诸国际行为体参与中亚区域治理。中亚各国不仅欢迎上合组织，同时也欢迎欧盟积极扮演建设者角色。欧盟在中亚仍有宽裕的政治转寰空间，如果欧盟能够大力支持中亚的自主发展，有效回应中亚各国的需求，尚有望恢复欧盟在地区乃至全球的影响力，以减少对美国霸权的依赖。[③] 同时，欧盟在中亚的区域治

---

① “Joint Communication to the European Parliament and the Council. The EU and Central Asia: New Opportunities for a Stronger Partnership,” Brussels, May 15, 2019, p.6, accessed 4 April, 2023, https://www.eeas.europa.eu/sites/default/files/joint_communication_-_the_eu_and_central_asia__new_opportunities_for_a_stronger _partnership.pdf.

② *Ibid.*

③ Anna Matveeva, “A New Opening for EU-Central Asia Relation?” The Europe’s East Project, Carnegie Europe, April 13, 2023, accessed on April 28, 2023, https://carnegieeurope.eu/2023/04/13/new-opening-for-eu-central- asia-relations-pub-89454.

理中也需要得到上合组织的帮助与支持。

首先，上合组织是欧盟可资信赖的合作伙伴。上合组织成立之初就强调求同存异，不与任何国际组织和国家为敌。上合组织在中亚区域治理中承担了主要角色，欧盟若想推动中亚走善治坦途和进行区域治理改革，前提是要得到上合组织的支持。对中亚各国来说，上合组织是推动其区域治理变革和经济强劲增长的重要平台，同时中亚各国也欢迎欧盟支持中亚地区的和平与发展，上合组织与欧盟在中亚存在利益交融，可以共生发展。[①]

其次，欧盟应意识到中俄是上合组织框架下中亚区域治理的引导者，是欧盟参与中亚区域治理的重要合作伙伴。2022年10月，俄罗斯召开了首届俄罗斯—中亚元首峰会，协调俄罗斯—中亚互动模式，推动多方在欧亚经济联盟、能源领域、互联互通、信息技术安全以及阿富汗问题上的协调行动。[②] 2023年5月18—19日，中国—中亚西安峰会召开，习近平主席提出了推动中国—中亚合作的新思路：加强机制建设、拓展经贸关系、深化互联互通、扩大能源合作、推进绿色创新、提升发展能力、加强文明对话以及维护地区和平。[③] 中俄在中亚地区具有独特的影响力，两国并没有视欧盟在中亚的存在为重大挑战，期待欧盟为中亚提供高质量公共产品，这为欧盟同上合组织深度合作提供了可能。

再次，上合组织在中亚地区探索打造区域合作的新模式有助于推动欧盟中亚区域治理政策的调整。随着大国战略竞争的加剧，传统的一体化区域合作模式广受质疑，很难在中亚地区打开局面。在大国博弈加剧的时代背景下，欧盟中亚政策的地缘政治化不仅无助于中亚区域治理，而且会导致其难以获得中亚及周边国家的信任和尊重。若要在中亚顺利推进欧洲

---

① Oksana Antonenko, “The EU Should not Ignore the Shanghai Cooperation Organization,” Policy Brief, London: Centre for European Reform, May 2007, p.6.

② “Russia–Central Asia Summit: Vladimir Putin Took Part in a Meeting of Heads of State, Participants in the First Russia – Central Asia Summit,” October 14, 2022, accessed on October 14, 2022, Astana, http://en.kremlin.ru/events/president/news/69598.

③ 《习近平在中国—中亚峰会上的主旨讲话（全文）》，中华人民共和国外交部网，2023年5月19日，https://www.fmprc. gov.cn/zyxw/202305/t20230519_11079936.shtml，访问日期：2023年8月6日。

化：除了欧盟本身以外，中亚各国对欧洲价值和规范的认可和承认也至为关键。欧盟应借鉴《上海合作组织宪章》中“相互尊重国家主权、独立、领土完整及国家边界不可破坏，互不侵犯，不干涉内政”的重要原则，降低制度和规范扩散的傲慢心理，以提升治理效能。[①]

最后，上合组织构建的上合组织命运共同体有助于欧盟在中亚地区推动地区善治。欧盟应充分意识到，无论是“全球门户”战略还是“安全秩序重构”，在战略资源和运行机制上，都凸显出了欧盟治理能力与对象国期待之间的差距。欧盟投入大量资金用于中亚治理，但这些资金多数来自欧洲金融机构撬动的私人资本，具有不确定性。[②] 从运行模式来看，“欧洲化”的模式已经无法适应中亚深度治理的需求，排斥其他治理主体的地缘政治思维模式阻碍了欧盟在中亚地区的善治进程。上合组织与欧盟在中亚地区存在利益共识，双方都致力于打击“三股势力”，妥善处理阿富汗问题，助推中亚国家解决失业和社会不稳定问题，实现地区的安全与繁荣。欧盟—上合组织对话将会增强欧盟在中亚区域治理中的影响力，助推中亚各国参与多方多向度合作，提升治理效能。

四、结　论

上合组织命运共同体的构建是历史发展的必然结果，是在中国提供智力支持，中俄积极投身引领下与中亚成员国积极互动的成果。上合组织命运共同体的形成凸显了上合组织强大的生命力和影响力，也向世界表明了上合组织在全球和地区区域治理领域的巨大成就。欧盟若要在中亚有所作为，势必需要同上合组织相向而行并展开务实合作。

当前，欧盟对中亚的政策正在发生改变，更加强调中亚地区区域治理

① Neil Winn and Stefan Gänzle, “Recalirating EU Foreign Policy Vis-à-vis Central Asia: Toward Principled Pragmatism and Resilience,” *Geopolitics* 28, No.3 (2023): 1344-1345.

② 史志钦、狄重光:《欧盟“全球门户”战略：动因、局限以及其对中国的潜在影响》,《当代世界社会主义问题》2022年第3期，第161页。

的韧性，而非片面倚重推动中亚地区的民主化。[①] 欧盟已经意识到“欧洲化”叙事与进程解决不了中亚区域治理的难题，反而会增加制度和交易成本，甚至引发中亚各国的不信任。这也反映欧盟的中亚地区治理风格在走向实用主义风格。[②] 欧盟若要在中亚地区提升影响力，势必需要得到上合组织的鼓励和支持。欧盟若要在中亚区域治理领域做出成绩，必须加强同上合组织的合作，这对稳固欧盟的对外政策成果至关重要。

---

① Jacob Hedenskog & Hugo von Essen, “Russia’s CSTO Intervention in Kazakhstan: Motives, Risks and Consequences,” Policy Paper. SCEEUS, Jan 14, 2022, accessed on May10, 2023, https://www.ui.se/globalassets /ui.se-eng/publications/other-publications/russias-csto-intervention-in-kazakhstan-motives--risks-and-consequences.pdf.

② Fabienne Bossuyt, “What Role for the EU in a Post-COVID-19 Central Asia: On the Way out or Right Back in?” 2020, UNU-CRIS Policy Paper, accessed on May 21, 2023, https://cris.unu.edu/what-role-eu-post-covid-19- central-asia.

Воображение и формирование надлежащего управления в Центральной Азии

—Сравнение ШОС и ЕС

Сунь Чао

Аннотация: В условиях огромных перемен, невиданных за столетие, Шанхайская Организация Сотрудничества и Европейский Союз выдвинули разные идейные планы по формированию сообщества надлежащего управления в Центральной Азии, демонстрируя два разных пути к региональному управлению. Процесс европеизации, продвигаемый ЕС, нацелен на то, чтобы опираться на жесткость международной системы и распространение норм, а также использовать условные ограничения для формирования сообщества ЕС-ЦА. В то же время ШОС уделяет особое внимание укреплению взаимного доверия между государствами-членами, культивированию в них идентичности посредством функционального сотрудничества, для того чтобы под руководством крупных стран малые и средние страны равноправно сформировали сообщество единой судьбы ШОС и содействали надлежащему управлению в Центральной Азии. ЕС и ШОС имеют широкий консенсус по вопросам управления в Центральной Азии и могут поддерживать друг друга в деле содействия стабильности, развитию и процветанию в Центральной Азии.

Ключевые слова: Центральная Азия, Региональное управление, Сообщество единой судьбы, ШОС, ЕС

Автор: Сунь Чао, доцент Центра международных исследований партийной школы Цзянсуского партийного комитета КПК, молодой научный сотрудник Центра по изучению России при Восточно-Китайского педагогического университета.

Imagining and Shaping Good Governance in Central Asia: A Comparison between the Shanghai Cooperation Organization and the European Union

Sun Chao

Abstract: In the context of a century-long transformation, the Shanghai Cooperation Organization (SCO) and the European Union (EU) have put forward different narratives for good governance in Central Asia, presenting two distinct paths for regional governance. The EU promotes the "Europeanization" process, aiming to reply on the rigidity of the international system and the diffusion of norms, and to use conditional constraints to shape the EU-Central Asia community. On the other hand, the SCO focuses on consolidating mutual trust among member states and fostering member state identity through functional cooperation, and shaping the SCO community with a shared future among large and small countries on an equal footing under the leadership of major powers, so as to promote good governance in Central Asia. The EU and the SCO share a broad consensus on regional governance in Central Asia and can mutually support each other to promote stability, development and prosperity in the region.

Keywords: Central Asia, regional governance, Community with a Shared Future, SCO, EU

Authors: Sun Chao is an Associate Professor of the Center for International Studies of the Party School of the Jiangsu Provincial Committee of the Communist Party of China, and a young researcher at the Center for Russian Studies, East China Normal University.

上海合作组织与欧安组织：核心理念差异与工作机制借鉴

康　杰

【内容提要】上海合作组织与欧安组织覆盖地域和成员有所重叠，安全观相近，发展历程相似，有一定的务实合作空间，也有一些重要的差异。两大组织在如何实现安全、国内安全与国际安全的关系、主权与人权的关系等问题上存在根本性的、难以调和的认识鸿沟。欧安组织通过项目授权的方式，在相关参与国设立由常设委员会和当事国共同设计、监督和审计的实地行动机构，形成了有一定自主性、不完全依赖组织政治决策的长期网络，工作对象实现了从政府到社会的“全覆盖”，值得上合组织借鉴。上合组织应借鉴欧安组织的经验，与相关成员国协调，建立可落实具体合作项目的实地行动机构，构建能被所有成员国普遍接受、内化和自觉遵守的规范。

【关键词】欧安组织；上合组织；中亚；经验

【作者简介】康杰，中国国际问题研究院欧亚研究所副研究员、博士。

上海合作组织（以下简称“上合组织”）是当今世界幅员最广、人口最多的综合性区域组织。欧洲安全与合作组织（以下简称“欧安组织”）拥有57个参与国，是世界上最大的区域性安全合作组织。两大组织间有一系列相似性：

一是覆盖地域和成员有所重叠。两大组织都聚焦欧亚大陆安全问题，俄罗斯和中亚四国同时是上合组织成员国和欧安组织参与国。已开启上合组织成员国申请程序的白俄罗斯、观察员国蒙古、对话伙伴国亚美尼亚和阿塞拜疆等，也都是欧安组织的参与国。

二是安全观相近。上合组织致力于以“平等、共同、综合、合作、可持续安全”为基础构建更加公正、平衡的国际秩序①；欧安组织则坚持“综合、合作、平等且不可分割的安全观”。② 两大组织都赞成通过平等对话和合作实现共同安全，都认为需兼顾传统安全与非传统安全，都认可安全与发展之间的相互促进作用。

三是发展历程相似。两大组织最初的功能，都是为了减少边境军队部署、防止军事对峙和推动建立信任和安全措施（CSBM）。上合组织起源于苏联解体后中国、俄罗斯和中亚国家间旨在裁减边界军事力量、加强军事领域相互信任的“上海五国”会晤机制。欧安组织则奠基于冷战期间欧洲两大军事集团间在1972年启动的“欧洲安全与合作会议”机制，1975年签署的《赫尔辛基最后文件》，以及1990年签署的《欧洲常规武装力量条约》。两大组织都将打击恐怖主义、跨国贩毒和有组织犯罪及加强经济合作作为共同目标。

四是都具有一定的开放性和平等性。欧安组织与上合组织都不是军事同盟或集体安全组织，都不针对第三方，没有明确的地理范围门槛，任何地区国家，只要愿意遵守本组织的各项章程、履行加入义务和程序，均可加入该组织。欧安组织的参与国来自欧洲、欧亚、北亚、北美地区。上合组织的成员国来自东亚、中亚、南亚、中东地区。两大组织参与国在投票权和代表权上无论大小一律平等，奉行协商一致的决策原则，任何参与国都没有否决权。

近年来，上合组织与欧安组织之间的互动有所增加，建立了若干交往渠道。双方致力于扩大安全合作，增进在阿富汗问题、卫生与传染病防

① 《上海合作组织参与国元首理事会青岛宣言》，2018年6月11日，https://www.fmprc.gov.cn/web/gjhdq_676201/gjhdqzz_681964/lhg_683094/zywj_683106/201806/t20180611_9388640.shtml，访问日期：2023年6月29日。

② “Astana Commemorative Declaration towards a Security Community,” Seventh OSCE Summit of Heads of State or Government, Astana, 2010-12-1, p.1, accessed on June 29, 2023, https://www.osce.org/mc/74985.

治、气候变化等领域的对话与合作。[①] 2017年5月，上合组织秘书长阿利莫夫出席了欧安组织安全合作论坛并发表讲话。2018年11月31日至12月1日，欧安组织代表参加了在塔什干举行的上合组织地区反恐机构第六次科学实践会议。2019年2月，上合组织秘书长诺罗夫出席了欧安组织安全合作论坛并发表讲话。

两大组织之间在享有上述共性的同时，又有哪些差异？这些差异是否会成为制约两大组织合作的瓶颈？欧安组织的发展和实践，对下阶段上合组织的发展又有哪些可借鉴的地方？

目前，国内学界对上合组织与欧安组织进行系统性比较的研究成果较少，常见于欧安组织中亚活动分析的结论部分。例如，杨恕、蒋海蛟在总结和分析欧安组织在中亚活动的基础上，认为欧安组织以“公共外交”的形式与中亚国家合作所取得的效果明显强于上合组织“传统外交”的方式。地区安全事件中，中亚国家也更倚重于集体安全条约组织和欧安组织，而不太倾向于求助上合组织。[②] 张维维指出，上合组织需借鉴欧安组织开展实地活动的经验。加强与中亚国家地方政府、社会和公众的接触力度，开展更多满足中亚国家实际需求的“小项目”，提升在中亚国家的影响力。上合组织与欧安组织的安全理念不同，在开展合作的过程中要管控价值观分歧而更多地关注务实合作。[③] 姚丽指出，上合组织可以借鉴欧安组织的经验，在中亚国家分别设立中心和办事处。[④]

欧洲和美国学界有一些围绕两大组织异同的专题研究。西方学者们认

---

① “ШОС настроена на диалог с ОБСЕ и изучает вопрос о формализации связей с ЛАГ”, ТАСС, 2020-11-10, https://tass.ru/politika/9963475; “Synergies among OSCE, SCO and EU in Central Asia Are Discussed in Vienna under Tajikistan Chairmanship”, Ministry of Foreign Affairs of the Republic of Tajikistan, 2019-11-07, https://mfa.tj/en/main/view/4283/synergies-among-osce-sco-and-eu-in-central-asia-are-discussed-in-vienna-under-tajikistan-chairmanship, accessed on June 29, 2023; Stefan Wolff and Stephanie Liechtenstein, “OSCE Engagement with China: Why and How?” OSCE Insights 11, Baden-Baden: Nomos, 2021.

② 杨恕、蒋海蛟:《欧安组织在中亚的活动及评价》,《新疆师范大学学报》2015年3月刊，第38页。

③ 张维维:《欧安组织在中亚的活动与影响探析》，硕士学位论文，新疆大学，2016，第52—53页。

④ 姚丽:《欧安组织在中亚的活动及影响》，硕士学位论文，新疆师范大学，2007，第37页。

为，上合组织与欧安组织的核心差异在于，后者是一个真正意义上的国际组织实体，更注重组织本身的能力建设和“独立发挥功能”，而前者更多的是一个以主权国家利益为核心的论坛。欧安组织更重视“人类维度的安全”，而上合组织则更关注传统安全。[①] 这些研究基本是站在西方视角，以意识形态观点扭曲和贬低上合组织的角色和功能，对上合组织的核心价值观缺乏正确理解。这种意识形态偏见造成西方研究者对两大组织的客观差异只做出简单的价值判断，而未能站在组织自身发展历程的角度审视这些客观差异的内涵。

本文将简要回顾欧安组织的发展和实践，特别是关注其在上合组织核心区——中亚地区的活动。在此基础上分析上合组织与欧安组织的主要差异，并结合欧安组织发展的经验教训提出对上合组织未来发展的思考。

一、欧安组织概况

（一）欧安组织的起源与演变

欧安组织的前身“欧洲安全与合作会议”（以下简称“欧安会”）起源于冷战期间北约与华约两大军事集团关系的缓和。苏联于20世纪50年代首次提出建立泛欧洲安全体系。1972年，两大集团在芬兰启动泛欧会议概念框架的第一次会谈，并于1975年签署了欧安会《赫尔辛基最后文件》。该文件包括“主权平等、不进行武力威胁或使用武力、边界不可侵犯、尊重国家领土完整、和平解决争端、不干涉内政、尊重人权和基本自由、尊重人民的平等权利和自决、加强各国之间的合作、履行国际法规定的义务”等十项基本原则，构成欧安会机制参与国的合作规范基础。

---

① Marcel de Haas, “The Shanghai Cooperation Organization and the OSCE: Two of a Kind?” *Helsinki Monitor: Security and Human Rights*, 2007, no. 3, pp.246-259; Daniela Pisoiu: “The OSCE and the SCO-Perspectives for Cooperation,” *Australian Institute for International Affairs*, No.15, 2015, pp.4-19; Stefan Wolff, Anastasiya Bayok, Rahimullah Kakar, and Niva Yau, “The OSCE and Central Asia: Options for Engagement in the Context of the Crisis in Afghanistan and the War in Ukraine,” Birmingham, Hamburg, Vienna, OSCE Network of Think Tanks and Academic Institutions, 2023.

在上述基本原则下，欧安会成为冷战时代最具全面性、平等性和包容性的安全论坛。它囊括了“从温哥华到海参崴”的北美和欧亚大陆的数十个政体、意识形态、经济规模和军事实力各异的国家，各国无论属于哪个军事同盟，在欧安会中均以独立身份参与，拥有平等的发言和投票权，并通过协商一致做出决策。

欧安会的合作领域包括相对独立但可相互联系的三个方面：安全、经济与人权，即“三个篮子”，为参与国之间多层次、多边交流开辟了常设渠道。美国和西方利用“人权”合作，向东欧国家和苏联开展大规模的“和平演变”和意识形态渗透，建立了大量“赫尔辛基组织”监督和公布苏东国家的人权状况，支持各国“持不同政见者”运动，成为苏东剧变的重要推手。[①]

苏东剧变、两德统一和冷战结束促使欧安会快速发展和转型。1990年，欧安会首脑峰会签署《新欧洲巴黎宪章》，称“对抗与分裂时代已经结束”，以“民主价值观和人类价值观”作为各国关系的基础。《新欧洲巴黎宪章》还决定建立部长级理事会和高官理事会，并在布拉格开设秘书处，在维也纳设立冲突预防中心，在华沙设立自由选举办公室（后更名为民主制度和人权办公室）。峰会期间，北约和华约各国元首签署了《欧洲常规武装力量条约》，发布了《改善关系的联合声明》，表示不再视对方为对手，寻求建立新的伙伴关系。

1991年中旬开始，南斯拉夫内战爆发。苏联解体前后，摩尔多瓦、纳卡、格鲁吉亚、塔吉克斯坦均爆发一系列内战和冲突。1992年7月，欧安会高官会使用“共识减一”模式，暂停了南斯拉夫的参与国权限；赫尔辛基首脑峰会签署了《变革时代的挑战》文件，制定了关于冲突预防和危机管控的相关规定，增设了少数民族事务高级代表，开始向纳卡地区、南斯拉夫科索沃、桑扎克、伏伊伏丁那和斯科普里地区派出多个代表处，开展预防性外交、冲突调解和危机管控。这些措施标志着欧安会开始从一个以参与国为主体的论坛，转变为一个拥有相对自主的实地行动权限和能力的

---

① 徐振伟、张晓龙：《欧安会/欧安组织与“颜色革命”的起源》，《中共中央党校学报》2018年2月第1期，第70—71页。

实体性组织。1993年，欧安会部长级理事会选出了首任秘书长，常设理事会开始运作。1994年，欧安会向塔吉克斯坦派出代表处。

在此基础上，1994年12月布达佩斯首脑峰会决定将欧安会更名为欧安组织。1995年，欧安组织在乌兹别克斯坦塔什干成立中亚联络处，向俄罗斯车臣派出援助小组，任命了调停纳卡冲突的明斯克会议个人代表。

北约启动第一轮东扩和对南联盟发起武力干涉后，欧安组织的冲突调停和预防性外交功能开始下降，向后苏联空间"输出民主制度和保障人权"的功能开始显著上升。欧安组织陆续在白俄罗斯、哈萨克斯坦、吉尔吉斯斯坦、土库曼斯坦、阿塞拜疆、亚美尼亚开设了中心、代表处、人权与选举监测小组等。1998年，欧安组织设立了媒体自由代表。

（二）欧安组织的结构

欧安组织的决策机构包括不定期举行的首脑峰会、每年举行一次的部长级理事会和每周举行的常设理事会和安全合作论坛。首脑峰会理论上是签署组织关键文件、协商组织发展方向的最高决策机构，20世纪90年代，首脑峰会通常每二三年举行一次。但在2010年阿斯塔纳峰会后，峰会就再未举办过。在首脑峰会休会期间，部长级理事会就成为最高决策机构。

常设理事会由各参与国常驻组织代表构成，除举行每周的定期会议外，还举行特别会议和临时会议，为各国提供多种非正式的长期沟通和磋商渠道。常设理事会负责授权和终止在各国的实地行动（field operation）。安全合作论坛每周在维也纳举行会议，其议程包括军备控制事务、裁军、建立信任和安全，以及参与国之间的安全合作、风险管控等，还举行年度评估会议，监督参与国遵守政治军事行为准则的情况。欧安组织主席由轮值主席国外长担任，领导秘书处负责协调决策并确定欧安组织在其任期内的优先事项。组织主席还可任命个人代表，负责具体地区和职能领域的协调。

欧安组织的资金都来自参与国和国际组织的捐赠。捐赠方式包含两类，一是预算内捐赠，参与国按规定比例捐赠资金，构成组织的预算。2021年预算总额为1.382亿欧元。各参与国捐赠的比例依次是美国（12.9%）、德国（10.9%）、英国（10.3%）、意大利（10.3%）、法国（10.3%）、加拿大（5.4%）、俄罗斯（4%）、西班牙（3.9%）、荷兰（3.9%）、瑞士（2.8%）、比利时（3.3%）、瑞典（3.3%）、奥地利（2.3%）、丹麦（2.1%）、挪威（2.1%），其他各国都在1%以下。中亚国家中，哈萨克斯坦、乌兹别克斯坦各捐赠0.2%，其他三国无捐赠义务。

二是预算外捐赠，主要用于实地行动。2021年预算外捐赠总额为5305万欧元。其中主要捐赠者为欧盟（2132万欧元）、美国（1096万欧元）、德国（967万欧元）、瑞典（149万欧元）、荷兰（125万欧元）等。①

欧安组织有四个执行机构，各个执行机构的负责人由部长级理事会选举和任命。但负责人一经任命，就获得了较大的自主权，其多数行动无须部长级理事会授权。

秘书处（维也纳）负责协助欧安组织主席的日常工作，制定组织预算，并为实地行动机构提供支持等。下设机构包括冲突预防中心，该中心负责保管欧安组织任务规划相关的所有数据和信息，同时负责规划所有实地行动机构的建立、重组和撤销。另设有经济与环境活动协调员一职。

民主和人权办公室（华沙）负责监督和推进参与国选举、人权和法治进程。如向参与国提供选举相关的技术援助和培训，协助其改进选举程序，资助建立非政府组织，提供教育援助，处理性别和宗教相关议题，监督各国保护人权和“无国家族群”方面的遵约状况等。20世纪90年代初甚至协助格鲁吉亚和波罗的海三国起草了选举法和公民权利法。近年来，欧安组织整体影响力趋于下降，但民主和人权办公室的活跃度不断增加，成为西方向前苏联国家实施政治和意识形态渗透的重要工具。

少数民族事务高级专员（海牙）负责监控各国族群的紧张局势，防止升级为冲突；监督各国对少数族群权利（如本族群语言教育权）的保护情况。高级专员拥有较强的自由度和广泛的权利，其活动无须欧安组织常设理事会的批准，并可在未经当事国政府正式同意的情况下在该国展开族群状况调查和冲突管控活动。

---

① Organization for Security and Co-operation in Europe, “Financial Report and Financial Statements for the Year Ended 31 December 2021 and the Opinion of the External Auditor,” June 29, 2022, accessed on June 29, 2023, https://www.osce.org/files/f/documents/3/b/523538_2.pdf, pp.105-106.

媒体自由代表（维也纳）负责监测参与国的媒体动态，收集关于“侵犯媒体自由和言论自由”的投诉，并向当事国提出预警。

此外，欧安组织还设有议会大会、调解法院等。议会大会席位根据参与国的人口分布划定，但大会本身没有决策权，其实际功能是推动欧安组织各项决策在参与国国内的批准过程。欧安组织还设有“智库和学术机构网络”，作为各参与国智库和学术机构的二轨交流机制。

除了上述执行机构外，欧安组织最具特色的，是其在相关参与国设立的实地行动机构。实地机构是由欧安会/欧安组织参与国应东道国邀请并协商一致后，授权在各热点地区调解冲突和开展预防性外交的代表处演变而来。在冲突和危机结束后，逐步转为负责在当地的监督、协调、援助和交流等各项任务的常设机构。

实地行动机构是欧安组织在各重点地区活动的重要抓手和西方干涉东欧、南欧和中亚国家内政的重要工具。目前，欧安组织总雇员2267人，其中70%（1600人）就职于实地行动机构，仅有30%（667人）就职于秘书处和其他执行机构。实地行动也占据了欧安组织预算的大头。2021年欧安组织共支出1.382亿欧元，其中55%的开支用于实地行动机构。①

目前，欧安组织在东南欧、东欧、南高加索和中亚设立了多个实地行动机构。包括驻阿尔巴尼亚、波黑、科索沃地区、黑山、塞尔维亚、北马其顿、摩尔多瓦代表处，欧安组织主席明斯克小组个人代表（驻第比利斯），土库曼斯坦阿什哈巴德中心、哈萨克斯坦阿斯塔纳项目办公室、吉尔吉斯斯坦比什凯克项目办公室、塔吉克斯坦杜尚别项目办公室、乌兹别克斯坦项目协调组等。

（三）欧安组织的“三个篮子”

欧安组织的职能和任务有三个维度，或称“三个篮子”。第一维度侧重军事与政治领域，主要包括建立军事领域行为准则、军控与裁军、反

① Organization for Security and Co-operation in Europe, “Financial Report and Financial Statements for the Year Ended 31 December 2021 and the Opinion of the External Auditor,” June 29, 2022, accessed on June 29, 2023, https://www.osce.org/files/f/documents/3/b/523538_2.pdf, p.104.

恐、边境管理、冲突预防和解决、维护网络信息安全、警察和执法能力建设、解决水资源分配纠纷等。

军事与政治维度是欧安会和欧安组织传统上的重点领域，也是欧安会发起的初衷。1990年巴黎首脑峰会期间，北约和华约各国元首签署了《欧洲常规武装力量条约》，规定了双方在“从大西洋至乌拉尔山脉”的限制区域内部署的常规武装力量的上限。双方还发布了《改善关系的联合声明》，表示不再视对方为对手，寻求建立新的伙伴关系。1992年，赫尔辛基首脑峰会期间，32个欧安会参与国签署了《开放天空条约》，缔约国可对彼此领土进行非武装的空中侦察，直接搜集有关军事部署情报，从而增进了解和信任，防止误判和紧张局势的升级。欧安组织还参与了波黑内战、摩尔多瓦德左冲突、亚美尼亚与阿塞拜疆纳卡冲突的停火谈判和协议监督。1996年，在欧安组织车臣援助小组的主持下，俄罗斯政府与车臣当局代表签署了停火协议。

第二维度聚焦经济和环境领域，主要包括促进市场经济转型、改善投资和商业环境、提供创业和职业培训、妇女经济赋权、推进环保议程等。经济并不是欧安组织的重点领域。欧安组织在第二维度的投入最小，且通常极少采取直接资金援助或金融支持的方式，主要手段包括举行人员培训、举办经济论坛、资助环保类非政府组织等。

第三维度是所谓“人的维度”，是欧安组织最重视也最有特色的领域，被美国驻欧安组织代表团称为“皇冠上的宝石”。“人的维度”的实质，是深层渗透和干预东欧社会主义国家和苏联的政治与社会空间，推广和巩固自由民主制度，使自由主义价值观深入人心，获得干涉和操控这些国家内政的持久抓手。具体方式包括推进民主化和法治、培训和监督选举程序、促进媒体自由、推进性别平等、改善人权和治理、维护少数族群权益、促进青年交流和教育合作等。欧安组织的“第三维度”是美西方推进其战略利益，巩固其霸权体系的重要工具。

二、欧安组织在中亚的主要活动

中亚五国都是欧安组织的参与国。20世纪90年代初期，欧安组织对中亚的介入重点是调停塔吉克斯坦内战。进入21世纪后，随着阿富汗战争的爆发和美国在中亚建立军事存在，欧安组织对介入中亚事务和推动中亚转型的兴趣和投入显著增加。2010年，哈萨克斯坦成为第一个被选为轮值主席国的中亚国家。近年来，欧安组织对中亚的投入规模有所回落，但已形成较为成熟的介入模式和机制化的参与网络。目前，中亚五国实地行动的财政支出约占欧安组织FLGFPDJI总预算内支出比例的15%（2021年数据），仅次于东南欧地区；预算外支出方面，2015年时曾占总预算外支出的21.43%，2021年降为6.04%。[①]

欧安组织在中亚五国都设有实地行动机构，根据建立先后顺序，分别包括：

塔吉克斯坦：1993年在杜尚别设立代表处，后在苦盏、库尔干秋别、加尔姆、库利亚布和沙图兹设立5个办事处。2002年改为杜尚别中心，2008年改为驻塔办事处，2017年改为杜尚别项目办公室。5个办事处均已关闭。杜尚别项目办公室是欧安组织在中亚规模最大、开支最多的实地行动机构，总人数168人，其中国际职员24人，本地员工144人。

乌兹别克斯坦：1995年在塔什干设立欧安组织中亚联络处，后撤销；2000年设立欧安组织塔什干中心，2006年改为欧安组织驻乌兹别克斯坦项目协调组。总人数40人，其中国际职员4人，本地员工36人。

吉尔吉斯斯坦：1998年设立比什凯克中心，2017年改为比什凯克项目办公室。比什凯克项目办公室是欧安组织在中亚的第二大实地行动机构，总人数123人，其中国际职员13人，本地员工110人。

土库曼斯坦：1999年设立阿什哈巴德中心。总人数29人，其中国际职员6人，本地员工23人。

哈萨克斯坦：1999年在阿拉木图设立欧安组织中心，2007年迁至阿斯塔纳，2015年改为欧安组织阿斯塔纳项目办公室。总人数 28 人，其中国际职员6人，本地员工22人。

欧安组织在中亚各国的三类实地行动机构，即中心、项目办公室和项

---

① Pál Dunay, "The Osce in Central Asia: Engagement, Presence, Problems," *Security and Human Rights*, February 2022, p.26.

目协调员的主要差别在于：一是职能定位不同，中心的职能较为宽泛，没有具体的项目要求，而后两者则是以各领域的具体项目和年度计划为中心。二是授权期限不同，阿什哈巴德中心的授权无限期，而其他两类机构则需要常设理事会每年批准其授权。

项目办公室和协调员的活动以欧安组织和东道国共同商定的年度计划和项目方案为基础，预算内外资金的使用由欧安组织和东道国共同监管，向东道国提交统一预算提案。其运作由机构与东道国外交部商定，充分尊重东道国法律，同时定期向常设理事会提供有关其任务执行情况的报告。

除了上述机构外，欧安组织在中亚地区还有监督《奥胡斯公约》（全称《在环境问题上获得信息、公众参与决策和诉诸法律的公约》）履约情况的欧安组织奥胡斯中心。该公约是1998年由欧盟环保部长会议通过的。哈萨克斯坦、吉尔吉斯斯坦、塔吉克斯坦和土库曼斯坦都是公约的缔约国。目前，欧安组织在上述四国建立了16个“奥胡斯中心”，其中哈国6个、吉国4个、塔国5个、土国1个。这些中心是当地环保非政府组织和环保运动的主要资助者。

欧安组织在中亚的活动覆盖其全部“三个维度”。军事政治维度主要包括：边境安全培训、网络安全培训、打击反洗钱和恐怖主义融资、警务改革援助、增进族群间对话、水资源治理培训、轻武器和弹药库管理培训、打击人口贩卖等。经济环境维度主要包括：妇女与青年企业家创业支持、绿色经济培训、资助环保非政府组织、环境标准培训、减灾能力培训等。“人的维度”包括：选举监督、法治培训、反腐培训、资助人权和政治类非政府组织、资助“自由媒体”、资助青年民主与人权教育等。欧安组织在中亚的“旗舰项目”，主要都是培训类项目，特别是面向政府官员（包括军队和警察）及青年。

案例一：杜尚别边境管理干部学院（Border Management Staff College）

该学院于2009年成立，隶属驻塔吉克斯坦项目办公室，是一所针对中亚各国边境安全和管理机构高级管理人员和青年干部的综合培训中心。该学院每年提供三次为期一个月的“强化边境管理人员课程”，为期一年的“高级领导边境安全和管理混合学习计划”，以及只面向女性的“女性领导者课程”。成立以来，学院已为欧安组织成员国和合作伙伴的边防、海关、禁毒和打击跨国犯罪机构的2200多名官员举办了一百多个专业培训课程和主题活动，为300多名上尉至上校军衔或同等文职的军人提供了参谋课程。学院的资金全部来自预算外。

案例二：比什凯克欧安组织学院

该学院创建于2002年，主要面向中亚各国和阿富汗青年开设政治学硕士项目、经济治理与发展硕士项目、经济学学士学位项目等。从2010年开始，学院为吉尔吉斯斯坦、哈萨克斯坦和阿富汗外交部官员提供为期3个月的培训和实习。2013年，该学院加入了“欧安组织智库和学术机构网络”，出版各类中亚和涉华主题的专题报告。学院的资金全部来自预算外。

三、欧安组织与上合组织的主要差异

（一）安全观形似神异

如前所述，欧安组织与上合组织的安全观有相似性。二者都认同合作安全、综合安全，都赞成安全不可分割原则。但如果检视两者安全观的内核，特别是在如何实现安全、国内安全与国际安全的关系、主权与人权的关系等问题上，两大组织存在根本性的、难以调和的认识鸿沟。

20世纪90年代初以来，欧安组织将“民主和平”论和“人权至上”论作为其核心安全理念。[①] 其核心假设包括：

其一，只有在采用了西方自由民主政体的国家之间，才有真正持久的和平。因此，促进和推广民主制度，是保障和平和安全的最佳途径。

其二，人的安全是国家安全和国际安全的前提，人权高于主权。只有保障了公民个人的人权，特别是言论、选举自由等，限制国家暴力，才能避免族群间和国家间冲突。

其三，在未采用西方自由民主制度的国家中，人权与主权、个体安全

---

① OSCE Conflict Prevention Centre, “Building Sustainable Peace and Democracy-OSCE Experiences in South-Eastern Europe: A Reference Guide,” 2018, accessed on June 29, 2023, https://www.osce.org/files/f/documents/9/e/383751.pdf; Peter Schlotter, “The OSCE’s Contribution to ‘Democratic Peace’ -30 Years of the Helsinki Final Act,” OSCE Yearbook 2005, Baden-Baden 2006, pp. 61-68.

与国家安全是天然矛盾的。国际社会和国际组织在提供国际安全援助时，应首先关注受援国的人权状况，促其改革；其次才是加强受援国的安全能力建设。[①]

其四，一国内部族群冲突的机制，与国家间冲突的机制是一致的。国际社会和国际组织应在对象国族群间建立“增强信任措施”。[②]

欧安组织上述安全观的思想内核是狭隘的、片面的。“民主和平”论认为各国政治体制与意识形态的趋同必然催生安全与和平，忽视了各国利益的现实矛盾和安全关切的客观差异。同时，这种安全观实质上排斥不同意识形态、不同政体的国家通过平等合作实现共同安全的可能性。潜意识中将具有异质政体、意识形态和文明的国家视为威胁甚至敌人，反而加剧了安全困境。欧安组织之所以在20世纪90年代初期取得危机管控、冲突调解和军备控制等领域的重要成果，很大程度上得益于东欧国家和后苏联国家的“民主化”和意识形态狂热。20世纪90年代中期后，随着这些国家的利益日渐分化，欧安组织的冲突调解作用也显著下降。类似地，欧安组织在调解国内族群冲突方面，单纯强调保障少数族群权利，忽视了各国族群矛盾的复杂性。它也忽视了即使在西方国家内部，对于民主标准的判定也各有差异。具有讽刺意味的是，2012年，欧安组织选举观察团曾在美国得克萨斯州遭到公开抵制。得克萨斯州总检察长甚至威胁要逮捕欧安组织观察员。

同时，这种安全观，必然导致欧安组织所追求的目标偏离了“安全”本身，而转向对外输出意识形态和政治制度。这种输出实际上带有强烈的美西方地缘政治扩张和打压战略竞争对手的意图，反而破坏地区安全。

最后，在实践中，欧安组织往往会将其三个维度的功能领域对立起来。在一些实地行动机构中，欧安组织往往无视东道国对于第一、第二维度的迫切要求，片面重视“人的维度”。例如，中亚国家在与欧安组织合

① Cornelius Friesendorf, “Supporting Democratic Policing in Central Asia: Limitations of the OSCE,” *Europe-Asia Studies*, Volume 74, Issue 8, 2022, pp.1433-1458.

② Noboru Miyawaki, “The OSCE Model and the PSCBM for Human Dimension,” in Hideaki Shinoda (ed.), *Conflict and Human Security: A Search for New Approaches of Peace-Building* (Hiroshima: Institute for Peace Science, Hiroshima University, 2004), pp.124-135.

作时，更重视诸如边境安全、反恐、经济发展等方面，反对后者过度干涉本国政治。哈萨克斯坦学者指出，欧安组织偏离了其创建的“初心”，对军事政治和经济活动领域的关注度日益下降，而“越来越多地参与其不寻常的监督职能”，对第三个篮子“过于痴迷”，而这正是欧安组织危机的症结所在。[①]

相较之下，上合组织安全观的核心理念是“互信、互利、平等、协商、尊重多样文明、谋求共同发展”的“上海精神”。上合组织不以国家的政治制度和意识形态划界，尊重各国自身发展道路的多元性，不搞“神圣联盟”，不做指点别人家事的教师爷，在尊重差异的基础上共同应对安全挑战，携手打造命运共同体。这在最大程度上保障了组织的平等、开放和包容，已有越来越多的国家希望加入或接近上合组织，彰显了上合组织巨大的国际吸引力和生命力。

（二）执行机构和执行机制的差异

欧安组织本身是相对缺乏“上层动力”的国际组织。21世纪仅在2010年召开过一次首脑峰会。每年召开的部长级理事会也很少能达成重要成果。多年来，欧安组织的常设理事会和各执行机构，特别是驻相关参与国的实地行动机构，在组织上层严重缺乏决策共识的背景下，依然运转有序。

这种“上层不灵、基层扎根”的成果，得益于欧安组织常设委员会与相关参与国的直接协调。如前所述，欧安组织通过项目授权方式，在相关参与国设立由常设委员会和该国共同设计、监督和审计的实地执行机构，与该国各级政策、智库、高校、非政府组织等建立合作，扎根驻在国，形成了有一定自主性、不完全依赖组织政治决策的长期网络。这种面向参与国的网络化执行机构，使得欧安组织能够长期保持影响力。

相较之下，上合组织在元首峰会的引航定向下，建立了各部门、各层

① Юрий Солозобов: “Председательство РК в ОБСЕ: от Хельсинки до Астаны”, «Агентство Политических Новостей», 2009-11-07, https://www.apn.ru/publications/article22119.htm, accessed on June 29, 2023.

级的会晤机制，形成了较为完善的上层决策体系。在执行机构层面，上合组织在反恐合作领域建立了地区反恐机制。中国建立了落实上合组织经贸和农业合作共识的上合组织国际司法交流合作培训基地（上海）、地方经贸合作示范区（青岛）和农业技术交流培训示范基地（杨凌）。但相对于欧安组织而言，上合组织的执行机构在网络化、国际化方面仍有一定差距，有一定的改进和完善空间。上合组织未能设立类似欧安组织的“当地”执行机构，其落实合作倡议的力度、传播效能、民众认知度收益感等都难与欧安组织相匹敌。

（三）工作对象重点的差异

欧安组织的工作对象实现了从政府到社会的“全覆盖”，其中既包括政府部门、会议、军方、强力部门、地方政府，也包括各类智库、高校、非政府组织、企业和公民个人。相比之下，上合组织在促进各成员国各层级官员的交流上成效卓著，在“民心相通”层面虽有马拉松、青年理事会、民间友好论坛、上合组织大学等，但这些活动和机制的公众认知度、参与度、覆盖面尚不如欧安组织，这也与上合组织未设立实地行动机构有关。

例如，上合组织大学目前仅是成员国高校间的非实体合作网络，没有学历教育层面的实质性合作。而欧安组织建有比什凯克学院等可招收本科生和研究生的高校。上合组织虽有“上合组织论坛”作为智库间二轨交流平台，但目前尚未形成联合研究机制，尚未发布联合研究报告。而欧安组织智库与学术机构网络目前已有19份专题项目，主题涵盖组织未来发展、国际与地区形势、对华政策等。其中2021—2022年的专题联合研究《中国的“一带一路”倡议：对欧安组织的影响》已发布6份多语种研究报告，产生了较强的国际影响力。

四、欧安组织发展对上合组织的借鉴意义

乌克兰危机爆发后，欧安组织面临严重危机，前途未卜。俄罗斯停止参与多数决策机制会议。欧安组织的决策体系近乎名存实亡，甚至连2022年预算都无法做出，目前只能靠除俄罗斯之外的参与国根据2021年预算按

月支出。2023年底要重新任命包括秘书处在内的欧安组织四个主要执行机构的领导职位，同时选定2024年主席国。虽然各个实地行动机构仍在运行，但如果预算中断，也将难以生存。欧安组织比什凯克学院等，已经开始面临教师和研究人员流失的问题。

上合组织的未来发展，要借鉴欧安组织的经验和教训：

其一，主要成员国之间的凝聚力和团结对组织的生存和发展至关重要。欧安组织之所以陷入决策机制失灵局面，其主要原因是2010年以后美国和欧洲与俄罗斯关系的恶化。上合组织经历两轮扩员，成员国间关系复杂性显著增加。调解主要成员国间矛盾争端，既是上合组织自身应有的功能，也是组织未来健康可持续发展的需要。

其二，上合组织应与相关成员国协调，建立可落实具体合作项目的实地行动机构。增进推进减贫发展合作、人文交流和环保合作的效率，策划一批切合成员国需求和组织发展宗旨的“小而美”项目，组建一批兼顾国际职员和当地职员的多元性人才，落实合作共识，增进组织在当地的影响力和美誉度。

其三，上合组织应该增强共同规范建设。欧安组织的“赫尔辛基十原则”和后续一系列协定，都带有强烈的引导、规范成员国内外行为的作用。其中一些规范，如国际观察员监督选举、国家间相互信任措施、军事透明度措施等，已经被诸多国家内化为国内和国际行为中自觉遵守的行为准则。上合组织成立以来，虽已取得了丰硕的合作成果和共识，但仍需大力强化能被所有成员国普遍接受、内化和自觉遵守的规范体系的建设。构建共同规范，是携手共建上合组织命运共同体的必由之路。上合组织在这方面应积极借鉴欧安组织的经验。

ШОС и ОБСЕ: основные концептуальные различия и заимствование опыта в функциональном механизме

Кан Цзе

Аннотация: ШОС и ОБСЕ частично перекрывают географический охват и членский состав, имеют схожие концепции безопасности, схожий процесс развития. У них есть определенное пространство для практического сотрудничества, а также есть некоторые важные различия. Между двумя организациями существует фундаментальный и непреодолимый разрыв в понимании того, как обеспечить безопасность, как достигать взаимосвязи между внутренней и международной безопасностью и взаимосвязи между суверенитетом и правами человека. Путем предоставления полномочий по проектам ОБСЕ создала в соответствующих государствах-участниках полевые исполнительные органы, постоянный комитет которых совместно с местным правителтством выполняет работу по проектированию, контролю и проверке. Эти исполнительные органы сформировали долгосрочную сеть с определенной автономией и неполной зависимостью от политических решений Организации. Сфера деятельности достигла «полного охвата» от правительства к обществу, что ШОС должна заимствовать. ШОС следует по примеру ОБСЕ вести координацию с заинтересованными государствами-членами и там создать оперативные структуры, способные реализовывать конкретные проекты сотрудничества, выстраивать общепринятые нормы, интернализированные и сознательно соблюдаемые всеми государствами-членами.

Ключевые слова: ОБСЕ, ШОС, Центральная Азия, опыт

Автор: Кан Цзе, доктор философских наук, ведущий научный сотрудник института Евразии Китайской академии международных проблем.

The Shanghai Cooperation Organization and the Organization for Security and Cooperation in Europe: Differences in Core Ideology and Mechanisms for Learning

Kang Jie

Abstract: The Shanghai Cooperation Organization (SCO) and the Organization for Security and Cooperation in Europe (OSCE), with overlapping geographical coverage and members, similar security concepts, and comparable developmental experiences, have a certain space for practical cooperation but also some significant differences. The two organizations have fundamental and irreconcilable divergences on issues such as how to achieve security, the relationship between domestic security and international security, and the relationship between sovereignty and human rights. The OSCE has established on-the-ground implementation mechanisms in relevant participating countries through project authorization, that are jointly designed, supervised, and audited by both the standing committee and the country, thus forming a long-term network with a certain degree of autonomy that does not fully depend on organizational political decisions, and realizing "full coverage" from governments to society, which is worthy for SCO to use for reference. The SCO should learn from the OSCE's experience, coordinate with relevant member countries, establish on-the-ground operational agencies that can implement specific cooperative projects, and develop norms that are universally accepted, internalized, and consciously adhered to by all member states.

Keywords: OSCE, SCO, Central Asia, experience

Authors: Kang Jie is Associate Research Fellow at the Department for European-Central Asian Studies, China Institute of International Studies.

上海合作组织与欧盟：中亚视阈中的治理与评价

高焓迅

【内容提要】欧盟的成立时间早于上合组织，二者均为欧亚大陆知名的国际组织，但从上海合作组织的发展轨迹来看，欧盟与上海合作组织的互动并不多。中亚是上海合作组织的“核心区”，欧盟则于2007年和2019年分别出台系统性的“中亚战略”。哈萨克斯坦、乌兹别克斯坦、吉尔吉斯斯坦和塔吉克斯坦是上海合作组织的创始成员国，也是欧盟中亚战略的对象国，通过中亚国家观察上合组织与欧盟的地区治理与绩效评价，通过中亚国家的视角来观察、分析二者间的共性和差异性，有助于了解和掌握中亚国家的对外政策动向，以及在剧烈的地缘政治事件发生后，区域性国际组织的应对能力。

【关键词】上合组织；欧盟；中亚；发展模式；区域治理

【作者简介】高焓迅，中国社会科学院俄罗斯东欧中亚研究所副研究员。

一、引　言

本文所提及的“中亚国家”即为哈萨克斯坦、乌兹别克斯坦、吉尔吉斯斯坦、塔吉克斯坦和土库曼斯坦五个在苏联解体后相继独立的中亚国家。

对中亚国家而言，上海合作组织（以下简称“上合组织”）与欧盟是完全不同的国际组织行为体。除土库曼斯坦的中亚四国是上合组织的创始成员国，是上合组织内部机制建设、组织框架内各领域合作的参与主体。需要指出的是，土库曼斯坦不是上合组织成员国，但近年来，土库曼斯坦多次派出高官参与上合组织元首峰会等上合组织的重要活动，上合组织也把中亚地区（即中亚五国所在地区）视为组织的“中心区”。

中亚国家均是欧盟的重要合作对象，是欧盟“中亚战略”的行为客体。也就是说，尽管中亚国家重视上合组织和欧盟，积极参与二者的合作，愿意发展与二者的关系，希望扮演两大地区组织“桥梁”“枢纽”的角色，但参与方式的不同也直接决定了中亚国家对上合组织和欧盟的基本定位存在本质上的区别，即中亚国家发展与上合组织的关系是对“自我”的改变，而与欧盟则是与“他者”之间的合作。

二、中亚国家对上合组织认知的共性与个性

中亚国家所在地区是上合组织的核心区。中亚国家十分珍视本国作为上合组织创始成员国的国际地位，也重视上合组织各领域合作对本国的发展和影响。与此同时，随着上合组织扩员进程的开启，中亚国家对上合组织的期望愈发高涨，愈发重视上合组织各领域合作与本国发展战略的对接和影响。基于上合组织“协商一致”的原则，上合组织务实合作的指向性和功能性成为中亚国家聚焦的重点。

哈萨克斯坦是中亚各国中领土面积最大、地区综合实力最强的国家。哈萨克斯坦关心的是如何借助上合组织深度参与区域一体化。从官方文件看，哈萨克斯坦希望上合组织各领域的合作能与中俄两国提出的区域一体化倡议相契合，以提升哈萨克斯坦乃至整个中亚地区经济在体系中的地位和作用。包括上合组织在内，哈萨克斯坦参与多边合作有明确的目标：（1）在制定和通过区域和全球决策过程中考虑主权国家利益；（2）加强区域和全球治理力度，尤其是在安全领域；（3）推广哈萨克斯坦对外政策理念，优先落实哈方提出的外交举措，如亚信会议等；（4）在区域组织、国际组织和论坛之间建立最佳的、易于接受的合作形式；（5）完善哈参与的国际组织法律和机制建设，提高其工作效率。哈萨克斯坦强调，参加区域

和国际组织的前提是符合其国家利益并为其带来实际收益。[①]

然而，正如俄罗斯学者所指出的，上合组织虽然被视为“一带一路”与欧亚经济联盟对接的合作平台，但俄罗斯对中国与独联体国家共同开展经济合作的态度始终具有不确定性。尽管这类经济合作俄罗斯也参与其中，但每逢看到中国参与欧亚一体化进程，俄罗斯通常会采取更为谨慎的态度。[②] 规避矛盾，在中俄合作之间寻找切入点是哈萨克斯坦的不二选择。从这个角度看，也就不难理解，在俄罗斯对“一带一路”倡议仍抱有疑虑的2014年，哈萨克斯坦提出“光明大道”国家规划时，为何没有直接提及上合组织，而是把对中俄之间的合作分开处理。由此可见，哈萨克斯坦对上合组织发展的参与度，取决于中俄两国“一带一路”倡议与欧亚经济联盟对接的广度和深度。2018年5月17日，欧亚经济联盟与中国在阿斯塔纳经济论坛期间签署了《中华人民共和国与欧亚经济联盟经贸合作协定》(以下简称《协定》)，协定谈判历经两年，在多领域间部门合作方面达成诸多共识。[③] 应当说,《协定》的签署使哈萨克斯坦更加重视参与上合组织各领域合作。

从普遍性上看，哈萨克斯坦与其他中亚国家的突出共性在于期望加强上合组织框架内务实合作的广度和深度，特别是通过上合组织获取更多的经济援助和支持。务实合作是事关中亚国家稳定和发展等一切事务的核心。在金融危机爆发后，中亚国家普遍存在维稳能力差、经济发展内生动力不足等问题。安全合作虽然重要，但往往被中亚国家置于经济合作之

---

① Концепция внешней политики РК на 2014-2020 гг. 29.01.2014. Официальный сайт Президента Республики Казахстан. URL: https://www.akorda.kz/ru/legal_acts/decrees/o-koncepcii-vneshnei-politiki-respubliki-kazahstan-na-2014-2020-gody (дата обращения: 05.06.2023).

② Габуев.А. Правила игры, Газета «Коммерсантъ» №141 от 05.08.2016, С.7. URL: https://www.kommersant.ru/doc/3055013 (дата обращения: 05.06.2023).

③《欧亚经济联盟与中国签署经贸合作协定》，中华人民共和国驻俄罗斯联邦大使馆经济商务参赞处，2018年5月18日，http://ru.mofcom.gov.cn/article/jmxw/201805/20180502745813.shtml，访问日期：2023年6月10日。

后。[①] 为深度参与欧亚一体化发展，它们还呼吁本国民众加强对中国的了解，而上合组织带有鲜明的中国符号，被认为是了解中国对外政策的切入点。尽管当前哈萨克斯坦的主流媒体上已不常见到“中国威胁论”，但其民众对中国的认识往往基于苏联时期的刻板印象。[②]

乌兹别克斯坦是人口最多的中亚国家，也是上合组织中唯一不与中俄两国接壤的中亚国家。特殊的地理位置、丰富的自然资源、较为完善的产能基础和不俗的科技实力，使乌兹别克斯坦在参与上合组织各领域合作中具有一定的特殊性。从乌兹别克斯坦的官方文件看，乌兹别克斯坦对上合组织的基本定位是加强本地区国家间相互联系，在维稳的基础上推动国家经济发展，为融入区域及全球一体化创造条件。[③] 相较于中亚其他国家，乌兹别克斯坦更重视与中亚国家的合作。

乌兹别克斯坦的特殊性还在于，它是中亚成员国中首任政权交替时唯一没有出现动荡的国家，具体表现之一就是继任者内外政策的传承性。新任总统兹米尔济约耶夫与前任总统卡里莫夫在处理对外关系中，表现出很强的共性特征。比如，二者都重视中国的“一带一路”倡议，前者认为，“一带一路”倡议是上合组织最重要的合作内容，后者强调，“中国是我们最可靠的伙伴”；二者都重视乌兹别克斯坦在中亚地区的权威性，均认为乌要领衔解决中亚国家存在的实际难题，并指出，上合组织应协助中亚国家治理咸海、蝗灾等自然灾害，而目前上合组织还没有出台相关文件。[④]

但是，乌兹别克斯坦两位国家领导人的对外政策理念也有明显的不

---

① Zakieva Zh. The Role of the SCO in Eurasian Integration // Central Asia's Affairs. – 2016. – No2. pp.44-55. 转引自 Муратшина.К.Г, Приоритеты стран Центральной Азии в ШОС в контексте их взаимоотношений с Китаем //Вестник Омского университета//Серия «Исторические науки». 2017. No 3 (15). С . 445–456.

② Деление на жузы у казахов – атавизм прошлого или способ самоидентификации? «Старикам и инвалидам тут не место? В Казахстане решили сэкономить на самых незащищенных». «Китайцы не альтруисты - просто так деньги давать не будут!». Газета «Ак Жайык». 02.02.2015, URL: https://azh.kz/ru/news/view/26209 (дата обращения: 05.06.2023).

③ 邢广程、孙壮志主编《上海合作组织研究》，长春出版社，2007，第192—195页。

④ Узбекистан предлагает странам ШОС сотрудничать по проблеме Арала, 12.11.2015, Sputnik Узбекистан. URL: https://uz.sputniknews.ru/20151112/1020879.html.

同。卡里莫夫更为重视影响中亚地区的外部大国因素。他曾认为，扩员后的上合组织，其意义不在于国家数量或者拥核国家的增多，而在于组织内权力结构的变化。[①] 相反，兹米尔济约耶夫更强调周边外交，同周边国家开展睦邻友好合作。兹米尔济约耶夫上台后，积极扩大与中亚国家的经贸联系。[②] 乌兹别克斯坦学者认为，上合组织未来的发展方向主要是集中力量确保地区经济合作和投资的有效进行。[③] 但同时，乌兹别克斯坦与其他中亚成员国也存在地区自然资源分配与利用、跨境水资源、外国军事基地对中亚国家的利弊，以及中亚地区基础设施建设方面的投资、跨境转运贸易、建立统一关税等问题上的分歧。

乌兹别克斯坦对上合组织的诉求基本以围绕中亚国家间的经济合作展开。第一，极端恐怖主义势力对中亚地区及本国构成的安全威胁相对有限，乌应借助上合组织等平台推进中亚一体化的发展，成为“中亚地区的领导者”，同时强调，乌兹别克斯坦倡导的一体化建设有别于哈萨克斯坦，哈是欧亚国家，推出的是欧亚一体化方案，而中亚国家开展一体化合作离不开乌兹别克斯坦这个“火车头”。[④] 第二，推进区域交通和能源合作。中吉乌公路于2017年顺利通车，中吉乌铁路于2023年完成可行性调研，大幅缩短了中亚国家间的运输时间；已建成的中国—中亚天然气管道、中亚第一长隧道——安格连—帕普铁路的卡姆奇克隧道贯通，为中亚区域交通一体化设施建设增添了范例。第三，加强对外合作，尤其是与邻国的合作。乌兹别克斯坦一直是中亚地区对外资依赖程度最低的国家，兹米尔济

---

① Вступление в ШОС ядерных держав может изменить баланс сил — Каримов, 10.07.2015, URL: https://www.gazeta.uz/ru/2015/07/10/members.

② 王聪:《低配版的“中亚一体化2.0”启动》,《世界知识》2018年第8期，第32—33页；张宁:《中亚一体化新趋势及其对上海合作组织的影响》,《国际问题研究》2018年第3期，第42—55页。

③ Бекмуратов И.Н. Перспективы развития ШОС: взгляд из Узбекистана. Вестник Челябинского государственного университета. 2011. № 21 (236). Политические науки. Востоковедение. Вып. 11. С. 11–16.

④ Узбекский политолог: Узбекистан призван быть локомотивом регионального сотрудничества в ЦА, 30.09.2015, URL: http://podrobno.uz/cat/economic/uzbekskiy-politolog-uzbekistan-prizvan-byt-lokomotivom-regionalnogo-sotrudnichestva-v-tsa/.

约耶夫上台后，乌兹别克斯坦经济增长提速，显著高于同期欧洲和中亚地区的国家平均经济增长水平（分别为3.2%和3.1%）。[①]

吉尔吉斯斯坦是中亚地区存在问题较多的国家，也是中亚国家中唯一一个爆发过多次“颜色革命”的国家，但其对上合组织的基本态度没有因为政权更迭而发生变化，始终对上合组织给予很高的期望。

吉尔吉斯斯坦“显性”资源较为匮乏，经济发展受到诸多因素的限制，通过上合组织有效带动国内经济发展是吉尔吉斯斯坦积极参与上合组织务实合作的动力之一。吉尔吉斯斯坦对上合组织的主要诉求也围绕经济合作展开，即“创建上合组织银行，并将其设立于比什凯克”。吉总统的阿坦巴耶夫指出，上合组织中的三个金砖国家——俄罗斯、印度和中国都曾讨论过在上合组织区域内建立国际金融机构，但迄今还未落实。作为区域经济一体化的坚定支持者，吉尔吉斯斯坦认为，上合组织成员国应当对吉境内的投融资项目，包括基础设施、工业、贸易和服务发展项目予以支持。[②] 吉总理的热恩别科夫在审议2017—2021年上合组织预算时强调，确保融资无疑是促进合作项目实施的关键，吉尔吉斯斯坦始终主张早日就“建立上合组织银行和启动上合组织发展基金（特别账户）”达成协议，并将此视为上合组织经济合作的有效工具。[③]

乌克兰危机发生后，俄罗斯遭遇来势汹汹的“极限制裁”，同时，在中俄经贸往来和欧亚经济联盟内经贸往来愈发活跃的特殊背景下，拥有上合组织和欧亚经济联盟成员国双重身份的吉尔吉斯斯坦，将同时为两大区

---

① 《世界银行预测乌2018年经济增长5%》，中国驻乌兹别克斯坦经济商务参赞处，2018年6月7日，http://uz.mofcom.gov.cn/article/jmxw/201806/20180602753864.shtml，访问日期：2023年6月10日。

② Шанхайская организация сотрудничества: экономика и безопасность. Pravda News. URL: http://pravdanews.info/shankhayskaya-organizatsiya-sotrudnichestva-ekonomika-i-bezopasnost.html (дата обращения: 15.06.2023).

③ С вхождением в ШОС Индии и Пакистана усилится экономический потенциал организации – Жээнбеков, 03.11.2016, URL: http://knews.kg/2016/11/03/s-vhozhdeniem-v-shos-indii-i-pakistana-usilitsya-ekonomicheskij-potentsial-organizatsii-zheenbekov/ (дата обращения: 10.06.2023).

域合作组织提供更多经济合作的机遇。[①] 有经济学家认为，吉尔吉斯斯坦参与国际组织的经济合作时要以国家利益为核心，吉尔吉斯斯坦加入世界贸易组织（WTO）没有促进该国经济发展，反而“深受其害”，未来吉尔吉斯斯坦应更多地参与地区性的双边和“小多边”务实合作。例如，参与中国的“一带一路”倡议，以及在上合组织和欧亚经济联盟等地区性国际合作组织中更加积极地表现。吉尔吉斯斯坦学者认为，吉尔吉斯斯坦对上合组织的定性认知应为“确保地区稳定的经济合作联盟”。[②] 吉尔吉斯斯坦工商联合会主席拉希莫夫就曾认为，在建立上合组织银行问题上，阻挠因素主要来自俄罗斯，俄罗斯不希望上合组织拥有实体金融机构，导致中亚国家在参与经济合作项目时必须通过中国进行项目融资，如果俄罗斯对上合组织经济合作的态度一如既往，那么其在该组织框架内经济合作愈发被边缘化将是不争的事实。[③]

也有学者认为，在上合组织框架内，中国致力于加强经济合作，俄罗斯更关注加强安全领域的合作，乌兹别克斯坦同时关注经济和安全合作，而吉尔吉斯斯坦则更重视交通基础设施建设。[④] 上合组织成立初期，吉尔吉斯斯坦就曾提出，希望通过上合组织解决吉在交通基础设施建设和能源资源供给方面的难题，希望借助该平台与邻国加强沟通交流，发展农业、水电等优势领域的合作，缓解国内资金压力。从国家层面上来看，其他成员国在吉境内投资建设交通基础设施可以助其解决因南北部山脉阻隔、联

---

① Итоги саммита премьер-министров стран ШОС: интеграционные перспективы торгово-экономического партнерства ШОС со странами Центральной Азии, 10.11.2016, URL: http://pikir-klub.kg/sobytiya/168-itogi-sammita-premer-ministrov-stran-shos-integracionnye-perspektivy-torgovo-ekonomicheskogo-partnerstva-shos-so-stranami-centralnoy-azii.html (дата обращения: 15.06.2023).

② 同上。

③ Чем грозит Кыргызстану расширение ШОС на юго-восток и запад? 19.06.2015, URL: http://slovo.kg/?p=45546 (дата обращения: 15.06.2023).

④ Итоги саммита премьер-министров стран ШОС: интеграционные перспективы торгово-экономического партнерства ШОС со странами Центральной Азии, 10.11.2016, URL: http://pikir-klub.kg/sobytiya/168-itogi-sammita-premer-ministrov-stran-shos-integracionnye-perspektivy-torgovo-ekonomicheskogo-partnerstva-shos-so-stranami-centralnoy-azii.html (дата обращения: 15.06.2023).

系不畅，以及中央对地方控制力较差等一系列问题。有学者指出，缓解国内政局不稳和保障私有财产，发展旅游、教育和轻工业是吉尔吉斯斯坦挖掘经济潜力的出路所在。[①] 从地区层面上来看，吉尔吉斯斯坦具有特殊的地缘战略价值，具有充裕的参与“一带一路”倡议和欧亚经济联盟等多边合作的外交斡旋空间，在上合组织中具有独特的战略价值。[②] 从全球层面看，通过参与上合组织倡导的地区合作，吉尔吉斯斯坦可以顺利进入中俄等大国市场，吸引外资，提高本国服务贸易水平，改善本国、本地区处于世界经济中的“洼地”局面，有助于其在全球经济一体化中找准有利于本国发展的位置。

相较其他中亚国家，塔吉克斯坦经济上更加困难，安全上也面临着诸多风险，对上合组织各方面合作都抱有很高的期望。上合组织完成首轮扩员，为塔吉克斯坦解决资金难题，实现能源技术转换和出口多元化提供了便利；从长远来看，上合组织首轮扩员也为塔吉克斯坦国家安全稳定、基础设施互联互通、公民素质提升等创造了条件。

塔吉克斯坦在上合组织中的诉求可以归纳为五个方面：一是扩大并深化与成员国在政治、经济和军事安全领域的合作关系，特别是与乌兹别克斯坦的双边关系；二是联合成员国共同打击“三股势力”，推动上合组织尽快在杜尚别建立禁毒中心；三是加快建立上合组织银行，为组织框架内各类经济合作，尤其是大型项目合作提供融资便利；四是重申塔吉克斯坦之前提出的经济合作主张，包括能源、交通，基础设施等项目合作；五是推动上合组织加强与伊朗之间合作。[③] 从国家层面来看，通过上合组织加

---

① Притчин С. Центральная Азия и глобальный международный контекст, 17.05.2017, URL: http://ru.valdaiclub.com/a/highlights/tsentralnaya-aziya-mezhdunarodnyy-kontekst/ (дата обращения: 15.06.2023).

② 曾向红、李孝天:《中亚成员国对上海合作组织发展的影响：基于国家主义的小国分析框架》,《新疆师范大学学报》2017年第2期，第116—132页。

③ Назаров Т. ШОС оказалась живым организмом, 15.06.2016, TASS. URL: http://tass.ru/opinions/interviews/3365155; Будет ли новая эра в таджикско-узбекских отношениях? 13.02.2017, URL: https://news.tajinfo.org/2017/02/13/budet-li-novaya-era-v-tadzhiksko-uzbeksk/; Ведущие экономисты «семьи ШОС» собрались в Пекине, 20.10.2016, URL: http://rus.sectsco.org/news/20161020/141202.html (дата обращения: 15.06.2023).

强与所有成员国之间的关系，为国家安全稳定和经济发展创造了良好的外部环境；从地区层面看，基于阿富汗问题的不确定性，加强与印巴两国的合作，可以有效控制来自阿富汗东部和南部的一系列安全威胁；从国际层面看，扩员在提升上合组织影响力的同时，无疑也强化了塔吉克斯坦的国家主权和独立性。

塔吉克斯坦学者指出，上合组织框架内交通基础设施的改善将会使其成为中亚及独联体地区与南亚、东南亚之间的交通枢纽。[①] 塔吉克斯坦国土面积的93%是山地，地形地貌复杂导致基建作业难度很大，除自然因素外，还受到诸如安全、经济等因素的制约。因此，交通基础设施项目主要集中在高速公路、隧道和桥梁建设等方面。塔吉克斯坦在上合组织框架内的经济合作主要围绕开发利用水资源及改善交通基础设施等大型项目展开。一方面，塔吉克斯坦没有能力独自完成上述大型基础设施项目的建设，需要外部力量的支持。以塔中（中国）、塔吉（吉尔吉斯斯坦）、塔乌（乌兹别克斯坦）和塔阿（阿富汗）四条国际干线为例，仅修复资金就需要近8亿美元，是2004年塔财政收入（3.44亿美元）的2倍多。[②] 塔吉克斯坦的交通基础设施建设需要来自中国、俄罗斯、印度等大国的资金和技术支持，印度的加入无疑是利好消息。有学者认为，塔吉克斯坦更有意获得上合组织内部的资金支持，对西方国家的经济援助兴趣远低于周边邻国。[③] 另一方面，随着乌塔关系的改善，在塔吉克斯坦境内的大型合作项目有望加速落实建设。塔吉克斯坦奉行“水电立国”，不仅因为水是重要的地缘经济和国家发展战略资源，还因为水对打击阿富汗毒品种植能起到极为重要的作用。[④]

---

① Салимов.Ф Таджикистан в региональной политике// Международные процессы 4 (11) 2006, ст.129-137.

② 《塔吉克斯坦的公路修复情况》，中国驻塔吉克斯坦使馆经参处，2005年9月30日，http://tj.mofcom.gov.cn/aarticle/ztdy/200509/20050900490276.html，访问日期：2023年6月15日。

③ Притчин С. Центральная Азия и глобальный международный контекст, 17.05.2017, URL: http://ru.valdaiclub.com/a/highlights/tsentralnaya-aziya-mezhdunarodnyy-kontekst/.

④ Салимов.Ф Таджикистан в региональной политике// Международные процессы 4 (11) 2006, ст.129-137.

三、中亚国家对欧盟治理的感知

从战略价值认知的角度上看，欧盟是参与中亚地区事务的“后来者”。[①] 欧盟与中亚国家建交较早，但系统性地参与中亚地区的事务较晚。1991年苏联解体，中亚五国相继独立。自1993年起，欧盟逐步与新独立的中亚国家建立了外交关系，成为较早承认中亚国家独立主权的西方国际组织和国家联盟。然而，自建交以来，欧盟对中亚区域事务表现得并不积极，直至2007年，欧盟才出台首部系统性的“中亚战略”，2019年又出台第二部“中亚战略”。

欧盟之所以较晚参与中亚区域治理，原因在于欧盟内部转型的掣肘和“苏联—东欧”（苏欧）地区的“外交优先级”高于中亚。1992年《马斯特里赫特条约》的签署，标志着自1989年苏东剧变后，德国统一、中东欧国家转型，以及南斯拉夫解体后，巴尔干半岛的稳定问题转而成为欧盟内政外交的重点。苏联解体后诞生的波罗的海三国，即爱沙尼亚、拉脱维亚和立陶宛，以及俄罗斯、白俄罗斯和乌克兰均成为欧盟拓展外交事务的下一目标。至于新独立的中亚五国，欧盟则致力于构建绕开俄罗斯的通道，即把南高加索三国与中亚五国“打包”成为一个整体，出台“欧洲—高加索—亚洲运输走廊”（TRACECA）、“欧洲（国际）油气输送通道”（INOGATE）等基础设施建设工程，附之“独立国家联合体的技术援助”（TACIS）等对外技术交流合作项目，试图影响中亚国家市场经济发展和“民主化”转型，但总体而言，中亚国家独立初期，欧盟关注的重点地区是欧洲，通过发展潜在的成员国和开展同独联体国家经济合作是欧盟施展影响力的关键举措。[②]

---

① Laure Delcour, Shaping the Post-Soviet Space? EU Policies and Approaches to Region Building (Ashgate, 2011), 92.

② Anna Matveeva, “EU Stakes in Central Asia,” Institute for Security Studies, 2006: 7; Nicolas De Pedro, “The EU in Central Asia: Incentives and Constraints for Greater Engagement,” in *Great Powers and Regional Integration in Central Asia: A Local Perspective* (Madrid: Exlibris Ediciones S.L., 2009), Mario Esteban and Nicolas de Pedro (eds.).

“9·11”事件后，欧盟多个国家作为北约成员国参与对阿富汗的军事行动。作为与阿富汗毗邻，甚至是接壤的中亚国家，自然被纳入欧盟的外交视野。2004年，欧盟出台《欧洲睦邻政策》（ENP），中亚国家对欧盟而言不再“遥远”，成为“邻国的邻国”。[①] 2000—2004年俄罗斯同乌克兰爆发“天然气危机”后，欧盟的对外政策显著“安全化”，中亚国家对欧盟的地缘战略价值上升。中亚国家（和阿富汗）的安全与稳定以及欧盟对俄的能源（主要是天然气）的依赖，导致欧盟逐步修正对中亚国家的“外交优先级”，主要关注领域也由原先的中亚国家的市场经济秩序和民主政治改革，逐步转移至中亚国家对欧盟外交战略和能源安全的影响上。2007年，欧盟出台关涉中亚国家的《新伙伴关系战略》系统性文件。该战略一经出台即广受赞誉，被称为“中亚地区最强有力的声明”。该战略以“构建和平、民主和经济繁荣的中亚”为目标，以对话、合作和经济援助为手段，加大对中亚国家的投入（根据该战略，欧盟在2007—2013年计划向中亚国家投入7.5亿欧元；2014—2020年则计划投入超过10亿欧元）。[②] 然而，《新伙伴关系战略》出台十年后，2017年，欧盟理事会对该战略的项目执行和总体影响作出评估，认为该战略在落实过程中存在诸多缺陷，欧盟亟待出台新的倡议/战略以弥补“行动的有效性”。2019年，欧盟发布《欧盟与中亚：更坚实伙伴关系的新机遇》，即欧盟的新版“中亚战略”。在秉承“民主、和平和繁荣”目标的基础上，该战略强调务实性和可操作性，并加大欧盟对中亚的投入力度。2021年，欧盟宣布筹集3000亿欧元的资金启动“全球门户计划”，意图通过兴建交通、能源基础设施项目，强化欧盟与中亚国家间的互联互通。

欧盟不与中亚国家接壤，反倒成为欧盟与其他大国的“比较优势”。同为西方国家，欧盟没有像美国那样在中亚表现得“咄咄逼人”。“9·11”事件后，美国通过对阿富汗军事行动建立“挺进中亚”的“前哨基地”，

---

① Katarzyna Czerniecka and John Heathershow, “Security Assistance and Border Management,” in *The European Union and Central Asia*, Alexander Warkotsch (ed.), Routledge Advances in Central Asian Studies, 2011.

② “The EU and Central Asia: Strategy for a New Partnership,” Council of the European Union, Brussels, 2007, p.4.

自此之后，接连在中亚国家上演的“颜色革命”均有美国的“影子”，这也成为中亚国家“反美主义”只升不降的重要原因。美国成为中亚国家“有利、可信赖的伙伴”还有很长的路要走。[①] 由于与俄罗斯同在一个版图之内长达百年，俄罗斯文化给现代中亚国家打上了鲜明的历史烙印。乌克兰危机的爆发也引发部分中亚国家对自身主权安全的恐慌和担忧。中国是中亚国家公认的最为信赖的伙伴，中国不干涉他国内政，与中亚国家妥善处理了共同的边界问题，并在新世纪初成立上合组织，积极参与中亚国家所在地区的区域治理，深得中亚国家的认可。相比之下，由于地理上同中亚国家相隔遥远，中亚国家认为欧盟不追求对中亚国家进行政治和经济转轨进程的控制，没有鲜明的地缘政治主张。在中亚国家看来，欧盟寻求同中亚国家建立的机制性合作不仅不具排他性特点，反而突出对中亚国家的经济投入和聚焦中亚国家亟待解决的区域问题，如生态环保、水资源治理、交通运输过境能力等，欧盟成为中亚国家眼中“仁慈的外部行为体”。

欧盟庞大的经济总量、优越的社会福利保障和区域一体化成就、突出的历史人文气息备受中亚国家青睐。相较于其他外部大国，中亚国家部分精英阶层认可欧盟“通过弥合文化差异、建立具有共同价值基础的政治架构，并以此取得如此经济成就”，欧盟的“成功经验”堪称中亚国家的理想目标，而非参照对象。但也要看到，在中亚国家眼中，欧盟常常与“老人政治”相联系，即今日之欧盟不是繁荣、稳定的代名词，而是常常伴随着经济衰退和各类社会危机。中亚国家对“欧盟经验”“欧盟模式”的正面看法日益减弱，且地理上相隔遥远，中亚国家认为，与其参照和获取（欧盟等）遥远外部行为体的发展模式和援助，不如加强与邻近国家的开放与

① For Anti-Americanism in Central Asia, see Edward Schatz,“Anti-Americanism and America’s Role in Central Asia,” National Council for Eurasian and East European Research, (2008); Edward Schatz and Renan Levine, “Framing, Public Diplomacy, and Anti-Americanism in Central Asia,” *International Studies Quarterly* 54, 2010; Jacob Parakilas, “Elite Perceptions of the United States in Latin America and the Post-Soviet States,” Chatham House.

合作。[①] 具体而言，中亚国家主要对欧盟在经济发展增速、摆脱经济/金融危机影响和处理移民/难民等社会问题上存在疑虑，即质疑欧盟发展模式和治理能力是否适用于中亚国家国情。2016年，乌兹别克斯坦首任总统卡里莫夫去世后，新总统米尔济约耶夫随即开启大规模政治经济改革，优化睦邻关系、汲取邻国发展的有益经验、扩大开发力度成为乌兹别克斯坦当局的首要改革举措。2019年，即便是常年对乌兹别克斯坦持偏见的西方媒体也开始认可其改革的成就，称其为“最具潜力的国家”。此外，2022年乌克兰危机升级后，面对欧盟与俄罗斯的“政治划线”，中亚国家不得不根据俄罗斯在本地区的现实影响作出抉择，更加谨慎地对待与俄罗斯和西方国家的关系，对外政策更趋务实、多元，也增大了欧盟新版“中亚战略”（2019年）落地的难度。

结　语

上合组织与欧盟是鲜明各异的区域性国际组织，从中亚国家的视角来观察、分析二者间的共性和差异性，有助于两大组织未来的开放与合作。中亚国家多为上合组织的创始成员国，所在地区也是上合组织的核心区，同样，中亚国家是欧盟积极争取和发展的对象国。在百年未有之大变局下，乌克兰危机、阿富汗问题等现实地缘政治事件接踵而至，国际格局深度调整引发的剧烈震荡严重恶化了中亚国家的外部环境，深刻影响着中亚国家的稳定与繁荣。从中亚国家的视角不难看出，借助外部力量打击域内“三股势力”、推动区域一体化合作、构建兼容并蓄的文明观等是中亚国家的长期既定目标。同时，如何定位阿富汗塔利班与本国的关系、如何在物价高企的情况下坚持互联互通建设、如何在乌克兰危机下保证本国的合法权益、如何利用外部因素助力实现本国的发展战略等新问题也是中亚国家扩大本国开放力度、寄希望于欧盟与上合组织开展务实对话与合作的重要原动力。

① For “Gayropa” in Russia, see Elizaveta Gaufman, *Security Threats and Public Perception* (London: Palgrave Macmillan Cham, 2017), pp.24-44, doi: https://doi.org/10.1007/978-3-319-43201-4; Andrew Foxall, “From Europa to Gayropa: A Critical Geopolitics of the European Union as Seen from Russia,” *Geopolitics*, 2017.

ШОС и ЕС: управление и оценка с точки зрения Центральной Азии

Гао Ханьсюнь

Аннотация: Европейский Союз был создан раньше ШОС, и оба являются известными международными организациями в Евразии, но если посмотреть процесс развития ШОС, взаимодействие между ЕС и ШОС невелико. Центральная Азия является «центральной зоной» ШОС, а ЕС выработал системную «стратегию Центральной Азии» лишь в 2007 и 2019 годах соответственно. В качестве членов–основателей ШОС Казахстан, Узбекистан, Кыргызстан и Таджикистан являются объектами стратегии ЕС в Центральной Азии. Автор пытается провести анализ регионального управления и дать оценку эффективности ШОС и ЕС с точки зрения стран Центральной Азии, наблюдая и анализируя их общие черты и различия, что помогает понять и осознать внешнеполитические тенденции стран ЦА, а также способность региональных международных организаций противостоять резким геополитическим событиям.

Ключевые слова: ШОС, ЕС, Центральная Азия, модель развития, региональное управление

Автор: Гао Ханьсюнь, ведущий научный сотрудник Института России, Восточной Европы и Центральной Азии Китайской академии общественных наук.

The Shanghai Cooperation Organization and the European Union: Governance and Evaluation from the Perspective of Central Asia

Gao Hanxun

Abstract: The European Union (EU) was established earlier than the Shanghai Cooperation Organization (SCO), and both are well-known international organizations in the Eurasian continent. However, from the development trajectory of the SCO, there has been limited interaction between the EU and the SCO. Central Asia is the "core area" of the SCO, while the EU has formulated systematic "Central Asia strategies" in 2007 and 2019, respectively Kazakhstan, Uzbekistan, Kyrgyzstan and Tajikistan are all the founding member states of the SCO, and they are also target countries of the EU's Central Asia strategy. Observing and analyzing the commonalities and variations in regional governance and performance evaluation between the SCO and the EU through the view of Central Asian countries will be conducive to understanding and grasping the foreign policy orientation of the Central Asian countries, and the capability of regional organizations in coping with drastic geopolitical events.

Keywords: SCO, European Union, Central Asia, development model, regional governance

Authors: Gao Hanxun is Associate Research Fellow at the Institute of Russian, Eastern European and Central Asian Studies, Chinese Academy of Social Sciences.

第七部分　上合组织的发展方向与前景

Chapter 7: The Direction and Prospects of the SCO

大变局下上海合作组织的发展方向

邓　浩

【内容提要】在百年未有之大变局加速演进、国际形势进入动荡变革期的时代背景下，上海合作组织面临着地缘政治因素凸显、安全和经济风险升高、内部改革压力加大等严峻挑战，但“危中有机”，大变局也给上海合作组织带来新的历史性机遇，上海合作组织发展面临着重要的战略“窗口期”。构建上海合作组织命运共同体是中国为上海合作组织应对大变局贡献的“中国方案”，回答了上海合作组织“向何处去”的时代之问，指明了上海合作组织的发展方向和奋斗目标。未来上海合作组织应从构建命运共同体的高度着力培育“上合意识”，明确共同奋斗目标，加强参与全球治理，不断提高合作效率。

【关键词】百年变局；地缘政治；上合组织命运共同体；上合组织意识

【作者简介】邓浩，中国上合组织研究中心秘书长，中国国际问题研究院研究员。

习近平总书记在党的二十大报告中指出：“当前，世界之变、时代之变、历史之变正以前所未有的方式展开。一方面，和平、发展、合作、共赢的历史潮流不可阻挡，人心所向、大势所趋决定了人类前途终归光明；另一方面，恃强凌弱、巧取豪夺、零和博弈等霸权霸道霸凌行径危害深重，和平赤字、发展赤字、安全赤字、治理赤字加重，人类社会面临前所未有的挑战。世界又一次站在历史的十字路口，何去何从取决于各国人民的抉择。”[①] 这是中国对当今世界形势发展作出的科学判断，充分揭示了百年未有之大变局的时代内涵。那么，在百年未有之大变局的时代背景下，进入第三个十年的上海合作组织（以下简称“上合组织”）面临着哪些机遇和挑战，中国为上合组织应对大变局贡献了怎样的中国智慧和方案，百年未有之大变局背景下上合组织的发展目标和方向是什么，这显然都是摆在我们面前十分重要而紧迫的课题，是不容回避、必须作出正面回答的时代之问，关系到上合组织能否经受得住考验、能否行稳致远。

一、百年未有之大变局下上合组织所面临的机遇和挑战

自从2001年在上海首次登上国际政治大舞台，上合组织已经走过了20多年的发展历程，目前已经发展成为一个由26个国家组成的全球最大的区域性国际组织，内含中俄印三个世界新兴大国和中亚、南亚、中东、东南亚等地区国家，成为全球和地区治理中一支不可忽视的重要的建设性力量。上合组织20多年的发展可以以2017年为界划分为扩员前和扩员后两个大的时期。2017年上合组织阿斯塔纳元首峰会正式接纳印度、巴基斯坦为新成员，这是上合组织发展进程中具有里程碑意义的重大事件，标志着上合组织进入了一个全新的历史发展时期，开启了上合组织跨区域融合发展的新征程。值得注意的是，上合组织扩员正值世界进入一战以来未曾有过的新旧交替时代，正如习近平主席所说：“放眼世界，我们面对的是百年未有之大变局。”[②] 可以说，大变局是新时期上合组织面临的基本时代背景，对新时期上合组织的发展具有关键性影响。

近年来，国际局势波诡云谲，重大事变频发，导致百年未有之大变局呈现加速演进之势，世界进入新的动荡变革期。一方面，国际格局和国际体系正在发生深刻的调整，全球治理体系正在发生深刻变革，国际力量对比正在发生近代以来最具革命性的变化。世界经济重心加快“自西向东”

① 《二十大报告全文发布，新征程上这些方面明确部署》，人民网，2022年10月27日，http://politics.people.com.cn/n1/2022/1027/c1001-32553302.html，访问日期：2023年6月10日。

② 《习近平：放眼世界，我们面对的是百年未有之大变局》，中新网，2017年12月29日，https://www.chinanews.com.cn/gn/2017/12-29/8412268.shtml，访问日期：2023年6月15日。

的位移。新一轮科技革命和产业变革正在重塑世界，新兴市场国家和发展中国家的国际影响力不断增强，国际力量对比更趋均衡。全球治理的话语权越来越向发展中国家倾斜，全球治理体系越来越向更加公正合理的方向发展。世界文明多样性更加彰显，世界各国开放包容、多元互鉴成为主基调。但另一方面，冷战思维和霸权行径仍大行其道，单边主义和保护主义肆虐，不稳定、不确定因素明显增加。特朗普2017年就任美国总统后，奉行“美国优先”的政策，退群成瘾，大行单边主义和保护主义之道，力图另起炉灶，重构排斥中俄的国际秩序。拜登2021年胜选执政后，依然抱着冷战思维不放，并开始大肆组建冷战式同盟，以意识形态为线大搞阵营对抗和大国对立，导致全球治理进程严重受阻，使联合国、G20等全球治理机制运转蒙上阴影。2020年全球暴发新冠疫情，严重冲击全球公共卫生安全，危及世界稳定，对各国社会经济发展造成沉重打击，也使大国博弈更趋激烈。面对世纪疫情，作为唯一超级大国的美国不是积极承担大国应尽的国际职责，与国际社会一道共克时艰，而是热衷于大搞疫情政治化、污名化，推卸责任，嫁祸于人，大肆传播“政治病毒”，导致全球治理机制几乎失灵，进一步加剧了世界形势的不稳定性和不确定性。2022年春爆发的乌克兰危机堪称冷战结束后最大的地缘政治事件，引发美西方对俄罗斯发起冷战后最大规模、最强烈度的极限制裁，导致俄罗斯与美西方国家的关系跌入冰点，大国博弈渐趋白热化，使全球军备竞赛再次升温，全球战略平衡和国际安全面临着前所未有的严重挑战，也使二战结束后建立的以联合国为核心的国际体系和以国际法为基础的国际秩序遭受最严峻的考验。

在百年未有之大变局加速演进、国际局势进入动荡变革期的时代背景下，上合组织正在经受着前所未有的严峻考验：一方面，上合组织的外部环境急剧恶化，随着美国联手西方国家不断加大对中俄的遏制，地缘政治对上合组织的负面冲击凸显；另一方面，在扩员加速的背景下，部分成员国之间矛盾冲突呈现上升之势，对上合组织内部团结互信和合作效率均构成冲击。概言之，在百年未有之大变局下上合组织主要面临四重考验。

第一，面临地缘政治因素前所未有的负面冲击。近年来，美国冷战思维作祟，不断强化大国竞争，导致上合地区大国关系明显恶化，竞争、对抗色彩日渐浓烈。一是乌克兰危机爆发后美俄关系迅速崩塌，走向全面破裂，双方在上合地区斗而不破的关系宣告终结，进入公开对峙的新阶段，新冷战幽灵开始在上合地区上空回荡。二是美国从特朗普总统开始大幅调整对外战略，由过去遏俄为主转向对中俄进行双遏制，拜登总统上台后，美国更是变本加厉地加大对华的战略打压，通过干扰破坏中国与相关国家共建"一带一路"倡议、大肆炒作涉疆议题、强化与中亚"C5+1"机制等，持续加大对华战略围堵，导致竞争成为中美在上合地区关系的主色调。三是在美竭力诱拉和唆使下，印度加紧向"四国集团"靠拢，对华政策日趋强硬。当前上合组织的大国关系存在竞争和对抗隐患，凸显了地缘政治因素对上合组织的负面影响。

第二，面临日益增大的安全挑战。近年来，上合组织成员国地区安全形势不稳定、不确定的因素明显增加，突发热点事件频仍，导致地区安全形势日趋严峻，风险陡增。一方面，阿富汗剧变、新冠病毒疫情、乌克兰危机接踵而至，给地区安全带来严峻挑战，尤其是乌克兰危机长期化、复杂化使上合组织成员国地区面临前所未有的巨大安全风险，凸显能源安全、粮食安全、金融安全等新型非传统安全对地区稳定的威胁，导致地区军备竞赛加剧，进一步推高了地区安全风险。另一方面，受内外多重不利因素刺激，上合组织成员国地区内部潜在的不稳定因素被激活、引爆。哈、乌、塔三国接连爆发国内骚乱，吉、塔边境武装冲突升级，亚、阿纳卡之争出现扩大化，导致整个地区险象环生，传统和非传统安全交织并发，安全风险升至历史新高，对上合组织维护地区安全构成严峻考验。

第三，面临愈发难解的经济难题。近年来，受新冠病毒疫情蔓延下全球和地区经济持续低迷的形势影响，上合组织成员国地区经济一直未能走出困境，乌克兰危机使本已"捉襟见肘"的地区经济"雪上加霜"。首先，美西方发起对俄极限制裁，导致俄经济遭受前所未有的沉重打击，使俄经济发展的前景阴云笼罩，给地区国家经济脱困带来更大挑战。其次，在美西方大规模、全方位制裁的背景下，上合组织成员国地区原有的生产链、供应链、价值链面临中断，不得不被迫重构，给各国经济复苏蒙上了浓重阴影。第三，受美西方极限制裁的连带影响，地区国家普遍面临通膨加剧、消费品价格升高、就业困难增大等"燃眉之急"，经济发展明显缺乏后劲，对各国走出经济困境造成严重拖累。

第四，面临十分紧迫的改革压力。近年来在上合组织成员国地区出现了一系列重大事变，对此，上合组织本着不干涉内政的原则一般鲜有发声和作为，凸显了该组织行动力和效率不足的短板。当前，上合组织成员国地区并不太平，大国对抗愈演愈烈，各种传统和非传统的安全问题并发，形势要求上合组织必须作出及时有力的反应。同时，随着上合组织大家庭的不断扩容，内部多样化和差异性更加明显，组织的合作效率和行动力难免会受影响，客观上也要求上合组织必须对原有的机制体制作出必要的调整和改进。那么，如何改，改什么，改到什么程度，目前各方意见并不一致，亟须凝聚共识，增进互信，既不能停滞不前，维持现状，也不能操之过急，更不能大动干戈，上合组织内部改革远非易事，任重而道远。

与此同时也要看到，百年未有之大变局下上合组织也蕴藏着难得的历史性机遇，面临着不可多得的机会之窗。

首先，俄深陷乌克兰危机，遭遇了美西方的极限制裁，面临着空前的战略压力，俄对上合组织的战略倚重和现实需求大幅上升，为上合组织的发展提供了契机。俄一直把上合组织摆在其主导的地区性合作机制之后，不希望上合组织在区域合作中占得上风。但在美西方制裁不断加码的背景下，俄经略欧亚经济联盟和集安组织的能力和意愿日显不足，使其不得不对上合组织采取更为积极进取的立场。当前俄看重和青睐上合组织的价值主要有三个，一是借助上合组织平台，拉紧加固同中、印的战略性合作，以冲破美西方的战略围堵；二是以上合组织为媒介，找寻新的可靠出口市场和进口来源，以打破美西方的经济封锁；三是依托上合组织机制，巩固和扩大自己的“朋友圈”，以挣脱美西方的外交孤立。种种迹象表明，俄向上合组织靠拢并非权宜之计，而是面对形势压力作出的战略性抉择，这有利于上合组织排除障碍，逆势前行。

其次，俄罗斯对乌克兰发起特别军事行动使其软实力严重受损，进一步加剧了地区国家的恐俄症和危机感，使其对参与俄主导的地区机制的积极性大为受挫，开始纷纷寻求新的多边依托，这为上合组织扩大影响提供了不可多得的机会之窗。近年来，面对地区和全球乱象，地区国家都在积极寻求新的希望之路，尤其是在乌克兰危机情势下，各国危机感陡升。在此背景下，上合组织大力倡导和积极践行的以“上海精神”为核心的新理念的先进性和普适性彰显，不仅为上合组织成员国，也为广大发展中国家提供了新选择、新路径，得到了越来越广泛的传播和认可，成为地区国家摆脱地区和全球治理困境的希望所在。

第三，乌克兰危机背景下上合组织出现了新一轮扩容加速之势，进一步提升了上合组织在地区和全球事务中的分量，为上合组织更加有效地参与全球治理提供了强大信心和底气。在2022年撒马尔罕峰会上，上合组织大家庭由18个国家迅速扩展至26个国家，活动区域由中亚、南亚延伸至中东西亚地区，使“上海精神”得到了更大范围的传播和认可，也使上合组织的区域合作空间大幅拓展，形成更为广阔的巨大市场和能源合作、互联互通空间，从而为上合组织参与全球治理创造了更为有利的条件。与此同时，大批地区国家不惧美西方的压力纷纷要求加入上合组织大家庭，对上合组织的期待不降反升，都把走出困境的希望更多地投向了上合组织，纷纷把上合组织作为多边合作的优先方向，期待上合组织在重启地区互联互通建设，打造更立体、丰富、坚韧的跨境运输网络，建立并完善非美元的多元支付体系上发挥更大的作用，为上合组织的发展提供新的强劲动能。

二、百年未有之大变局下中国为上合组织的发展贡献“中国方案”

2018年上合组织青岛峰会是上合组织扩员后举行的首次峰会，正值世界处于百年未有之大变局。面对新形势、新任务，中国站在构建人类命运共同体的高度提出了构建上合组织命运共同体的重大倡议。[①] 这是中国为大变局下上合组织的发展贡献的“中国智慧”和“中国方案”，为上合组织应对百年未有之大变局的考验提供了对症药方，清晰地回答了上合组织

---

① 《习近平在上海合作组织成员国元首理事会第十八次会议上的讲话（全文）》，新华网，2018年6月10日，http://www.xinhuanet.com/world/2018-06/10/c_1122964013.htm?agt=78，访问日期：2023年6月15日。

“向何处去”这一时代之问，指明了上合组织的发展方向和奋斗目标。

中国所提出的构建上合组织命运共同体的倡议是国际和地区形势演变的必然产物，也是上合组织和中国外交自身发展的现实需要。

从全球范围看，以美国为首的保守势力抱着冷战思维和零和游戏不放，以意识形态划界，执意挑起大国对抗，并企图另起炉灶，重构排斥中俄的国际秩序，导致以联合国为中心的国际体系和以国际法为基础的国际秩序遭受前所未有的剧烈冲击，世界面临空前的和平赤字、发展赤字和治理赤字叠加的复杂局面，凸显了不稳定性和不确定性。严酷现实凸显上合组织升级换代的必要性和紧迫性，要求上合组织确立更加崇高的目标，承担更加宏大的使命，为世界局势和全球治理增加更多的正能量和确定性。中方提出构建上合组织命运共同体的倡议就是对这一时代呼唤所做的积极回应。

从地区层面看，近年来，上合组织成员国地区秩序和制度之争愈演愈烈，一方面，美欧不断强化其竞争性、排他性的地区机制，干扰地区内大国关系的和睦相处，给地区治理增加阻力；另一方面，上合组织内部各种治理机制和方案层出不穷，相互缺乏有效协调，踩脚现象不时出现。中方提出构建上合组织命运共同体即是要最大限度地凝聚各方共识，寻求最大合作公约数，摒弃冷战思维、零和游戏、文明冲突的窠臼，促进本组织成员国共同致力于构建公正合理的地区新秩序。

从上合组织自身看，随着新成员的加入，上合组织的凝聚力、吸引力和国际影响力达到了一个峰值，但扩员之后上合组织的固有合作机制也面临着新的考验。如何应对成员国增加、异质性加大是上合组织绕不开、躲不掉的现实难题。构建上合组织命运共同体的倡议就是为此开出的“中国药方”。

从中国自身看，人类命运共同体是新时代中国特色大国外交的一面旗帜，是中国外交新理念、新智慧、新方案的集大成者，代表着中国外交的前进方向和奋斗目标。而上合组织一直是中国外交的优先方向之一，是中国践行外交新理念、新主张的重要平台。上合组织命运共同体既是中国将人类命运共同体理念引入上合组织的结果，更是两者有机结合、深度融合的产物。

构建上合组织命运共同体的重大倡议本身具有丰富的内涵，是一个系统性工程，主要包含“新五观”、“一带一路”倡议、“四个典范”、“四个共同体”和“五条路”等内容。其中，“新五观”指“倡议创新、协调、绿色、开放、共享的发展观；践行共同、综合、合作、可持续的安全观；秉持开放、融通、互利、共赢的合作观；树立平等、互鉴、对话、包容的文明观；坚持共商共建共享的全球治理观”。这是中国对上合组织成立以来丰富实践经验的理论概括，揭示了“上海精神”的时代内涵，反映了当代国际和地区形势变化的新特点、新要求，堪称“上海精神”的升级版，为构建上合组织命运共同体提供了理论指导和理念指引。“一带一路”倡议是中国提出的一项重大的国际合作倡议，为构建上合组织命运共同体提供了必不可少的实践平台，是上合组织命运共同体建设的强大推进器。而“四个典范”（把上合组织打造成团结互信、安危共担、互利共赢、互学互鉴的典范）、“四个共同体”（构建上合组织卫生健康共同体、安全共同体、发展共同体、人文共同体）、“五条路”（上合组织要走团结合作之路、走安危共担之路、走开放融通之路、走互学互鉴之路、走公平正义之路）则回答了“建设一个什么样的上合组织命运共同体”的问题，指明了构建上合组织命运共同体的目标和方向。“新五观”、“一带一路”倡议、“四个典范”、“四个共同体”和“五条路”是一个具有内在紧密联系的完整体系，集中体现了中国为上合组织贡献的应对百年未有之大变局之变的智慧和方案。

三、百年未有之大变局下上合组织发展的基本路径

未来5—10年是上合组织发展的关键期和机遇期，总体上看，百年未有之大变局下有利于上合组织发展的积极因素仍明显大于不利因素。未来上合组织应从战略高度和长远角度积极塑造和培育“上合意识”，确立明确的共同奋斗目标，加大参与全球治理力度，不断完善决策机制，确保上合组织始终沿着正确的轨道前行。

（一）积极塑造培育“上合意识”

经过二十多年发展，“上海精神”已经深入人心，成为上合组织的核心

价值和行动指南。同时，以“上海精神”为指导的新安全观、新发展观、新合作观和新文明观也在逐渐成为上合组织各领域合作的理论指导和理念指引。但不容否认的是，上合组织的共同价值和集体认同建设仍处在进行阶段，上合组织尚未真正建立起成员国一致认同并自觉遵守和维护的“上合意识”。一方面，随着扩员，上合组织内部的差异性更加明显，成员国身份的多重性加大。俄罗斯和一些中亚成员国同时既是独联体成员，又是欧亚经济联盟和集安组织成员，印度、巴基斯坦则同时是南盟成员。这加大了上合组织形成共同意识面临的挑战。上合组织现有的价值观念与实际合作也未形成有机结合，存在某种脱节和游离。如何将上合组织倡导的先进价值理念和地区实际情况相结合以统筹推进各项合作，有效解决重重挑战仍是上合组织亟待解决的重大课题。迄今为止，上合组织的价值观念多停留在精英层面，并未有效地向成员国社会和民间传导，各国民众对其价值观念接受度和认同度较低。另一方面，随着时代的变化和组织本身的发展，上合组织成立之初提出的“上海精神”也需要与时俱进，不断增添新的时代内涵。经过二十年的发展，上合组织正在经历从内向发展向内外并重、从安全合作为主到全方位合作、从区域合作向地区治理的转变，这对上合组织的共同意识建设提出了新的更高要求。在此背景下，积极推动上合组织塑造和培育以“上海精神”为核心的“上合意识”无疑应成为大变局下推进上合组织发展的当务之急。

一是应总结、提炼出一套以“上海精神”为核心的共同价值，为“上合意识”提供价值和理念支持。

共同价值是形成共同意识的基础和核心，上合组织在实际运行中逐渐形成了自己的共同价值，其核心就是以“互信、互利、平等、协商、尊重多样文明、谋求共同发展”为内涵的“上海精神”。

“上海精神”来源于“上海五国”机制合作的实践经验，并在上合组织的发展进程中显示出强大的生命力，为上合组织成长壮大提供了根本保障和力量源泉。“上海精神”的先进性体现在它超越了冷战思维、零和游戏和文明冲突的窠臼，打破了传统和现存的很多国际组织和集团不同程度上具有的封闭性、排他性、强制性的特点，开创了结伴而不结盟、合作而不对抗的新型国家关系模式。“上海精神”要义具体体现在三个方面：第一，以平等协商为核心的新合作观，即坚持大小国家主权平等、协商一致，以合作促和平，以合作谋发展，维护成员国核心利益，以平等互利方式推动区域合作，实现合作共赢。第二，以互信、互利、平等、协作为内容的新安全观，即秉持不结盟、不对抗、不针对第三方的基本原则，坚持不干涉内政，以开放合作方式增强战略互信，为成员国发展创造稳定的安全环境。第三，以多元包容为特征的新文明观，即充分尊重文明的多样性与彼此的自主选择，倡导在求同存异中兼容并蓄，推动文明间交流对话，促进区域认同与和谐区域建设。

“上海精神”在上合组织的发展进程中得到了进一步的丰富和完善。在上合组织二十多年的实践中，“上海精神”并非是一成不变的，而是随着时代变迁和上合组织的自身发展而不断充实着新的时代内涵和要义，始终成为上合组织的指路明灯。从提出建立结伴而不结盟、合作而不对抗的新型合作模式，到倡导“互信、互利、平等、协作”的新安全观；从提出建立“和谐地区”，到确立人类命运共同体的共同理念，“上海精神”得到了不断丰富和发展，从而始终保持了理念的先进性，为上合组织应对各种风险挑战提供了根本遵循，推动了上合组织的可持续性稳定发展。2018年，习近平主席在上合组织青岛峰会上提出了弘扬“上海精神”的“新五观”，为新时期上合组织的发展提供了强大的思想武器。

总之，上合组织在发展进程中已经形成了一整套以“上海精神”为核心的价值体系和合作理念，并在不断地充实与完善。我们应本着求同存异、协商一致的原则，对上合组织蕴藏的以“上海精神”为核心的共同价值进行认真的归纳总结，整理整合，使之形成一个具有内在联系、结构完整、逻辑清晰、表述明确的上合组织价值体系，为塑造和培育“上合意识”提供一套清晰的共同规范和准则。当前，应着力将得到成员国广泛认同的构建相互尊重、公平正义、合作共赢的新型国际关系和构建人类命运共同体的思想融入上合组织的价值体系中去，并将得到成员国支持的“新五观”理念充实到“上海精神”当中，争取早日建立起为成员国广泛认同的系统化的共同价值体系。

二是将以“上海精神”为核心的共同价值制度化，为“上合意识”奠定法律基础。

作为上合组织的核心价值，“上海精神”已写入《上海合作组织成立宣言》，但在《上海合作组织成员国长期睦邻友好合作条约》这部基本法律文件中未曾出现，这从一个侧面反映出上合组织的共同价值亟待制度化、法律化，只有这样，才能强化成员国对组织共同价值的认可和遵循，尤其是扩员后随着新成员的加入，重申和强调以“上海精神”为核心的共同价值更显必要。上合组织应根据扩员后的新形势、新要求，对基础性法律作出适当补充和修改，将得到各方一致认同的共同价值，通过逻辑清晰、言简意赅的语言文字，明确地写进正式的条约文本中，彰显其应有的严肃性和权威性。同时，有必要对违背组织共同价值的行为制定处罚惩戒规定，强化共同价值的约束力和强制力，使建立在共同价值基础之上的“上合意识”具备法律效力，真正成为成员国严格遵循的共同行为规范和集体意识。

三是大力宣传落实以“上海精神”为核心的共同价值，积极培育推广“上合意识”。

“上海精神”和以其为核心的共同价值是上合组织的宝贵财富，是“上合意识”必不可少的基本内容。过去由于宣传推广力度不够，上合组织的共同价值在成员国的传播面和影响度都存在局限，尤其是在各国民众中的接受度和认可度不高，影响着“上合意识”的普及。为此，应通过多种方式和渠道向成员国积极宣传以“上海精神”为核心的共同价值，必须经常讲、反复讲，务必使其真正内化成为各成员国的集体意识。同时，积极推动成员国对上合组织共同价值的认同从国家层面向社会、民间的推广和延伸扩展，促进“上合意识”深入人心。

四是明确组织定位，强化集体认同，为形成“上合意识”创造必要前提。

集体认同是形成共同意识的重要条件，而明确组织定位是形成集体认同的必要前提。上合组织在发展的过程中一直存在区域定位模糊的问题，导致上合组织的集体认同相对薄弱。随着扩员，上合组织的区域定位更为复杂，目前上合组织成员国中既有中亚国家，也有南亚国家。既有亚洲大国中国、印度，又有横跨欧亚的俄罗斯。如何确定上合组织的区域定位已成为构筑上合组织集体认同乃至“上合意识”的当务之急。

中亚地区长期以来一直是上合组织多边合作的核心地区，是中、俄、哈、吉、塔、乌六个创始成员国的利益汇集区，是上合组织赖以生存发展的“根据地”，决不能因组织的扩员而使中亚地区边缘化，否则，上合组织就会变成“无本之木”。不论是从上合组织的历史进程来看，还是从上合组织的未来发展来看，都应继续将中亚地区作为上合组织合作的中心地区，只有这样，上合组织才能具有稳定的地缘依托和责任区，从而有利于形成建立在区域认同基础之上的集体认同。但与此同时，上合组织也要面对现实，不能封闭保守，自缚手脚。随着组织的扩员，上合组织已经从中亚延伸至南亚，进入一个中亚、南亚融合发展的新时期。在此背景下，必须对上合组织的区域进行再定位。根据新形势，着眼于构建上合组织命运共同体的需要，可将上合组织区域定位为以中亚地区为中心、以中亚周边为外延的欧亚地区，这既符合上合组织扩员后的现状，也为未来上合组织的继续扩员预留了空间，对形成和培育“上合意识”大有裨益。

从功能定位看，上合组织是一个安全先行的国际组织，安全合作始终是上合组织合作的优先方向，诸如维护边境安全、打击三股势力、禁毒、防控非法移民和跨国犯罪、维护信息安全、防止流行病传播、促进阿富汗问题和平解决等始终是上合组织合作的中心议题，成为上合组织成员国利益的主要汇合点和合作成效最为显著的领域。与此同时，上合组织的经济和人文合作也在不断发展，与安全合作一起构成上合组织合作的三大支柱。但相对而言，经济和人文合作在上合组织的发展仍明显落后于安全合作，由于上合组织成员国之间经济发展水平各异，利益诉求多元，普遍自顾倾向较重，上合组织迄今在区域一体化上进展缓慢，多边合作成效不彰。在人文合作上，随着扩员，上合组织成员国之间的人文差异进一步加大，受资金投入有限、能力不足、意愿不够等内在制约因素和多种外来势力的不利影响，上合组织的人文合作也逐渐暴露出先天不足、后天乏力的短板。上合组织的人文合作面临的困难和挑战增多，进入一个发展瓶颈期。从凝聚共识，培育“上合意识”的视角出发，未来上合组织仍应将发展重心放在安全领域，这是成员国最易达成合作共识并采取共同行动的领域。从实质上看，搞好经济和人文合作也是为安全稳定大局服务的。《上合组织至2025年发展战略》指出：“经济合作是维护上合组织地区稳定的重要因素，也是本组织实现长期稳定的手段之一。”[①] 密切的人文交流可以增进相互了解和认同，可以为上合组织国家间的长期睦邻友好奠定更坚实的社会基础。

政治合作与安全合作紧密相连，政治合作也是上合组织最有成效的合作领域之一，对上合组织发挥着战略引领作用。上合组织倡导和践行以“上海精神”为核心的价值观，不仅为成员国提供了和平相处、共同发展的行为准则，确保了上合组织始终保持着凝聚力和生命力，而且为冷战后建立新的国际秩序贡献了重要的“上合组织智慧”和“上合组织方案”。上合组织始终坚持开放性原则，持续推进扩员进程，确保了上合组织的影响力和吸引力，彰显了上合组织自信、透明、合作和包容的积极形象。随着自身的发展壮大，上合组织不断加大参与地区和全球治理的力度，在国际和地区事务中积极发声，坚决维护以《联合国宪章》宗旨和原则为核心的国际秩序和国际体系，“成为当代国际关系体系中极具影响力的参与者”。[②] 上合组织成员国虽然政治制度不同，但地缘相近、历史相连、文化相通，都是发展中国家和新兴市场国家，在诸多国际和地区问题上立场相同或相近，均面临发展、振兴本国经济的共同任务，具有开展政治合作的先天优势。从构建上合组织命运共同体的视角，应把政治合作放在与安全合作同等重要的位置，确保上合组织始终保持正确的政治方向。

强调上合组织安全合作、政治合作先行，并不是忽视经济和人文合作，而是要为经济和人文合作创造更加有利的条件，没有密切的经济和人文合作，政治安全合作就缺乏应有的物质和社会基础，就很难确保上合组织的行稳致远。相互之间实际是相辅相成的关系。

（二）确立共同奋斗目标

二十多年来，在“上海精神”的指引下，不论在内部建设上，还是在对外合作中，上合组织均取得了为世人所瞩目的成就，但在发展方向和目

---

① 《上海合作组织至2025年发展战略》，中国日报网，2018年6月7日，http://language.chinadaily.com.cn/2018-06/07/content_36347042_3.htm，访问日期：2023年6月20日。

② 《上海合作组织成员国元首理事会青岛宣言（全文）》，新华网，2018年6月11日，http://www.xinhuanet.com/2018-06/11/c_1122964988.htm，访问日期：2023年6月21日。

标这一根本问题上，上合组织内部尚未达成高度一致。一方面，各成员国对上合组织的诉求和期待各异，各国都有各自的方向和目标定位，导致上合组织很难统一认识，达成共同一致的方向目标；另一方面，上合组织在自身发展进程中根据时代发展和自身需要也在不断调整和校准发展方向。与上合组织成立初期相比，当前上合组织面临的形势更为复杂，任务更加艰巨，时代要求上合组织承担起更大的责任和使命。上合组织本身随着扩员也实力大增，已成为全球规模最大的区域性国际组织。正是在这一背景下，中国着眼于上合组织的长远发展和现实需要，提出了构建上合组织命运共同体的重大倡议。这一倡议呼应了当今时代的强烈呼吁，因应了地区治理的现实需要，符合上合组织自身发展的内在要求，最大限度地凝聚了成员国共识，未来应积极推动使之成为未来上合组织的共同奋斗目标。

一是应在充分研究成员国对上合组织目标定位的基础上，在坚持大小国家一律平等、成员国协商一致原则的前提下，加大成员国间的政治协调，积极求同存异，寻求在目标方向上的最大合作公约数。首先，要着重加大中俄之间的政治协调。中俄关系对上合组织的发展一直发挥着关键性的作用，对上合组织形成并确立明确的共同目标具有至关重要的影响。毋庸讳言，中俄对上合组织的发展方向和目标都有各自的考虑，并非完全一致。俄罗斯出于自身利益的考虑更注重上合组织的地缘政治功能，希望上合组织能对美国和北约起到制衡作用，而中国则更强调合作共赢，重视经济合作。但近年来，随着国际和地区形势的发展变化，中俄在上合组织成员国地区明显加大了战略协作，双方在上合组织发展方向上的立场出现了相互趋近之势。中俄签署“一带一盟”对接合作文件，中国与欧亚经济联盟签署经贸合作协定，中俄完成关于欧亚经济伙伴关系协定的可行性研究，标志着中俄在地区战略上进入制度对接的合作新阶段，为两国在上合组织发展方向上达成共识提供了可能性。2019年，中俄签署的《中俄关于发展新时代全面战略协作伙伴关系的联合声明》指出，中俄将推动建设相互尊重、公平正义、合作共赢的新型国际关系，推动构建人类命运共同体。[①] 这表明，俄罗斯对构建人类命运共同体这一理念是理解并支持的。应以此为契机，进一步加大与俄罗斯的协调，促其在将构建上合组织命运共同体作为上合组织共同目标的问题上采取更为积极、明确的立场，最终形成中俄共推共建上合组织命运共同体。其次，要加强中俄印之间的政治协调。随着印度加入上合组织，中俄印之间的政治协调对确立上合组织共同目标的重要性和紧迫性凸显，应积极考虑在中俄印机制框架下建立三方关于上合组织合作的磋商机制，加强相互间的战略沟通，最大限度地凝聚共识，促使印度在上合组织共同目标问题上与中俄相向而行。最后，加强与中小成员国的沟通协调，推动其积极响应并加入到构建上合组织命运共同体的行动中。上合组织中小成员国均支持中国提出的关于构建人类命运共同体的倡议。早在2014年，中国与巴基斯坦即已达成建设中巴命运共同体的共识。迄今中国与中亚所有国家都达成了在双边层面共建命运共同体的文件。应在此基础上，进一步巩固中国与中小成员国在构建人类命运共同体问题上达成的共识，积极促使双边共识转化成上合组织的多边目标，共推构建上合组织命运共同体倡议在上合组织成员国地区的落地生根。

二是要努力推动上合组织制定构建上合组织命运共同体的专门文件，使共同体目标具有法律效力。从2018年开始，上合组织已经连续在元首峰会宣言中确定了人类命运共同体的共同理念，应在此基础上，通过积极协调，尽快形成上合组织关于构建上合组织命运共同体的法律文件，明确将其确定为上合组织的共同目标，阐明其宗旨、原则、目标、任务、构建方式、实施机制等，强调其与“上海精神”的传承性，并作出分阶段、分领域的实施规划，确定具体的完成时段。中方关于构建上合组织命运共同体的倡议已经提出了系统的解决方案，上合组织应加大与各方的协调力度，努力使其转化成“上合组织方案”。与此同时，有必要对上合组织既有的法律文件进行全面梳理，将上合组织命运共同体倡议的理念和目标充实到新的上合组织宪章、长期睦邻友好合作条约等基础性法律文件中，并把是

---

① 《中华人民共和国和俄罗斯联邦关于发展新时代全面战略协作伙伴关系的联合声明（全文）》，新华网，2019年6月6日，http://www.xinhuanet.com/world/2019-06/06/c_1124588552.htm?ivk_sa_s=130827，访问日期：2023年6月21日。

否承认和遵循上合组织命运共同体的原则和理念作为接纳新成员的一个重要标准。

（三）加大参与全球治理

参与全球治理是上合组织的“初心”之一。上合组织在《上海合作组织成立宣言》《上海合作组织宪章》和《上海合作组织成员国长期睦邻友好合作条约》等纲领性文件中均明确指出，要致力于建立民主、公正、合理的国际政治经济新秩序。近年来，随着国际和地区局势的日趋复杂多变，尤其是在大变局、大博弈、大疫情交织叠加共振的严峻形势下，上合组织参与全球治理的紧迫性和重要性日益凸显。

全球治理一直是上合组织肩负的重要使命之一。上合组织成立二十多年的合作实践为破解全球治理难题提供了诸多可资借鉴的经验，为上合组织化解当前日益增大的治理赤字平添强大动力。上合组织一直高度重视制度建设。2002年签署的《上海合作组织宪章》和2017年签署的《上海合作组织成员国长期睦邻友好合作条约》是集中反映了上合组织的新理念、新主张的纲领性文件，不仅确立了上合组织的大政方针，也为全球治理提供了制度范本。上合组织成立之日即通过了《打击恐怖主义、分裂主义和极端主义上海公约》，在国际上首次从法律上界定了恐怖主义概念。在此基础上，上合组织先后通过了《上海合作组织反恐怖主义公约》（2009）和《上海合作组织反极端主义公约》（2018），进一步细化了打击三股势力的法律制度，为全球合力打击三股势力积累了宝贵的制度建设经验。针对地区存在的毒品、非法贩运武器、网络恐怖主义等跨国犯罪行径，上合组织也制定出台了相应的法律文件，使上合组织在安全合作上形成了比较完备的法律制度体系，为上合组织成员国之间的安全合作提供了有力的法律武器，也对全球安全治理提供了可资借鉴的制度范本。上合组织在经济合作上也为全球经济治理贡献了有益经验。2014年，上合组织成员国元首签署《上合组织成员国政府间国际道路运输便利化协定》，标志着上合组织在经济合作制度建设上取得了里程碑式的重要进展。2019年，上合组织政府首脑会议批准了新版的经贸合作纲要，表示将进一步积极推进区域贸易和投资便利化、自由化进程，不断完善区域经济合作的制度安排。目前，成员国正在积极商签“上合组织成员国贸易便利化协定”和“上合组织成员国服务贸易框架协定”，这将为推动地区贸易便利化奠定不可或缺的法律基础，为全球经济治理贡献新的“上合组织智慧”和“上合组织方案”。上合组织在合作制度上的有益探索和实践对于构建更加公正合理的国际政治经济新秩序是一笔宝贵的财富，对上合组织参与破解当今全球难题具有重要参考借鉴价值。

与此同时，上合组织坚持对外开放，坚持对外合作，积极构筑多边伙伴网络，为其更加积极地参与全球治理提供了重要抓手。上合组织一直把联合国视为全球治理的核心，致力于维护联合国的权威，积极地与联合国及其分支机构建立联系和发展合作，力图通过联合国融入全球治理进程，参与全球政治经济新秩序改革和建设全球治理新秩序的进程。上合组织也注重与区域性国际组织或机制性协作机构建立联系和协作，为其更好地参与全球治理助力。上合组织不断扩大对外交往和多边合作，无疑为其更加有效地参与全球治理进程创造了得天独厚的有利条件。

未来，上合组织应从成员国的根本利益出发，立足本地区，放眼全球，持续加大参与全球治理的力度，积极推动国际社会建立国际政治经济新秩序。

1. 提升全球治理在上合组织合作中的地位和作用

与安全、经济、人文三大合作相比，全球治理在上合组织中仍是一个相对薄弱、滞后的合作领域，还有巨大的发展潜力和空间，理当适应新形势需要，积极主动挖掘上合组织潜藏的巨大优势，努力使全球治理成为上合组织对外合作的新增长点。首先，应切实提高上合组织对参与全球治理的重要性和紧迫性的认识。构建人类命运共同体已写入上合组织峰会文件，成为上合组织成员国的集体共识，为新时期上合组织指明了奋斗目标和前进方向，而参与全球治理是构建人类命运共同体的必然要求和现实需要。应从构建人类命运共同体的高度充分认识全球治理在新时期上合组织发展中的重要价值，将参与全球治理与构建上合组织命运共同体紧密联系起来。同时，从全球治理的高度审视上合组织的各项内外合作，充分认识到上合组织的各项合作不仅是要维护本地区的安全与稳定，促进本地区的发展和繁荣，而且必须放眼全球，从合作理念、合作规则、合作模式等多方面为全球治理提供更多公共产品，从而发挥其示范和引领作用。其次，应加重全球治理在上合组织内外合作中的分量。上合组织历次元首峰会的联合声明或宣言均对重大国际和地区问题表明原则立场，但迄今未能形成专门文件。上合组织应在历次峰会文件基础上，充分征求成员国的意见，最大限度地凝聚各方共识，最终就全球和地区面临的重大问题发表专门的元首联合声明，以彰显上合组织对全球治理的高度重视。待条件成熟时，可以着手制定上合组织共同的外交和安全构想，为上合组织参与全球治理提供行动指南。面对日益增多的全球性挑战和地区重大突发事件，上合组织应更加积极主动及时地发声，可以考虑适当扩大上合组织常设机构秘书处及其权限，授权其代表上合组织就国际和地区重大热点问题及时发表声明，阐明原则立场，以提高上合组织应急反应的能力和效率，可在秘书处下设相应的工作组。再次，把全球治理作为对外合作的工作重点和目标。应把全球治理作为加强成员国与观察员国、对话伙伴关系的重要内容，积极开展交流对话，交换意见，协调立场，凝聚共识，可以将成员国通过的具有普适性特点的法律文件，如《上海合作组织成员国长期睦邻友好合作条约》《打击恐怖主义、分裂主义和极端主义上海公约》等扩大签署至观察员国和对话伙伴，扩大其影响力和辐射力，使观察员国和对话伙伴成为上合组织参与全球治理可以依靠的同盟军。同时，从全球治理的高度，深挖上合组织与联合国等国际和地区组织的合作潜力，促进彼此的合作走深走实。应与已签署合作文件的国际和地区组织商讨制定更为具体的、可操作的合作交流计划，加大相关政策的协调、规则的对接，做好“软性”合作，积极将双方达成的共识转化成实际行动；更加主动地开展对外磋商，就全球面临的迫切议题开展专题对话，努力形成共同立场，采取更多的联合行动。根据当前新冠病毒疫情频发的形势，上合组织应加大与世卫组织的联系，合力推动全球公共卫生安全，确保有效防控疫情；继续拓展对外合作空间，积极与G20、金砖国家机制等全球治理机构建立常态化机制性联系，尤其应与金砖国家机制建立更加密切的合作，时机成熟时可以以两个机构的名义共同推出全球治理的主张和倡议；切实从构建人类命运共同体的高度对待西方主导的国际和地区组织，以开放、自信的姿态主动与欧盟、欧安组织等建立联系，真正践行共商共建共享的全球治理观。

2. 提高自身参与全球治理的能力

当前上合组织的实力和影响尚不足以在全球治理中扮演主角，应从实际出发，立足本地区，从区域治理做起，练好内功，进一步释放自身的内部潜力。

一要加大成员国之间的战略对接和政策沟通。作为双引擎，中俄应积极加强制度对接合作，共同为本地区区域治理乃至全球治理提供更多的公共产品。中俄印应努力在上合组织框架内形成良性互动，加强在重大问题上的立场协调，凝聚在全球和区域治理问题上的共识，合力推动上合组织在全球治理领域发挥更大作用。应切实遵循大小国家一律平等原则，尊重中小成员国的利益关切，充分调动其参与全球治理的积极性，鼓励支持其提出全球治理的倡议和主张，使其成为上合组织参与全球治理不可或缺的积极参与者、推动者和贡献者。

二要始终保持先进理念。在坚持“上海精神”，坚持不结盟、不对抗、不针对第三方原则的同时，与时俱进，将得到成员国广泛认同的构建新型国际关系和构建人类命运共同体的思想融入到新时期上合组织的核心价值体系中，并将得到成员国支持的新发展观、安全观、合作观、文明观和全球治理观，即“新五观”理念充实到“上海精神”中，引导上合组织理念升级，并使之统摄上合组织各领域的合作，成为上合组织合作的行动指南。

三要从全球治理高度改革和完善制度体系。目前上合组织已经通过的具有约束力的文件十分有限，严重制约着上合组织的行动力和效率，也使上合组织制度的推广、复制价值大大降低，为此，应把有一定约束力的制度建设作为上合组织制度建设的重心。考虑到经济合作的重要性和参与全球经济治理的必要性，上合组织应加强经济合作的制度化、规范化建设，可以先从建立贸易和投资便利化制度做起，加紧落实“上合组织成员国政府间国际道路运输便利化协定”，争取尽早签署“上合组织贸易便利化协定”，探索商签投资、海关、质检等方面的多边合作协议。同时，为确保新制度的落实和效率，应加强相应的工作机制建设，加大监督力度，最大限度地发挥制度规范性效力。

3. *着力参与全球经济治理的改革和建设*

由于美国肆意挥舞关税大棒，大行单边主义、保守主义和贸易霸凌主义，导致全球经济治理乱象丛生，失序加剧。经济治理已成为当前全球治理中的当务之急。同时，在美国等西方国家始终以有色眼镜看待上合组织、美国加大对中俄全面打压、扩员后成员国利益诉求差异加大的背景下，上合组织参与全球政治安全治理的难度和阻力空前增大，而经济治理敏感度相对较低，加之扩员后上合组织的经济实力明显增强，成为各国核心利益的焦点，因此应把经济治理作为当前上合组织参与全球治理的重点。

上合组织参与全球经济治理应该根据形势和自身发展的需要，区分轻重缓急，切实遵循循序渐进，由易到难的原则，逐步向前推进，一是高举多边主义大旗，坚决维护基于世贸规则的多边贸易体制，维护开放、包容、透明、非歧视等世贸组织核心价值和基本原则，保障新兴国家和发展中国家的权益和政策空间，坚持各方广泛协商，循序推进改革。考虑到世贸组织改革势在必行，上合组织可以考虑就此发表联合声明，阐明原则立场，提出“上合方案”。二是推动国际货币金融体系改革，提高新兴市场国家和发展中国家的代表性和话语权，促进国际货币朝着多元化方向发展，构筑更加牢固的全球金融安全网络。三是坚持共同但有区别的原则，推动巴黎气候变化协议的贯彻落实。四是把发展置于全球经济治理改革和建设的优先突出位置，落实好联合国2030年可持续发展议程，敦促发达国家践行对发展中国家的援助承诺，切实维护广大发展中国家的发展利益和空间。

（四）提高合作效率

二十多年来，上合组织已建立起比较完备的合作制度和机制，确保了上合组织的正常有序运转，但从合作效率来看，上合组织的合作制度和机制尚存不少短板。从制度上看，在上合组织的合作制度中基本都是软性制度，明显缺乏约束力，权利有余而义务不足，二者明显失衡。上合组织现有的法律文件对成员国权利与义务的界定模糊，对成员国应履行的义务规定得不够具体和细致，对成员国未履行义务也缺乏惩戒规定，从而导致制度缺乏应有的权威性，严重影响着上合组织的合作效率，进而涣散组织的凝聚力。为此，应把刚性制度建设作为上合组织合作的优先方向，一是与时俱进修订完善相关法律文件，使之更具约束性和操作性。扩员给上合组织带来诸多挑战，凸显调整现有合作制度的必要性和紧迫性。为此，应根据扩员后的新情况，对《上海合作组织宪章》《上海合作组织成员国长期睦邻友好合作条约》这两部上合组织合作的纲领性文件作出适当补充和修改，增加近年来各方达成的新的共识和认知，对成员国应承担的责任和义务作出更加明确清晰的界定，在诸如决策表决方式、违规惩戒制度、矛盾冲突调节机制等方面确立新的更具可操作性的规定。二是认真总结首次扩员经验，进一步完善扩员制度，确立更加严格、规范、长期、可操作的扩员制度，并对观察员国和对话伙伴条例进行适当修订补充。应建立中止成员国资格的审查制度，由外长会议审查那些不能履行自身义务的成员国，国家元首会议根据审查报告作出中止其成员国地位的决定，以此来震慑和约束成员国行为。如成员国做出不再违反义务的书面承诺或采取补救措施后，再经过外长会议审查，由国家元首会议根据审查报告作出是否恢复成员国地位的决定。三是适时制定出台上合组织相关法律文件，明确规定上合组织合作的理念、宗旨、原则、任务、目标和方向等，对成员国间的合作作出规范，使成员国的权利和义务更趋平衡。考虑到成员国在地区和国际问题上存在广泛共识，可以着手首先制定成员国国际合作文件，以统一认识和行动。

目前上合组织决策机制采取的是成员国“协商一致”的原则，这是上合组织各项决策的基本方式，充分体现了上合组织遵循的大小国家一律平等的基本原则，保证了各成员国之间的权利平等，但客观上也对上合组织的决策效率构成日益严重的影响，成为制约上合组织合作效率的一大因素。为此，可以考虑对这一基本原则进行创新性的运用。如在坚持重大问题“协商一致”的同时，可以在其他问题上采取“简单多数”的原则，不一定事事处处都要“协商一致”，以免自缚手脚，影响效率。可以考虑在国家元首会议、政府首脑会议、外长会议和地区反恐怖机构委员会中采取协商一致原则，以平等方式来决定组织发展的原则性、方向性、敏感性问题。而在各部门领导人会议、国家协调员理事会上可采取多数通过原则，以提高本组织执行机构的工作效率。这一决策方案既保证了上合组织的发展方向和基调不变，又有利于提高具体合作领域的工作效率，推动上合组织的日常运作不断取得实实在在的成果。如对上合组织作为“一带一路”倡议与欧亚经济联盟对接的平台问题上，并没有强制所有成员国都要参与和支持。上合组织青岛峰会公报中就列举了哈、吉、巴、俄、塔、乌六国支持中国“一带一路”倡议和促进“一带一路”倡议与欧亚经济联盟对接的立场。这样的处理方式也符合《上海合作组织宪章》中关于“任何成员国都可就所通过决议的个别方面和（或）具体问题阐述其观点，这不妨碍整个决议的通过”[①] 的规定。

“不干涉内政”是确保上合组织成员国独立主权的一项基本原则，对这一原则也不能采取教条僵化的立场，有必要采取一定的灵活态度。如果上合组织长期对其成员国之间以及周边的热点问题严格按照“不干涉内政”原则不闻不问，无所作为，势必将严重削弱上合组织的影响力和凝聚力，也会使上合组织的决策效率大打折扣。从国际组织内部机构设置的完备性来看，上合组织也应拥有从决策、执行、监督到争端解决的一系列完整的组织机构和决策机制体系。目前，上合组织的决策、执行和日常服务机构业已建立并运行，但监督和争端解决机构的缺失仍是上合组织机构建设中亟待解决的问题。《上海合作组织宪章》只是规定以和平的方式解决分歧冲突，对具体细则并没有予以注明，这也是导致上合组织对争端冲突“无动于衷”以及行动效率低下的重要原因。为此，应积极考虑实施“建设性介入”政策，即在坚持“不干涉内政”原则的基础上，在充分尊重成员国和有关当事国国家主权和领土完整的前提下，依据成员国和当事国的需求，采取必要的介入措施，以帮助化解矛盾，缓和危机，防止事态恶化，引导事态向积极方向发展，切实维护当事国乃至整个地区的安全与稳定，彰显上合组织“负责任国际组织”的威望。可以考虑通过签署相关的法律文件，在上合组织元首理事会之下设立专门的监督机构，以实现对该组织机构运行的全面监督。同时，应在上合组织框架内成立专门的争端管理机制，及

① 《上海合作组织宪章》，中国人大网，2002年10月22日，http://www.npc.gov.cn/wxzl/gongbao/2002-10/22/content_5301223.htm，访问日期：2023年6月25日。

时化解成员国间的矛盾。如在法律框架内制定上合组织争端解决协定，包括规定缔约主体、适用范围、设立争端解决仲裁机构、争端解决方式等。在此前提下，设立可供选择的争端解决仲裁机构。该常设机构的主要职能应包括负责处理成员国争端解决协议下各类争端的申请、对争端事项做出仲裁及敦促裁决的执行等。

秘书处是上合组织的常设机构，秘书长所肩负的职能十分广泛且负责上合组织及其秘书处的日常管理活动，具有很强的综合协调性。按惯例，秘书长应是国际组织的行政首长，而不仅仅是秘书处的行政首长，短期内如果就此无法达成一致，成员国可进行协商，修改宪章相关条款，明确规定授权秘书长对外代表权的权限，这将有利于该组织在处理对外事务方面的及时性和合理性。

Направление развития ШОС на фоне колоссальных исторических перемен в мире

Дэн Хао

Аннотация: При условиях, когда набирают обороты невиданные за столетие тектонические процессы глобальной трансформации и современный мир претерпевает перемены и потрясение, ШОС стоит перед серьезными вызовами, такими как нарастание геополитических факторов, повышение рисков в области безопасности и экономики, усиление давления на внутренние реформы, однако в то же время «посреди каждого кризиса скрываются большие возможности», крупные перемены также приносят ШОС новые исторические возможности. ШОС входит в важный стратегический "период окна" развитии. Формирование сообщества единой судьбы ШОС является «китайским рецептом», которое может внести важный вклад в дело реагирования ШОС на колоссальные перемены и ответить на вопрос эпохи: «Куда надо идти ШОС», и указать направление развития и цели ШОС. В будущем, исходя из концепции о формировании сообщества единой судьбы, ШОС должна прилагать усилия для культивирования «сознания ШОС», крепко помнить общую цель, принять активное участие в глобальном управлении и постоянно повышать эффективность сотрудничества.

Ключевые слова: перемены, не виданные за столетиелет, геополитика, Сообщество единой судьбы ШОС, Сознание ШОС.

Автор: Дэн Хао, генеральный секретарь Китайского центра по исследованию ШОС, главный научный сотрудник Китайской академии международных проблем.

Future Development of the Shanghai Cooperation Organization in the Era of the Profound Changes Not Seen in a Century

Deng Hao

Abstract: Against the backdrop of a rapidly evolving the profound changes not seen in a century and a turbulent period of international situation, the Shanghai Cooperation Organization (SCO) is facing severe challenges such as the looming large of geopolitical factors, increased security and economic risks, and mounting internal reform pressures, etc. However, amidst these challenges, there are also opportunities, as the profound changes not seen in a century present a new historic opportunity for the SCO. The SCO is facing an important strategic "window of opportunity" for its development. Building a community with a shared future for the SCO is "Chinese solution" to help the organization cope with the changes. It addresses the question of "where the SCO is heading" in this era, and sets the direction and goals for the organization's development. In the future, the SCO should focus on cultivating the "SCO consciousness" from the perspective of building a SCO community with a shared future, clarifying common goals, increasing participation in global governance, and continuously improving the efficiency of cooperation.

Keywords: transformation not seen in a century, geopolitics, SCO community with a shared future, SCO consciousness

Authors: Deng Hao is Secretary-General of the China Center for SCO Studies and Senior Research Fellow at the China Institute of International Studies.

[illegible] the Development of the Shanghai Cooperation Organization in the Era of the Profound Changes Not Seen in a Century